Wirtschaft und Verwaltung

Berufe im Büro und Sekretariat, rund um Management und Unternehmensführung, Personalwesen und Personaldienstleistung, Marketing und Werbung, Vertrieb und Verkauf, im Handel, rund um Geld, Versicherungen und Immobilien, Rechnungswesen und Controlling, Steuern und Wirtschaftsprüfung, Recht und Verwaltung, mit Wirtschaftswissenschaften

Soziales und Pädagogik

Berufe in Erziehung, Schule, Aus- und Weiterbildung, mit Kindern und Jugendlichen, älteren Menschen, Menschen mit Behinderung, in der Sozialarbeit und Sozialpflege, im Gesundheits- und Sozialmanagement, rund um Religion und Kirche

Verkehr und Logistik

Berufe rund um das Auto und den Straßenverkehr, die Eisenbahn und den Schienenverkehr, das Flugzeug und die Luftfahrt, das Schiff und die Schifffahrt, Transport, Lager und Logistik

Gesellschafts-, Geisteswissenschaften

Berufe mit Gesellschaftswissenschaften, Sprach- und Literaturwissenschaften, Kultur- und Regionalwissenschaften, Geschichte und Archäologie

Dienstleistung

Berufe im Callcenter, Hotel- und Gaststättengewerbe, im Tourismus und in der Freizeitwirtschaft, im Messe- und Veranstaltungsmanagement, in der Veranstaltungstechnik, mit Fremdsprachen, rund um den Haushalt, Sauberkeit und Hygiene, Kosmetik, Körperpflege und Wellness, Schutz und Sicherheit, in Uniform, in der Ver- und Entsorgung, im Bestattungswesen

Kunst, Kultur, Gestaltung

Berufe rund um Kunst und Kultur, Design und Gestaltung, Bühne und Theater, Museen, Restaurierung und Denkmalschutz, mit Musik, Schmuck, im Kunsthandwerk

Gesundheit

Berufe mit Medizin, in der Therapie (nichtärztlich), Pflege, Ernährung, Medizin- und Rehatechnik, im Rettungsdienst, mit Psychologie, rund um Sport und Bewegung

Medien

Berufe rund um Druck und Medien, Foto, Film, Funk und Fernsehen, Archiv, Bibliothek und Dokumentation, Journalismus, Redaktion

1. Auflage 1 6 5 4 3 2 | 27 26 25 24 23

Alle Drucke dieser Auflage sind unverändert und können im Unterricht nebeneinander verwendet werden.
Die letzte Zahl bezeichnet das Jahr des Druckes.

Autorinnen und Autoren: Andreas Ernst, Anja-Christina Karger, Martina Meckbach

Entstanden in Zusammenarbeit mit dem Projektteam des Verlages.

Gestaltung: Gourdin & Müller, Leipzig
Titelbild: Umschlag.1 stock.adobe.com, Dublin (Oksana Klymenko); Umschlag.2 stock.adobe.com, Dublin (Andrey Popov); Umschlag.3 stock.adobe.com, Dublin (engel.ac)
Satz: Fotosatz Buck, Kumhausen
Druck: PASSAVIA Druckservice GmbH & Co. KG, Passau

Printed in Germany
ISBN 978-3-12-007566-0

9 783120 075660

3 Roboter 72

4 Gebäude effektiv betreiben 94

Anhang

1

Produktionsprozesse innovativ gestalten

„Industrie der Zukunft“, „Smartfactory“, „Künstliche Intelligenz“ und „Digitaler Zwilling“ sind seit einigen Jahren Themen, die die Digitalisierung in der Industrie vorangetrieben haben. Dass Maschinen durch Software gesteuert werden, ist nicht neu. Maschinen werden jedoch immer „smarter“, sind intelligenter und miteinander vernetzt. Klassische Produktions- und Fertigungsverfahren bleiben erhalten. Sie werden aber modernisiert, wie zum Beispiel durch den 3D-Druck. Durch neue Technologien entstehen auch neue Berufsbilder und die Anforderungen an Berufe verändern sich.

Wusstest du, dass ...

- die digitale Transformation der Produktionsprozesse neue und höherwertige Aufgaben für Mitarbeitende schafft?
- es Start-ups gibt, die nur Frauen einstellen?
- manche Objekte Stützmaterial brauchen, um mit einem 3D-Drucker gedruckt zu werden?
- 2025 mehr als 55 Milliarden Geräte mit dem „Internet der Dinge“ (IoT) verbunden sein sollen?
- es digitale Zwillinge gibt?

Ich werde ...

- mich mit verschiedenen Fertigungsverfahren beschäftigen und sie beschreiben können.
- etwas über die Industrie der Zukunft erfahren.
- kennenlernen, wie ein 3D-Drucker funktioniert.
- mich mit künstlicher Intelligenz auseinandersetzen.

Urformen von Kunststoff und Metall

Für die Herstellung von Produkten werden verschiedene Fertigungsverfahren verwendet. Das Urformen ist eine der sechs Hauptgruppen dieser Fertigungsverfahren.

Aus einem formlosen Stoff wird ein fester Körper

Sicherlich hast du schon einmal flüssiges Kerzenwachs ausgeschüttet. Sobald das Wachs abkühlt, wird es fest. Wenn man das flüssige Wachs in eine Form gießen würde, kann man verschiedene Wachsfiguren herstellen. Diesen Vorgang nennt man Urformen.

die Schalung
aus Holzwerkstoffen, Siebdruckplatten o. Ä. hergestellte Hohlform

Urformen von Kunststoff

↗ Thermoplaste werden durch Erhitzen weich und flüssig und können in Form gebracht werden. Im **Spritzgussverfahren** wird der flüssige Thermoplast in Metallformen unter Druck eingepresst. Nach dem Abkühlen wird das Formteil entnommen und kann weiterverarbeitet werden.
Im **Stranggussverfahren** werden unendlich lange Formteile wie Rohre und Stangen geformt.
PET-Flaschen werden im **Spritzblasverfahren** aus einem Rohling geformt. Dieser wird erhitzt und in einer Form (→ **Abb. 1**) aufgeblasen. ↗ Duroplaste werden in eine Form gepresst und können nach dem Aushärten nicht mehr verformt werden. ↗ Elastomere sind meist aus Naturkautschuk hergestellte elastische Teile wie Gummibänder oder Reifen. Durch Zugabe von Schwefel und Hitze wird Naturkautschuk vulkanisiert.

vulkanisieren
Verfahren, bei dem Kautschuk mit Druck und Hitze widerstandsfähig gemacht wird

Urformen mit dem 3D-Drucker

Auch mit dem 3D-Drucker kannst du urformen. Dabei wird Kunststoff in einer Druckdüse verflüssigt und in Schichten auf eine Druckfläche aufgetragen. Mit einer speziellen Software kannst du eigene Modelle am Computer entwerfen und diese dann ausdrucken. Deinen Ideen sind dabei kaum Grenzen gesetzt. Du kannst Spielfiguren, Würfel, Schreibtischsets und vieles mehr ausdrucken. Die Druckzeit ist jedoch oft sehr lange. Allerdings muss man dafür keine Schalung herstellen wie beim Gießen. Zudem sind die gedruckten Teile, je nachdem wie gut der Drucker ist, kaum nachzubearbeiten und sofort verwendbar.

Urformen von Metall

Metalle können geschmolzen und in Form gebracht werden. Dafür benötigt man aber viel höhere Temperaturen als bei Kunststoffen. Flüssiger Stahl ist ca. 1600 °C heiß. Flüssiges Metall kann in verschiedene Formen gegossen werden (→ **Abb. 2**). Die Gussformen müssen hohe Temperaturen gut aushalten können, damit sie beim Gießen nicht kaputtgehen. Es können **Dauerformen** verwendet werden (z. B. beim Gießen von Barren oder im Aluminium-Spritzguss) oder es kommen sogenannte **verlorene Formen** zum Einsatz. Dieses Verfahren wird beispielsweise für Motorteile in der Kfz-Industrie verwendet. Kirchenglocken werden ebenfalls in verlorener Form gegossen. Beim Herausnehmen der gegossenen Teile werden die Formen zerstört.

1 PET-Flaschen werden aus Rohlingen urgeformt

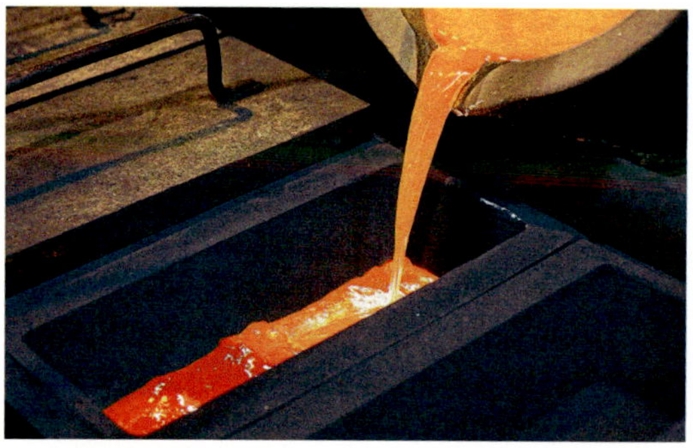

2 Flüssiges Silber wird zu Barren gegossen

3 Verschiedene Werkstücke aus Beton

4 Beton wird in die Schalung gefüllt

Werkstücke urformen

In der Schule kannst du einfache Betonteile selbst herstellen (→ **Abb. 3**). Für das Gießen von Beton benötigst du eine Form, die sogenannte Schalung. Die Schalung sollte aus stabilem wasserfesten Material sein. Kunststoff oder zum Beispiel Siebdruckplatten können dafür gut eingesetzt werden.

Werkstücke aus Beton herstellen

Bevor du Beton in Formen gießen kannst, musst du dir zuerst Gedanken machen, wie das Werkstück aussehen soll. Du benötigst einen Entwurf mit den richtigen Maßen. Am einfachsten sind gerade Körper (z. B. Quader, Würfel). Kegel, Blumentöpfe oder Kugeln sind schwerer herzustellen. Die benötigte Schalung kannst du selbst bauen (→ **Abb. 4**).

Anmischen: Für das Anmischen des Betons nimmst du am besten eine Fertigmischung. Sie beinhaltet den Zement und die Zuschläge wie Sand und Kies. Wichtig beim Anmischen ist der richtige Wasseranteil im Beton. Das Gemisch muss gut mit dem Wasser vermischt sein.

Gießen: Das fertig angerührte Gemisch füllst du in die Schalung. Damit keine Luftblasen im Beton bleiben, rüttle die Form leicht oder klopfe vorsichtig an die Außenwand.

Aushärten: Nach einer Woche kannst du dein Werkstück aus der Schalung nehmen. Richtig ausgehärtet ist es nach ca. 4 Wochen.

> *TIPP*
> *Trage beim Anmischen des Betons eine Schutzbrille und Schutzhandschuhe!*

Merke

- **Urformen ist ein Fertigungsverfahren.**
- **PET-Flaschen werden aus Rohlingen im Spritzblasverfahren hergestellt.**
- **Auch Betonieren gehört zu den urformenden Fertigungsverfahren.**

Aufgaben

1 a) Begründe, warum Duroplaste nicht im Spritzgussverfahren in Form gebracht werden können.

MK b) Beschreibe den Prozess des Urformens von Elastomeren. Recherchiere dazu im Internet.

2 Erklärt den Unterschied zwischen Dauerformen und Gießen in verlorenen Formen.

3 a) Konstruiert ein Werkstück, das aus Beton gegossen werden soll und stellt dieses in einer Skizze dar.

b) Stellt das Werkstück her.

Wortspeicher
- *das Betonieren*
- *das Spritzblasverfahren*
- *das Urformen*

Umformen von Kunststoff und Metall

Beim Fertigungsverfahren Umformen werden plastischen Werkstoffen mithilfe von Werkzeugen neue Formen gegeben.

Umformen – neue Formen entstehen

Bei der Herstellung vieler Produkte wird das Umformverfahren eingesetzt. Da beim Umformen keine Abfälle entstehen, ist es ein materialsparendes Verfahren. Das Werkstück ist vor und nach dem Umformen gleich schwer.

Man unterscheidet zwei Arten von Umformverfahren: Beim **Kaltumformen** wird der Werkstoff vor dem Umformen nicht erhitzt. Beim **Warmumformen** wird der Werkstoff vor dem Umformen erhitzt. Die benötigte Temperatur richtet sich dabei nach dem verwendeten Werkstoff.

das Walzen
Verfahren, bei dem Werkstoffe zwischen rollend gelagerten Walzen umgeformt werden

Umformen von Kunststoff

Der einzige Kunststoff, der umgeformt werden kann, ist der Thermoplast. Durch Erhitzen wird Thermoplast weich und kann umgeformt werden. Man spricht dabei von **Thermoumformen**. Mithilfe eines Vakuums oder durch Druckluft werden die Kunststoffe in die gewünschte Form gebracht.

Bei der Herstellung von Joghurtbechern (→ **Abb. 1**) werden dünne Kunststofffolien mithilfe von Stempeln und Matrizen tiefgezogen.

die Matrize
Hohlform, in der mit einem Stempel Material umgeformt wird

Umformen von Metall

Die meisten Metalle können sehr gut umgeformt werden. Dabei kommen das Kaltumformen und das Warmumformen zum Einsatz. Dünne Bleche von 0,8–2 mm werden durch Kaltumformen zu stabilen Teilen für eine Autokarosserie. Beim Warmumformen werden Metalle erhitzt, damit eine ↗ Gefügeänderung stattfindet, sodass es beim Umformen nicht reißt. Das Warmumformverfahren Walzen wird bei der Herstellung von Eisenbahnschienen angewandt.

Beim **Druckumformen** werden die Metalle mit Druck umgeformt. Das geschieht beim Walzen, Schmieden, Gesenkformen und Strangpressen.
Beim **Zugdruckumformen** werden die Werkstücke mithilfe von Druck und Zug umgeformt. Kochtöpfe werden zum Teil so hergestellt. Dabei wird mit einem Stempel und einer Matrize gearbeitet.
Das Verfahren **Zugumformen** wird unter anderem für die Herstellung von Drähten, Rohren und Nummernschildern verwendet.
Das **Biegeumformen** (→ **Abb. 3**) wird hauptsächlich für die Umformung von Blechen und Rohren angewendet.
Das **Schubumformen** dient unter anderem für die Herstellung von Bohrern.

2 Umformverfahren für Metalle

1 Tiefgezogene Joghurtbecher

3 Ein Blechstreifen wird umgeformt

4 Smartphone-Halterungen aus Kunststoff

5 Keksausstecher aus Metall

Eine Smartphone-Halterung aus Kunststoff

Du benötigst:
- eine Platte aus themoplastischem Kunststoff
- Werkzeuge zur Kunststoffbearbeitung
- hitzebeständige Schutzhandschuhe

So gehst du vor:
Skizziere dein Werkstück im Maßstab 1:1.

TIPP
Berücksichtige die Maße deines Smartphones.

Arbeite die Grundform aus der Kunststoffplatte heraus und säge oder bohre anschließend die notwendigen Öffnungen aus der Platte. Umfomen kannst du deine Kunststoffplatte mit einem Biegegerät. Benutze beim Biegen Handschuhe, da das Material sehr warm wird.

Ein Keksausstecher aus Metall

Du benötigst:
- Blechstreifen aus Edelstahl ca. 20 mm breit und 0,3 mm dick
- Blechschere, Rundzange, Flachzange, Schraubstock
- Holzbrett, Nägel, Hammer

TIPP
Führe zuerst ein paar Biegeübungen an einem Stück Blech (5–10 cm) durch. Versuche Rundungen und Winkel mithilfe der Rund- und Flachzange zu biegen.

So gehst du vor:
Skizziere dein Werkstück im Maßstab 1:1. Schneide dir die benötigte Länge Blechstreifen zurecht. Biege die Form so wie in deiner Skizze. Zur Überprüfung der Rundungen und Winkel kannst du dein Werkstück auf deine Skizze legen. Du kannst auch eine Biegeschablone mit einem Brett und Nägeln erstellen (→ **Abb. 5**).

Merke

- **Beim Umformen entstehen keine Abfälle.**
- **Joghurtbecher sind ein bekanntes Beispiel für Produkte, die umgeformt wurden.**
- **Bei Metallen kommen das Kaltumformen und das Warmumformen zum Einsatz.**

Aufgaben

1 Nenne den Vorteil beim Fertigungsverfahren Umformen.

2 Vergleiche Kalt- und Warmumformen.

3 Konstruiere eine Halterung für dein Smartphone (s. S. 20–21). Die Halterung soll gleichzeit als Ladestation dienen.

Wortspeicher
- *das Umformen*
- *das Walzen*

Trennen von Kunststoff und Metall

In trennenden Verfahren wird der Materialzusammenhalt an der Bearbeitungsstelle aufgehoben. Ein Beispiel, das dir ständig zu Hause begegnet, ist das **Schneiden** mit der Haushaltsschere. Beim **Zerspanen** wird ein Werkstück so bearbeitet, dass Teile entfernt werden und Späne oder Pulver als Abfallprodukt entstehen (z. B. beim Bohren).

Die Untergruppen

Das Fertigungsverfahren „Trennen" wird in fünf Gruppen unterteilt.

Spanende Verfahren:
- **Spanen** (z. B. Feilen, Sägen, Schleifen, Bohren, CNC-Verfahren)
- **Abtragen** (z. B. Platinenätzungen, Wasserstrahlschneiden, Laserschneiden)
- **Reinigen** (z. B. Hochdruckreinigung, Ultraschallreinigung)

Zerteilende Verfahren:
- **Zerteilen** (z. B. Scherschneiden, Ritzbrechen)
- **Zerlegen** (z. B. Lösen von Verbindungen, Demontieren, Ablöten)

CNC
Abkürzung für **C**omputerized **N**umerical **C**ontrol; computergesteuertes Verfahren

bar
bar ist eine Einheit für den Druck

m/s
Abkürzung für „Meter pro Sekunde"

Trennen in der Industrie

Ein bekanntes Trennverfahren in der Industrie ist das CNC-Verfahren (→ **Abb. 1**). Dabei werden Werkzeugmaschinen elektronisch gesteuert. Alle Vorgaben der Steuerung werden in Zahlenform codiert übertragen. Das Besondere ist, dass die Maschinen nicht nur vollautomatisch arbeiten, sondern auch Programme abspeichern können.

Laserschneiden

In der Kunststoffverarbeitung werden zum Beispiel CO_2-Laseranlagen (→ **Abb. 2**) eingesetzt. Im Gegensatz zur Bearbeitung mit Säge- oder Fräsmaschinen müssen Werkstoffe beim Laserschneiden nicht gespannt werden. Dadurch wird das Material während der Vorbereitung und der Verarbeitung besser geschützt. Außerdem können kleinste Details umgesetzt und ↗ Verschnitt minimiert werden. Die geschnittenen Kanten sind unmittelbar nach dem Lasern glatt und poliert. Eine Nachbearbeitung von Acrylglas ist also nicht notwendig. Technische Displays und Bedienblenden aus thermoplastischen Kunststoffen werden so hergestellt.

Wasserstrahlschneiden

Beim Wasserstrahlschneiden wird das zu bearbeitende Material durch einen Hochdruckwasserstrahl getrennt. Dieser Strahl hat einen Druck von bis zu 4 000 bar und erreicht Austrittsgeschwindigkeiten von bis zu 1 000 m/s. Das Schneidgut erwärmt sich dabei kaum. Durch das Hinzufügen eines ↗ Schneidmittels kann man härtere Materialien schneiden.
Mit diesem Verfahren können fast alle Materialien bearbeitet werden. Schwerpunkte sind die Kunststoff-, Metall- und Steinbearbeitung. Wasserstrahlschneiden kommt in der Elektro-, Raumfahrt- oder Medizintechnik zum Einsatz.

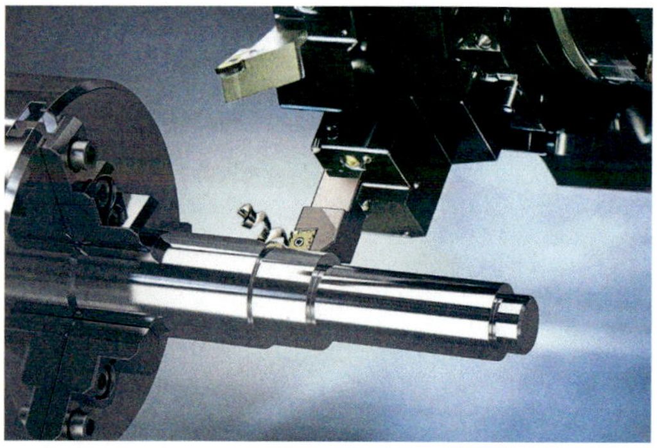

1 Industrielles CNC-Drehen von Metall

2 Laserschneiden von Acrylglas

3 Metallstreifen scherschneiden

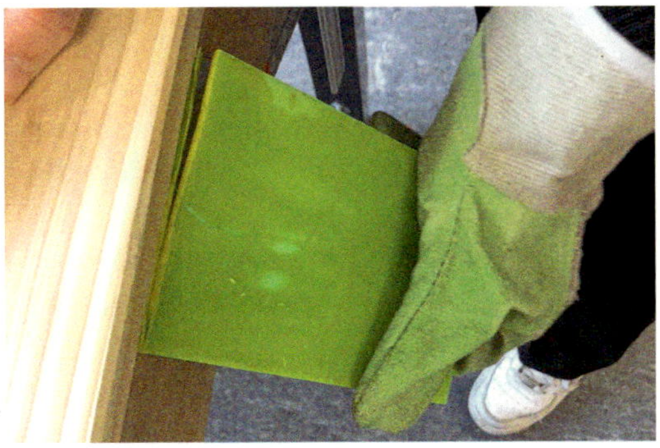

4 Ritzbrechen von Kunststoff

Scherschneiden von Metall

Beim Scherschneiden (kurz: Schneiden) wird der Werkstoff durch zwei Schneiden zerteilt, die sich gegenläufig aneinander vorbeibewegen. Sehr häufig wird dieses Fertigungsverfahren in der Blechbearbeitung eingesetzt.
Werkzeuge für dieses Trennverfahren sind verschiedene Scheren wie Haushaltsscheren, Blechscheren oder Hydraulikscheren.
Einen Metallstreifen musst du zum Beispiel mit einer Blechschere scherschneiden (→ **Abb. 3**). Mit einer scharfen, spitzen Reißnadel reißt du dir zunächst die Linie auf deinem Blech an, an der du entlangschneiden willst.

Ritzbrechen von Kunststoff

Wenn du eine Acrylplatte für ein Werkstück zuschneiden willst, kannst du sie ritzbrechen. Dazu zeichnest du die Trennlinie mit einem wasserfesten Filzstift auf der Schutzfolie der Acrylplatte auf. Lege die Platte an der Trennlinie auf eine gerade Werktischkante. Spanne zur Führung ein Brett an der Trennkante ein (→ **Abb. 4**). Ritze mit einem Cuttermesser mehrmals an der Brettkante über deine Acrylplatte (ca. halbe Plattendicke). Jetzt kannst du den angeritzten Teil der Platte vorsichtig abbrechen.

TIPP
Trage beim Brechen zur Sicherheit immer eine Schutzbrille und Schutzhandschuhe.

Merke

- **Das Fertigungsverfahren „Trennen“ wird in spanende und zerteilende Trennverfahren untergliedert.**
- **Ein elektronisch gesteuertes Trennverfahren ist das CNC-Verfahren.**
- **Laserschneiden und Wasserstrahlschneiden sind Trennverfahren in der Industrie.**

Aufgaben

1 Stelle das Fertigungsverfahren „Trennen“ in einem Schaubild dar. Ordne den Unterverfahren Beispiele zu.

2 Erklärt euch gegenseitig mithilfe von Stichpunkten die Verfahren „CNC“, „Laserschneiden“ und „Wasserstrahlschneiden“.

3 a) Entwickelt ein Werkstück aus Metall und Kunststoff, bei dem Scherschneiden und Ritzbrechen zum Einsatz kommen.
b) Stellt das Werkstück vor, indem ihr auch den Produktionsprozess beschreibt.
c) Entwickelt einen Arbeitsplan für das Werkstück.

Wortspeicher
- *das spanende Trennverfahren*
- *das CNC-Verfahren*
- *das Laserschneiden*
- *das Wasserstrahlschneiden*

Fügen von Kunststoff und Metall

Das Fügen ist ein wichtiges Verfahren in der Fertigung. **Fügeverfahren** lassen sich in **mechanische, thermische und klebtechnische Verbindungen** unterteilen. Dabei entstehen lösbare oder unlösbare Verbindungen.

Kunststoffe

Eine **unlösbare Verbindung** entsteht, wenn thermoplastische Kunststoffe mithilfe von Nieten, Kleben, Einbetten oder Schweißen gefügt werden (→ **Abb. 1**). Eine **lösbare Verbindung** hingegen lässt sich zum Beispiel durch Schrauben herstellen.
Elastomere oder Duroplaste lassen sich nicht einbetten oder schweißen, da sie sich bei einer Erwärmung zersetzen.
Kunststoffverbindungen finden ihre Anwendung zum Beispiel in der Medizintechnik, im Maschinen-, Automobil-, Rohrleitungs- und Behälterbau (→ **Abb. 3**).

Schrauben: Kunststoffe mit einem Gewinde können mit einer Schraube verbunden werden. Ist kein Gewinde vorhanden, wird zusätzlich eine Mutter benötigt oder man nutzt gewindeformende Schrauben.
Nieten: Mithilfe einer Handnietzange wird der Nietdorn in den Niet hineingezogen, bis er an der ↗ Sollbruchstelle abbricht. Allerdings sind Duroplaste für dieses Fügeverfahren zu spröde.
Kleben: Kunststoffe lassen sich mit speziellen Lösungsmitteln verkleben oder mit Lösungsmittelklebstoffen chemisch verschweißen.
Einbetten: Beim Einbetten wird zum Beispiel ein Gewindeeinsatz aus Metall in thermoplastischen Kunststoff eingefügt.
Schweißen: Thermoplastische Kunststoffe schmelzen durch Hitze auf. Die aufgeschmolzenen Teile werden dann unter Druck zusammengefügt. Zusätzlich kann ein Schweißdraht aus dem gleichen Material verwendet werden.

1 Fügeverfahren für Kunststoff

Metall

Fügeverfahren bei der Metallverarbeitung (→ **Abb. 2**) kommen unter anderem beim Haus- und Brückenbau (→ **Abb. 4**) oder beim Bau von Fahrzeugen aller Art vor.

Schrauben: Metalle mit einem Gewinde können mit einer Schraube verbunden werden. Ist kein Gewinde vorhanden, wird zusätzlich eine Mutter benötigt.
Nieten: Mithilfe einer Handnietzange wird der Nietdorn in den Niet hineingezogen, bis er an der Sollbruchstelle abbricht.
Kleben: Je nach Einsatz der Klebeverbindung wird ein Schmelz-, Nass- oder Reaktionsklebstoff eingesetzt.
Weichlöten: Mit Lötzinn kann eine dichte, leitfähige Lötstelle hergestellt werden (Schmelztemperatur von bis zu 450 °C).
Hartlöten: Mit Hartlot wird bei offener Flamme (Schmelztemperatur von über 450 °C) gelötet, um stabile Stoßverbindungen herzustellen.
Schweißen: Besonders hohe Festigkeit erreicht man mit dem Elektroschweißen durch hohe Stromstärke oder mit dem Gasschmelzschweißen bei einer Temperatur von bis zu 3 500 °C.

2 Fügeverfahren für Metall

TIPP
Vermeide Hautkontakt mit Klebstoffen!
Lüfte Arbeitsräume gut durch!
Setze bleifreies Lot ein!
Wasche dir nach dem Löten und Kleben gründlich die Hände!

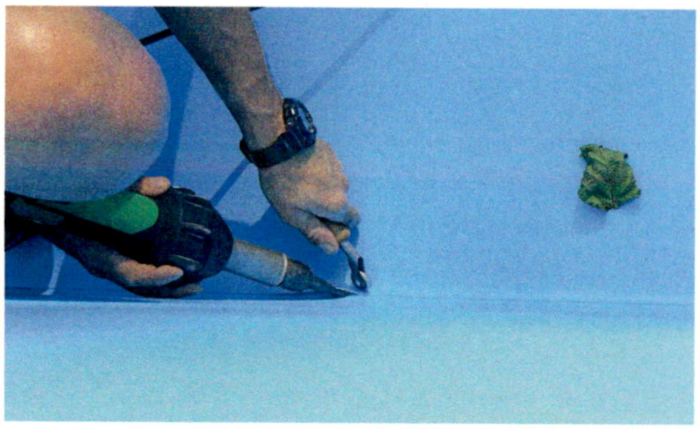

3 Die Kunststoffauskleidung für ein Wasserbecken wird geschweißt

4 Nieten beim Brückenbau

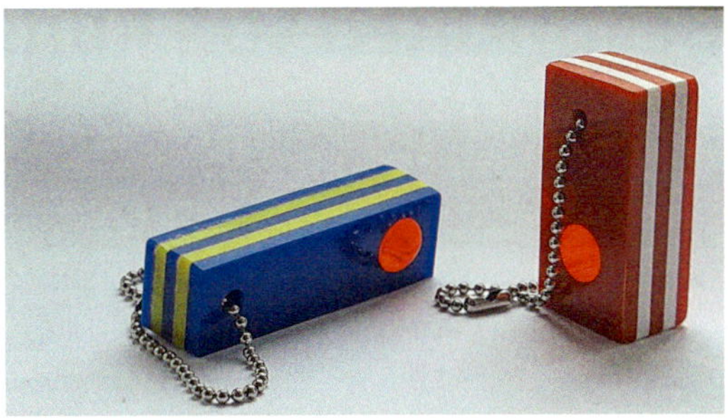

5 Auch Acrylglas kannst du kleben

Entwicklung von neuen Fügeverfahren

Bei der Fertigung der CFK-Karosserie seiner Elektromodelle verzichtet ein Autounternehmen mittlerweile auf mechanische Fügeverfahren. Das Unternehmen setzt ausschließlich auf eine spezielle, hybride Klebetechnologie, bei der Klebeschichten verbunden werden. So werden Kosten gespart und eine höhere Stabilität der Bauteile ist gegeben. Auch Branchen wie in der Windkraft, im Bauwesen oder auch im Maschinenbau profitieren von diesem Verfahren.

Werkstücke aus Kunststoff

Das Kleben von Thermoplasten (z. B. Acrylglasplatten) erfolgt mithilfe eines speziellen Lösungsmittels (→ **Abb. 5**). Dieses bewirkt, dass die Oberflächen der Fügeteile anschmelzen, sodass diese anschließend aneinanderhaften.

Werkstücke aus Metall

Einen Plätzchenausstecher kannst du durch Biegen herstellen. Dazu benötigst du zum Beispiel rostfreies Edelstahlband und eine Zange zum Biegen. Dieses Fertigungsverfahren nennt sich Fügen durch Biegen. Hast du deine Form gebogen, werden die Enden einfach durch ↗ Falzen gefügt.

CFK
Abkürzung für carbonfaserverstärkter Kunststoff

hybrid
gemischt, zusammengesetzt

Merke

- **Beim Fügen gibt es lösbare oder unlösbare Verbindungen.**
- **Fügeverfahren lassen sich in mechanische, thermische und klebtechnische Verbindungen unterteilen.**
- **Klebetechnologien lösen in vielen Branchen mechanische Verbindungen aufgrund ihrer großen Vorteile ab.**

Aufgaben

1 Nenne eine lösbare Verbindung für Metall.

2 a) Beschreibe die Vorteile, die Klebeverfahren gegenüber mechanischen Fügeverfahren haben.
b) Zähle verschiedene Branchen auf, in denen Klebeverfahren ihren Einsatz finden.

3 MK Recherchiert im Internet, wie die verschiedenen Klebstoffe für Metall funktionieren.

4 MK Recherchiert im Internet, was Schnappverschlüsse sind und wo sie eingesetzt werden.

5 MK a) Erstellt einen Steckbrief zu einem Beruf, der sich mit Kunststoff beschäftigt.
MK b) Recherchiert im Internet, wie du einen QR-Code erstellst und präsentiere deinen Steckbrief mithilfe eines QR-Codes.

6 Viele Verpackungsfolien für Lebensmittel wie Fleisch sind „Multilayerfolien".
MK a) Recherchiert im Internet, woraus Multilayerfolien bestehen.
b) Erörtert diese Folien.

Wortspeicher
- *die Klebetechnologie*
- *die lösbare Verbindung*
- *die mechanische Verbindung*
- *die thermische Verbindung*
- *die unlösbare Verbindung*

○1, 2 ◐3, 4 ●5, 6

Beschichten von Kunststoff und Metall

oxidieren
sich mit Sauerstoff verbinden

die Patina
Oxidschicht, Edelrost

korrodieren
angreifen, zerstören

Eine Beschichtung soll die Oberfläche in der Regel vor schädlichen Einflüssen schützen oder sie verschönern. Aber es können auch andere Effekte erzielt werden. Deine Sonnenbrille kann zum Beispiel mit einer transparenten Schicht bedampft werden, um eine reflexfreie Oberfläche zu erhalten (→ **Abb. 1**). Durch mehrmaliges Auftragen eines sehr widerstandsfähigen, durchsichtigen Hartlacks wird die Sonnenbrille gegen Kratzer widerstandsfähig. Eine ↗ Nanobeschichtung wiederum versiegelt die Gläser und schützt sie so vor Wasser und Schmutz.

Beschichtungsverfahren

Beschichten ist das Aufbringen einer festsitzenden Schicht auf einer Oberfläche. Beschichtungen lassen sich in **chemische, mechanische, thermische und thermomechanische Verfahren** unterteilen. Die Beschichtung kann aus dünnen, dicken und auch aus mehreren Schichten bestehen. Die Werkstücke werden meist vorbehandelt. Vor der mechanischen Beschichtung geschieht das etwa durch Schleifen oder Sandstrahlen, vor einer chemischen Beschichtung durch Beizen oder auch Auftragen eines Haftvermittlers.

der Haftvermittler
Haftvermittler sorgen für einen besseren Zusammenhalt zwischen Untergrund und Verklebung oder Beschichtung

Metalle beschichten

Metalle wie zum Beispiel Kupfer oxidieren. Sie entwickeln eine Patina, die sie auf natürliche Art vor Einflüssen schützt, denn Sauerstoff, Säure und Feuchtigkeit können Metalle korrodieren lassen.
Andere Metalle müssen beschichtet werden, um sie vor Korrosion und Verschleiß zu schützen. Den Glanz von Kupfer und Messing kannst du mit einem Überzug aus Lack bewahren (→ **Abb. 3**). Eine Beschichtung kann aber auch die Eigenschaften eines Metalls ändern, um es z. B.

- elektrisch oder thermisch zu isolieren,
- leitfähig zu machen oder
- bestimmte Reib- und Gleiteigenschaften zu erzeugen.

Kunststoffmetallisierung

Kunststoffmetallisierung ist ein Verfahren, bei dem Kunststoff mit einem metallischen Werkstoff überzogen wird (→ **Abb. 2**). Produktbeispiele dafür sind Duschköpfe, Wasserhahngriffe oder Radkappen und Türgriffe von Autos. Die Vorteile eines metallüberzogenen Kunststoffs gegenüber reinen Metallprodukten liegen in den niedrigeren Materialkosten, dem geringeren Gewicht bei vergleichbarer Festigkeit und der daraus resultierenden Energieersparnis in der Herstellung.

1 Brillengläser – Schutz durch Beschichtung

2 Ballons – dichter durch Kunststoffmetallisierung

3 Lackierte Metallhaken

Auf den Anspruch kommt es an

Ob eine Seilbahn, eine Offshore-Windanlage oder ein Schleusentor, alle sind einer anderen Korrosion ausgesetzt (z. B. durch Abwasser, Süß- oder Salzwasser). Die Verfahren, die sich als Korrosionsschutz für Stahl bewährt haben, sind auf die unterschiedlichen Einsatzbereiche zugeschnitten. Die Bauteile für Stahlbalkone werden zum Beispiel in einem 450 °C heißen Bad feuerverzinkt (→ **Abb. 4**).

4 Korrosionsschutz – Tauchen in flüssiges Zink

Ein neuer Anstrich für dein Fahrrad

So gehst du vor:

1. Vorbereitung
- Rahmen demontieren.
- Rahmen aufhängen.

2. Anschleifen
- Rahmen mit Schleifpapier (120er-Körnung) feinschleifen.
- Eventuelle Roststellen mit grobem Schleifpapier (80er-Körnung), Stahlwolle oder einer Stahlbürste gründlich entfernen.
- Fahrrad staub- und fettfrei säubern.

3. Lackieren
- Zwei Lackschichten dünn und gleichmäßig auftragen (Pinsel, Lackrolle oder Sprühgerät), dazwischen gut trocknen lassen.
- Zum Schutz der neuen Lackierung noch einen Klarlack auftragen.

TIPP
Reinige die Pinsel nach Gebrauch! Beachte die Sicherheitsvorschriften auf den Produkten (z. B. leicht entzündlich)! Lüfte sorgfältig durch!

TIPP
Matte und seidenmatte Farben lassen sich einfacher gleichmäßig auftragen als hochglänzende Lacke.

Merke
- **Beschichtungen verschönern und schützen Oberflächen oder führen ihnen neue Eigenschaften zu.**
- **Werkstücke werden vor der Beschichtung meist vorbehandelt.**

Aufgaben

1 Nenne anhand von Beispielen Gründe für die Beschichtung von Oberflächen.

2 Beschreibt, wie ihr beim Lackieren von Metall vorgeht.

3 MK Recherchiere im Internet, wie folgende Beschichtungen funktionieren:
a) bakterizide Beschichtungen
b) Anlaufschutz für Metall

4 MK Deutsche Wissenschaftlerinnen und Wissenschaftler entwickelten ein Verfahren, mit dem Fotovoltaikzellen ohne teures Silber hergestellt werden können. Recherchiere das Verfahren und die Vorteile im Internet.

Wortspeicher
- *die Beschichtung*
- *die Vorbehandlung*

Stoffeigenschaften ändern

Das ist dir sicher schon passiert: Du hast dein Smartphone in der Hosentasche und willst dich hinsetzen. Dabei rutscht es dir heraus. Damit dies nicht passieren kann, wäre es gut, wenn Smartphones flexibel und biegsam wären. Dazu müssten die Eigenschaften des Materials verändert werden.

Die verschiedenen Verfahren

Durch die Änderung der Stoffeigenschaft bleibt die Form gleich, es ändern sich nur die Eigenschaften des Materials wie seine Härte, Festigkeit oder Elastizität. Um dies zu erreichen, gibt es verschiedene Verfahren.

Verfestigen durch Umformen
Durch die Änderung der Stoffeigenschaft bleibt die Form gleich, es ändern sich nur die Eigenschaften des Materials wie seine Härte, Festigkeit oder Elastizität. Die Festigkeit eines Körpers wird durch Umformen des Materials beeinflusst wie beim Walzen (→ **Abb. 1**).

Wärmebehandeln
Das Gefüge des Materials wird durch Temperatureinflüsse verändert wie beim Glühen oder Härten (z. B. bei der Herstellung von Werkzeugen).

Thermomechanisches Behandeln
Das Gefüge des Materials wird durch thermische Einflüsse und Verformung geändert (z. B. Schmieden).

Sintern und Tempern
Beim Sintern werden körnige oder pulvrige Stoffe vermischt und dann durch Erwärmung miteinander verbunden oder verdichtet (z. B. beim Brennen von Ton).
Unter Tempern versteht man die Wärmebehandlung eines Werkstoffes, um produktspezifische Eigenschaften zu verbessern (→ **Abb. 2**) oder wiederherzustellen.

Magnetisieren
Nach einer Magnetisierung wird ein zuvor unmagnetisches Material (z. B. ein Stück Eisen) magnetisch.

Bestrahlen
Die Stoffeigenschaften werden durch Bestrahlung verändert. Das geschieht zum Beispiel durch Elektronenstrahlen (bei der Sterilisierung von Medizinprodukten) oder unter UV-Licht, durch das Kunststoffe aushärten (z. B. Brillengläser).

Fotochemische Verfahren
Durch Lichteinfall werden fotochemische Prozesse ausgelöst, die die Eigenschaften von Material verändern (z. B. bei Schaltkreisen auf biegsamen Folien).

1 Walzen eines Blechs

2 Getempertes Glas

3 Reißnadel erhitzen

Eine Reißnadel härten

Du willst eine Linie auf einem Metallstück anreißen. Dabei stellst du fest, dass die Reißnadel stumpf ist. Zum Glück kannst du sie schleifen und härten, sodass sie wieder spitz wird und präzise eingesetzt werden kann.

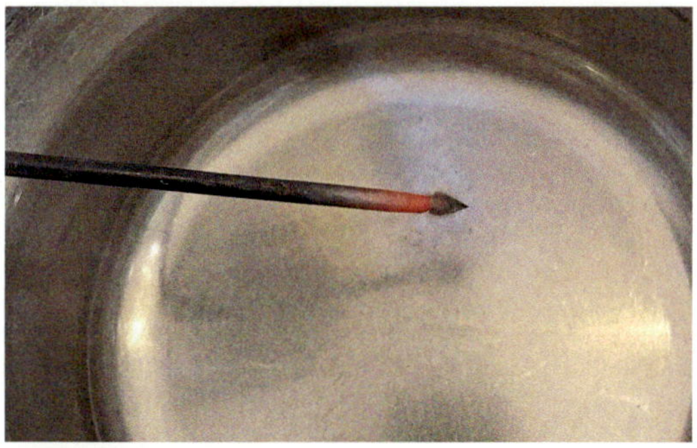

4 Reißnadel abkühlen

So gehst du vor:
- Überprüfe die Sicherheit der Schleifmaschine.
- Setze deine Schutzbrille auf und schalte die Maschine ein.
- Schleife an der seitlichen Fläche der Schleifscheibe und drehe dabei die Reißnadel.
- Ziehe Hitzehandschuhe an.
- Halte die Reißnadel über die Flamme eines Bunsenbrenners, bis sie hellkirschrot glüht (→ **Abb. 3**). Achte darauf, dass die Spitze nicht verglüht.
- Kühle die Reißnadel unter ständiger Bewegung in einem Wasserbad ab (→ **Abb. 4**).
- Entferne die Verunreinigungen mit Stahlwolle oder feinem Schleifpapier.
- Jetzt kannst du die Reißnadel über einer kleinen Flamme anlassen, bis sie dunkelgelb glüht.
- Kühle die Reißnadel erneut unter ständiger Bewegung in einem Wasserbad ab.
- Prüfe auf einem harten Untergrund, ob die Spitze bei Belastung abbricht. Trage unbedingt eine Schutzbrille. Dann kannst du mit der scharfen Reißnadel arbeiten.

anlassen
Verfahren zur gezielten Wärmebehandlung von Werkstoffen, durch das man die Eigenschaften des Werkstoffs beeinflussen kann

Merke
- **Beim Ändern von Stoffeigenschaften bleibt die Form erhalten, die Eigenschaften des Materials ändern sich.**
- **Beim Härten wird das Gefüge des Materials durch Temperatureinflüsse verändert.**
- **Beim Tempern werden Eigenschaften verbessert oder wiederhergestellt.**

Aufgaben

1 Erklärt euch gegenseitig die verschiedenen Untergruppen des Fertigungsverfahrens „Stoffeigenschaften ändern".

2 MK Recherchiert im Internet zu jeder Untergruppe mindestens zwei Verfahren und beschreibt diese anhand eines Alltagsgegenstandes in einem digitalen Steckbrief.

3 Stellt Sicherheitshinweise zum Härten eines Werkzeuges auf einem Plakat dar.

4 Erläutere, warum Autoglas getempert wird (→ **Abb. 2**).

5 Erörtert Möglichkeiten, die das Fertigungsverfahren „Stoffeigenschaften ändern" bietet.

Wortspeicher
- *das Gefüge*
- *das Härten*
- *die Stoffeigenschaft*
- *das Tempern*

Eine Konstruktionsaufgabe bearbeiten

„Immer gibt es zu wenige Haken, um meine Sachen aufzuhängen, ob im Hotelzimmer, zu Hause oder wenn ich mal bei Freunden übernachte. Wie wäre es, wenn wir dafür so was wie ‚mobile Kleiderhaken' erfinden?", schlägt Kilian vor. Frau Nowak, die Techniklehrerin, möchte den Technikkurs ein **technisches Alltagsproblem** durch die Konstruktion eines ↗ Prototyps lösen lassen. Der Kurs hat einige gute Vorschläge gemacht, aber der von Kilian überzeugt letztendlich die meisten.

die Norm
Vorschrift, Regel

1. Schritt: Problem- und Aufgabenstellung klären

Das Problem ist allen klar: Kleiderhaken, die möglichst überall einsetzbar sein sollen, einfach wieder entfernt werden können und ihren Zweck erfüllen. Dieses Problem soll jetzt kreativ und selbstständig gelöst werden. Lotte gefällt die Konstruktionsaufgabe: „Endlich kann ich mit meinen Fertigkeiten und meinem Wissen wie eine echte Erfinderin und Konstrukteurin etwas für uns Sinnvolles entwickeln!"

2. Schritt: Informationen sammeln

Der Technikkurs von Frau Nowak macht sich motiviert an die Arbeit. Im Brainstorming werden erste Ideen zusammengetragen und festgehalten. Max untersucht die Klassentür, um Maße für den Haken zu nehmen. Erstaunt stellt er fest, dass die Tür wie die meisten Türen rundherum gefälzt ist (→ **Abb. 1**). Der Haken darf also bei der Klassentür nicht über die ganze Türblattbreite gehen, wie zum Beispiel bei einem stumpfen Türblatt. Rebecca hat Modelle im Internet recherchiert, um weitere nützliche Angaben und Ideen zu erhalten.

das Brainstorming
Methode zur Ideenfindung

das Türblatt
beweglicher Teil der Tür

3. Schritt: Prototyp entwickeln

Nun beginnt der Hauptteil der Aufgabe, das Konstruieren eines Prototyps. Fragen zum Anforderungsprofil des Hakens kommen auf:

- Welche Funktion soll er haben?
- Wo soll er angebracht werden?
- Wie soll er aussehen?
- Aus wie vielen Teilen soll er bestehen?
- Gibt es Normen, die beachtet werden müssen?
- ...

Der Kurs beginnt mit einem genauen **Anforderungskriterien** (→ **Abb. 2**). Anschließend werden Ideen zur Umsetzung skizziert und erste Modelle aus Pappe hergestellt. „Denk dran, dass die Pappe nicht unbedingt die Dicke des späteren Werkstoffs hat!", erinnert Natalia ihre Freundin. Franz testet sein Pappmodell an der Tür.

4. Schritt: Prototyp konstruieren

Schnell wird klar, dass ein Haken aus Kunststoff mehr Vorteile gegenüber einem Modell aus Metall hat. Kunststoff ist leicht, gut zu verarbeiten und trotzdem formstabil. Da der Haken nur aus einem Teil hergestellt werden soll, entfällt eine **Stückliste**. Der Technikkurs von Frau Nowak hat sich für das Fertigungsverfahren „Umformen" entschieden. In einem **Arbeitsplan** werden alle notwendigen Schritte, Werkzeuge, Maschinen und Arbeitsmittel festgehalten. Dazu gehört auch eine Spalte mit Tipps oder wichtigen Hinweisen (z. B. zur Sicherheit). Während der Herstellung überprüfen die Schülerinnen und Schüler die Maße ihres Prototyps immer wieder.

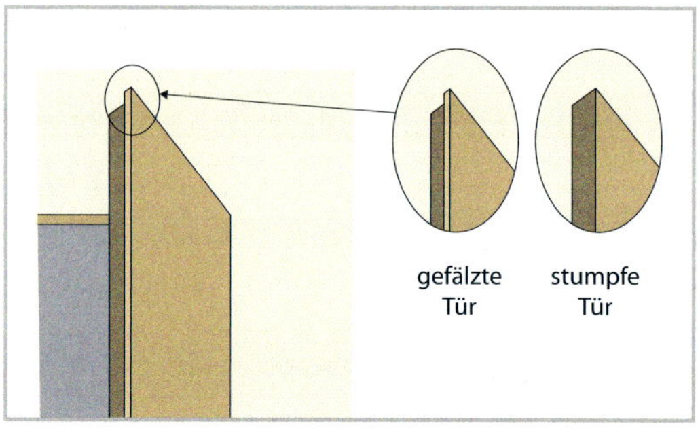

1 Achtung – gefälztes Türblatt

5. Schritt: Prototyp bewerten

Anhand der **Anforderungskriterien** (→ **Abb. 2**) lassen sich ganz einfach **Beurteilungskriterien** ableiten, die zum Erstellen eines Beurteilungsbogens benötigt werden. Je nachdem, welche Kriterien besonders wichtig sind, werden mehr oder weniger Punkte verteilt. Hält der Haken der Belastung stand? Lässt sich die Tür ungehindert schließen? ... Die Beurteilung gibt wichtige Hinweise darüber, wie das Werkstück optimiert werden kann. Kilian schlägt zum Beispiel vor, durch selbstklebende Silikonpunkte das Klappern der Haken durch das Bewegen der Tür zu verhindern.

Der Haken soll ...
- stabil sein,
- das Gewicht einer Jacke oder auch einer Tasche halten können,
- ein ansprechendes Design haben,
- ein geringes Eigengewicht haben,
- ...

2 Anforderungskriterien

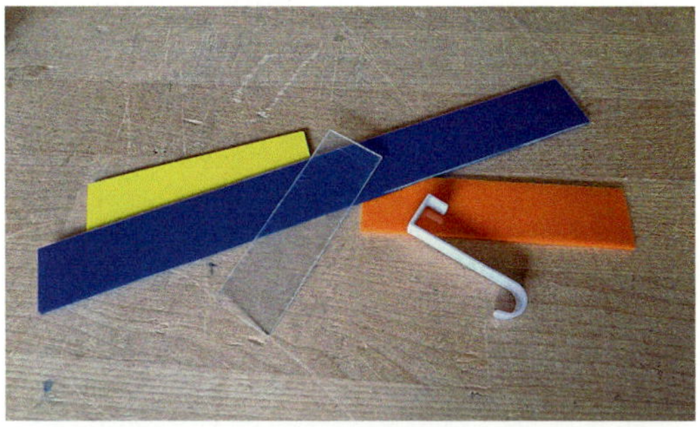

3 Kleiderhaken aus Kunststoff

1. Schritt: Problem- und Aufgabenstellung klären
- das Problem erkennen und benennen
- Lösung durch Prototypen formulieren

↓

2. Schritt: Informationen sammeln
- Welche Funktion soll das Produkt haben?
- Wie soll das Produkt aussehen?

↓

3. Schritt: Prototyp entwickeln
- Anforderungskriterien festlegen
- Ideen skizzieren, technische Zeichnung anfertigen
- Modell anfertigen

↓

4. Schritt: Prototyp konstruieren
- Fertigung planen
- Werkstoff auswählen
- Fertigungsverfahren festlegen
- Stückliste und Arbeitsplan erstellen
- Prototyp herstellen

↓

5. Schritt: Prototyp bewerten
- Beurteilungskriterien festlegen
- Beurteilungsbogen erstellen
- Optimierungsideen umsetzen

4 Die wichtigsten Schritte bei einer Konstruktionsaufgabe

Aufgaben

1 Beschreibe, in welchen Schritten eine Konstruktionsaufgabe abläuft.

2 Entwickelt einen Beurteilungsbogen zu einem Kleiderhaken aus Kunststoff.

3 Stellt Vermutungen dazu an, welches Problem sich ergeben würde, wenn Max einen Haken über die komplette Türblattbreite (→ **Abb. 1**) konstruiert hätte.

4 „Die Reihe der Arbeitsschritte spielt doch keine Rolle, Hauptsache du vergisst keinen!" Nehmt Stellung zu der Aussage.

5 **a)** Konstruiert einen Prototypen wie auf dem Foto (→ **Abb. 3**) aus Metall.
b) Erörtert Optimierungsmöglichkeiten des Herstellungsprozesses.

Fertigungsarten

Eine Zahnspange wird nur ein Mal gefertigt, Gummibärchen sehen seit Jahren gleich aus. Je nachdem, ob gleiche oder ähnliche Produkte hergestellt oder ob sie in Einzelarbeit oder Massenproduktion gefertigt werden, unterscheidet man verschiedene Fertigungsarten.

Einzelfertigung	Serienfertigung
Das Produkt wird nur einmal hergestellt. Es wird meistens auf Bestellung gefertigt (Sonder- oder Maßanfertigung).	Anzahl der Produkte und Dauer der Produktion sind genau festgelegt. Es werden unterschiedliche Serien gefertigt, die sich voneinander nicht stark unterscheiden. Nach einer Umrüstung kann eine andere Serie produziert werden.
Vorteile • Bedürfnisse der Kundschaft können berücksichtigt werden • …	**Vorteile** • optimale Maschinenauslastung • weniger Fixkosten • …
Nachteile • hohe Fertigungskosten • …	**Nachteile** • Umrüstkosten • kaum Flexibilität • …
 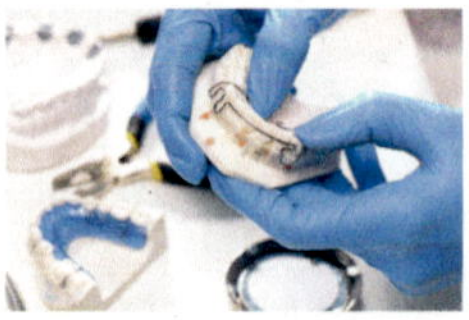	 

1 Fertigungsarten

2 Siegelring

4 Schutzbrille

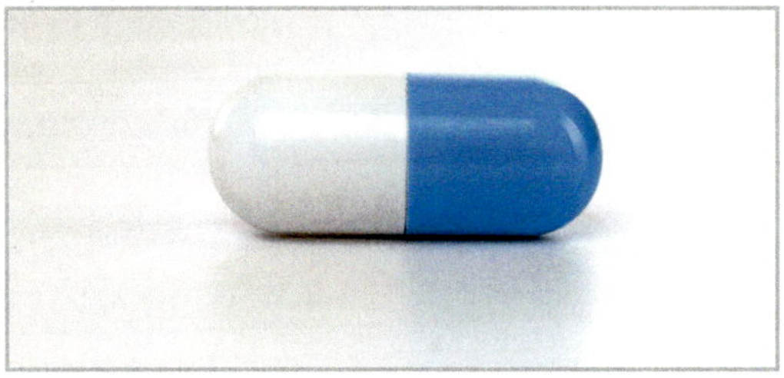

3 Tablette

5 Tasse

Massenfertigung	Mass Customization
Es gibt keine Vorgaben über die Stückzahl und den Zeitraum der Produktion. Wünsche der Kundschaft spielen eher keine Rolle.	Produkte werden mit der Kundschaft entwickelt. **Soft Customization:** Individualisierung erfolgt nicht in der Fertigung, sondern abgestimmt auf die Bedürfnisse der Kundschaft erst durch die Software (z. B. Smartphone-Apps). **Hard Customization:** Individualisierung wird bereits bei der Fertigung berücksichtigt (z. B. Konfigurieren von Autos).
Vorteile • keine Umrüstkosten • kein Maschinenstillstand • …	**Vorteile** • Produkte werden nicht gelagert, Lagerkosten werden eingespart • Trends können erkannt werden • …
Nachteile • hohe Lagerkosten • monotone Arbeit • …	**Nachteile** • aufwendigere Produktion • qualifizierte Arbeitskräfte **für** komplexe Produktion nötig • …
 	 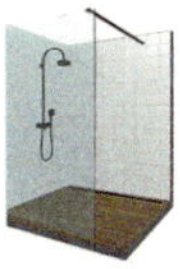 

Merke

- **Bei der Einzelfertigung wird ein Produkt nur einmal hergestellt.**
- **Bei der Massenfertigung gibt es keine Vorgaben über Stückzahl und Zeitraum der Produktion.**
- **Mass Customization ist eine kundenindividuelle Massenproduktion, bei der Produkte gemeinsam mit der Kundschaft entwickelt werden.**

Aufgaben

1 Erklärt euch gegenseitig den Unterschied zwischen Einzelfertigung und Serienfertigung.

2 Ordne die abgebildeten Gegenstände (→ **Abb. 2–5**) den richtigen Fertigungsarten zu.

3 Nennt jeweils fünf weitere Produkte aus Einzelfertigung, Serienfertigung und Massenfertigung.

4 Begründe, warum Einzelfertigung im Vergleich zur Serienfertigung teurer ist.

5 MK Recherchiere im Internet weitere Vor- und Nachteile der verschiedenen Fertigungsarten.

6 Erörtert Anforderungen an Produktionsprozesse der Einzel-, Serien- und Massenfertigung.

Wortspeicher
- *die Einzelfertigung*
- *die Mass Customization*
- *die Massenfertigung*

MK CAD

1 Arbeiten mit einem CAD-Programm in der Industrie

Der Begriff CAD ist die Abkürzung für **Computer Aided Design.** Das heißt übersetzt „rechnerunterstütztes Zeichnen oder Konstruieren“.

CAD-Programme

CAD-Programme gehören zu den sogenannten **digitalen Werkzeugen**. Diese Programme unterscheiden sich hauptsächlich in der Komplexität und im Preis. Die Preisspanne reicht dabei von Freeware, die nichts kostet, bis hin zu mehreren tausend Euro.

die Komplexität
Vielschichtigkeit; das Ineinander vieler Eigenschaften

Der Einsatz bei der Produktentwicklung

CAD-Programme sind aus der heutigen Entwicklung von neuen Produkten nicht mehr wegzudenken. Die erstellten Zeichnungen können leicht weitergegeben werden, sind einfach zu korrigieren und können teilweise sogar animiert werden (→ **Abb. 2**).
Im Produktionsprozess spielen die Zeichnungen eine große Rolle, da alle wichtigen Informationen daraus entnommen werden können (→ **Abb. 3**).

Aufbau und Funktionsweise eines CAD-Programms

Öffnest du ein CAD-Programm, so erscheint meistens eine Zeichenebene im dreidimensionalen Raum (→ **Abb. 1**). Diese Ebene kann man mit einem Raster versehen. Mit der Maus kann diese Ebene bei dreidimensionalem Zeichnen gedreht, vergrößert oder verkleinert werden. Dadurch kann man das gezeichnete Objekt aus allen Perspektiven betrachten.
Mit einem Hilfslineal oder Maßangaben, die beim Zeichnen erscheinen, kann man die erforderlichen Maße eingeben und zeichnen.

- Es können dreidimensionale Ansichten, die gedreht und von allen Seiten betrachtet werden können, erstellt werden.
- Zweidimensionale Ansichten können aus einer dreidimensionalen Ansicht beliebig erzeugt werden.
- Änderungen am Modell werden automatisch im CAD-Programm an die Fertigung weitergeleitet. Das spart Zeit und Geld.
- Gezeichnete Modelle können einfach als 3D-Druckdatei erzeugt und ausgedruckt werden.

2 Vorteile der CAD-Programme in der Produktentwicklung

3 CAD-Zeichnung mit fertigem Produkt

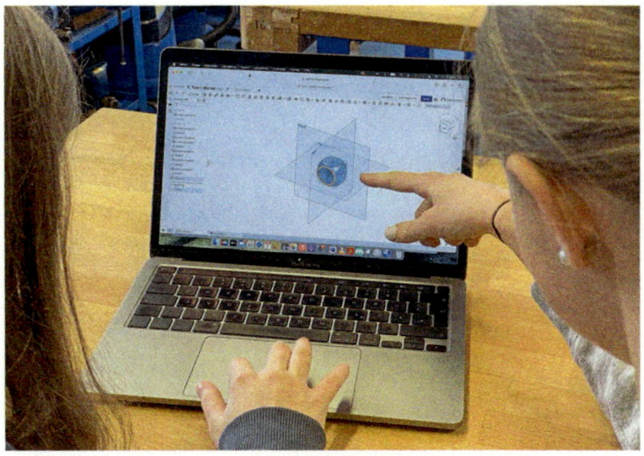

4 Zeichnen eines 3D-Modells

Standardwerkzeuge bei CAD-Programmen

Um mit einem CAD-Programm effektiv zu arbeiten, musst du dich mit dem Programm auseinandersetzen und die Grundfunktionen lernen. Jedes Programm hat seine eigenen Anforderungen und setzt spezielle Kenntnisse voraus.
CAD-Programme gibt es für die unterschiedlichsten Bereiche (z. B. Architektur, Verkehrswegeplanung, Industrie, Produktdesign).

Neben der Vielzahl von Möglichkeiten der verschiedenen Programme gibt es auch Standardwerkzeuge. Diese sind unter anderem: Lineal und Messfunktion, Formen- und Ansichtsgenerator, Drehfunktion bei 3D-Modellen.

Das Erstellen einer CAD-Zeichnung

Öffne das CAD-Programm an deinem Computer und erstelle eine neue Datei (→ **Abb. 4**). Diese Datei speicherst du gleich mit einem sinnvollen Namen ab, damit du sie schnell wiederfindest. Für die Konstruktion ist es am einfachsten, wenn du Formenwerkzeuge nutzt, um geometrische Körper darzustellen. Mit diesen Körpern kannst du die Grundform des Werkstücks erstellen und zusammensetzen. Es werden auch ↗ subtraktive Körper verwendet, um zum Beispiel Bohrungen zu erstellen.
Für das Zeichnen von Zahnrädern gibt es bei den meisten Programmen automatische Konstruktionswerkzeuge.
Ist deine Zeichnung fertig, speicherst du sie nochmal ab.

Merke

- **CAD ist die Abkürzung für „Computer Aided Design“ und bedeutet rechnerunterstütztes Zeichnen oder Konstruieren.**
- **CAD-Programme sind digitale Werkzeuge.**
- **Zeichnungen, die mit einem CAD-Programm gezeichnet werden, sind meistens dreidimensional.**

Aufgaben

1 Nenne Vorteile eines CAD-Programms im Vergleich zum Zeichnen an einem Zeichenbrett.

2 Erkläre die Vorteile eines CAD-Programms bei der Konstruktion und Produktentwicklung in der Industrie.

3 a) Stelle einen Quader mit mindestens einer Bohrung in einer Zeichnung dar.
b) Erstelle die gleiche Zeichnung mit einem CAD-Programm.

4 Beschreibt euch gegenseitig die Schritte zum Erstellen einer Zeichnung mit dem CAD-Programm, das ihr an eurer Schule verwendet.

Wortspeicher
- *das Computer Aided Design (CAD)*
- *das digitale Werkzeug*

○1 ◒2, 3 ●4

MK 3D-Druck

Ein relativ junges Produktionsverfahren, das sich immer mehr in der Produktion durchsetzt, ist der 3D-Druck. Es gehört zu den Fertigungsverfahren des Urformens, da aus formlosem Stoff ein fester Körper gedruckt wird.

Die Entwicklung des 3D-Drucks

Bereits in den 1980er-Jahren wurden die Grundlagen für den 3D-Druck gelegt. Seit 1985 gibt es erste 3D-Zeichenprogramme, die für den Druck erforderlich sind. Der erste 3D-Drucker konnte 1988 gekauft werden. Eine kommerzielle Anwendung für den privaten Bereich gibt es jedoch erst seit etwa 2010. In den vergangenen Jahrzehnten wurde dieses Verfahren weiterentwickelt und verbessert. 3D-Druck-Verfahren und die benötigten Materialien sind inzwischen sehr vielseitig. Es können verschiedene Kunststoffe (z. B. PLA), Beton, Metall, Gips und sogar Zellmaterialien gedruckt werden.

das PLA
(Polylactid)
Biokunststoff aus Pflanzenstärke

das Zellmaterial
hier: künstliches Gewebe aus zuvor gezüchteten Zellen, aus denen zukünftig zum Beispiel Organe hergestellt werden können

Verschiedene Verfahren

Das Verfahren, das für den Hobbybereich am weitesten verbreitet ist, nennt sich **Fused Deposition Modeling** (FDM; Schmelzschichtung). Bei diesem Verfahren werden schmelzbare Kunststoffe, sogenannte Filamente, durch eine Düse erhitzt, verflüssigt und auf eine Druckplatte Schicht für Schicht aufgetragen. Auf diese Weise wird das Objekt erstellt und nach Beendigung des Druckvorgangs von der Druckplatte gelöst (→ **Abb. 1**).

das Filament
dünner, runder Kunststoffdraht auf einer Spule, der zum Drucken von 3D-Objekten verwendet wird

Ein weiteres Verfahren ist die **Continuous Liquid Interface Production** (CLIP). Dabei werden aus einem flüssigen, UV-lichtempfindlichen ↗ Kunstharz Körper mit sehr glatten Oberflächen erzeugt. Ein genau ausgerichteter UV-Strahl wird dazu durch den transparenten Boden des mit Kunstharz gefüllten Behälters gerichtet und härtet den Kunstharz an den gewünschten Stellen aus. Die so entstehende feste Form wird dann Stück für Stück aus dem Kunstharz herausgezogen. Das **Binder Jetting** (Freistrahl-Bindemittelauftrag) ist ebenfalls ein 3D-Druck-Verfahren. Bei diesem Verfahren wird schichtweise ein flüssiges Bindemittel auf Pulverpartikel aufgetragen. Die Materialschichten verbinden sich und fügen sich zu einem Objekt zusammen (→ **Abb. 2**). **Direktes Metall-Lasersintern** (DMLS) ist ein Druckverfahren, bei dem Pulverpartikel mithilfe eines Lasers geschmolzen und aufgetragen werden. Dieses Verfahren wird hauptsächlich beim Druck von Metallen verwendet. Dabei wird auch in Lagen in ein Pulverbett gedruckt. Das gedruckte Objekt wird nach dem Drucken meistens noch thermisch behandelt, um entstandene Spannungen abzubauen.

> *TIPP*
> *Ein besonders „leckeres" Druckverfahren ist der 3D-Druck mit Marzipan für Konditoreien.*

1 3D-Druck im FDM-Auftragsverfahren

2 Im Binder-Jetting-Verfahren gedruckte Figur

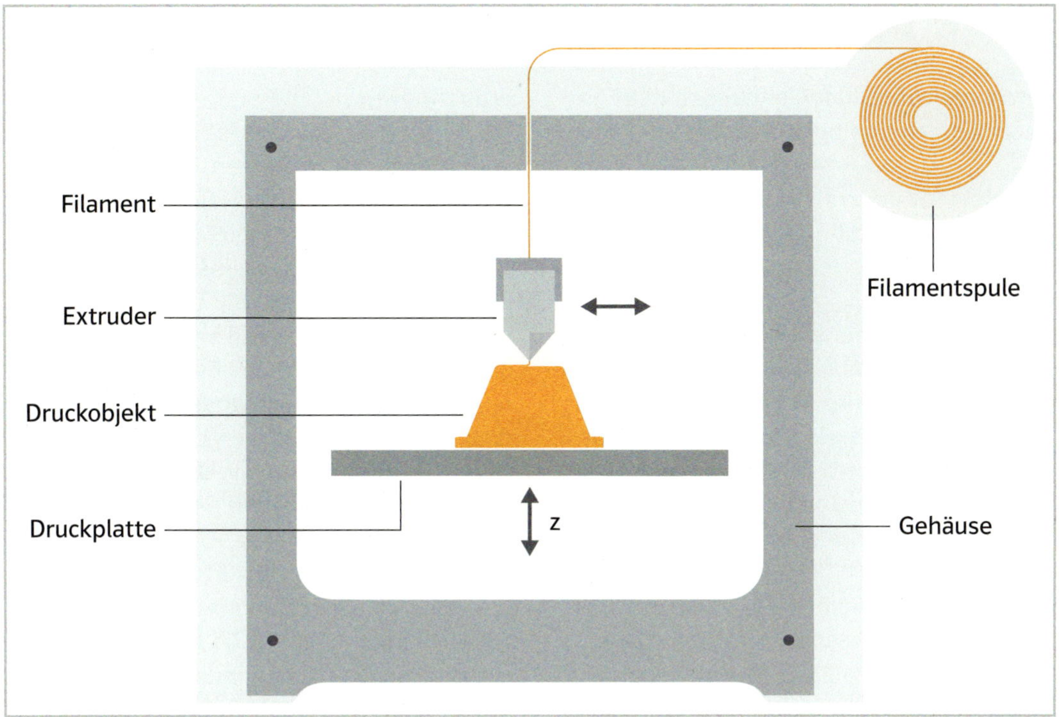

3 Aufbau eines 3D-Druckers

Aufbau eines 3D-Druckers

Die an den Schulen eingesetzten 3D-Drucker sind alle ähnlich aufgebaut. In einem Gehäuse sind Extruder, Druckplatte, Steuerung und Elektronik befestigt. Der Extruder kann horizontal in alle Richtungen fahren. Die Druckplatte, auf der das Druckobjekt aufgedruckt wird, ist in z-Richtung beweglich.

Das Gehäuse kann entweder offen oder mit Kunststoffscheiben geschlossen sein. Manche Gehäuse verfügen über eine Halterung für die Filamentspulen.
Über einen USB-Anschluss können die Druckdaten an den Drucker übertragen werden.

der Extruder
Düse
die z-Richtung
nach oben und unten

Merke

- **Der 3D-Druck wurde bereits in den 1980er-Jahren entwickelt.**
- **Das sogenannte Filament für 3D-Drucker besteht aus Kunststoffen.**
- **Es können Kunststoffe, Beton, Metall, Gips, Zellmaterialien und sogar Marzipan gedruckt werden.**

Aufgaben

1 a) Nenne drei verschiedene 3D-Druckverfahren.
b) Nenne verschiedene Einsatzmöglichkeiten für 3D-Drucker bei der Entwicklung von Produkten.

2 Beschreibe den Aufbau eines 3D-Druckers (→ **Abb. 3**).

3 a) Recherchiere im Internet, welches Filament an Schulen verwendet werden darf.
b) Erörtere das Filament.

4 Beschreibe das Vorgehen von der Idee zum Produkt mithilfe digitaler Werkzeuge.

5 Erläutere dein Vorgehen beim Erstellen eines 3D-Drucks.

Wortspeicher
- *der 3D-Druck*
- *das Filament*

○1, 2 ◒2, 3 ●4, 5

MK NE Neue Ideen, Unternehmen und Berufe

der „All Female Deal"
Geschäft, bei dem nur Frauen zugelassen sind

kollaborativ
zusammenarbeitend, gemeinsam

kognitiv
wissend, erkennend

Durch innovative Ideen entstehen neue Unternehmen und auch neue Berufsbilder.

Beispiele für innovative Unternehmen

Ein Münchner Start-up entwickelt und vertreibt 3D-Druck-Systeme, insbesondere für die Medizintechnik. Das Unternehmen stellt chirurgische Instrumente, aber auch Schädelplatten oder Wirbelsäulenimplantate her. Das Programm eines Berliner Start-ups trägt aktiv zur Klimarettung bei. Der Fokus liegt auf der Messbarkeit, der Reduzierung und der Kompensierung von CO_2-Emissionen. So sollen Unternehmen gemeinsam mit der Wirtschaft bis 2030 CO_2-Emissionen halbieren und bis 2050 klimaneutral werden. Ein weiteres innovatives Start-up bietet über eine Website und eine App verschiedene Autos im Abo an und ermöglicht der Kundschaft nach wenigen Monaten die Automodelle nach Belieben zu wechseln.

„Ich habe 136 Angestellte, davon sind nur fünf männlich. Und die Männer sind – von mir abgesehen – auch nicht in Führungspositionen, sondern den Frauen unterstellt … Frauen dienen nämlich der Sache, ohne Machtansprüche zu stellen. Ich stelle sie aus ureigenem Nutzen ein."

1 Rene Mägli, Manager (2014)

2 Roboter mit kognitiven Fähigkeiten

Frauenpower

Um Unternehmen neue Arbeitsmodelle zu vermitteln und um gemeinschaftliches Arbeiten innerhalb von Firmen zu stärken, haben zwei Frauen 2013 die weltweit erste Onlineplattform für Jobsharing ins Leben gerufen. In einem „All Female Deal" haben sie 2021 ihre Firma verkauft – und zwar ganz bewusst ausschließlich an Frauen. Es war die erste rein weibliche Finanzierungsrunde eines deutschen ↗ Tech-Start-ups.
Gemeinsam mit ihren Investorinnen gründeten die beiden Frauen im Juni 2021 den Verein „Encourage Ventures". Daraus erwachsen ist inzwischen ein Netzwerk, dem 460 Start-ups unter weiblicher Führung und 470 Investorinnen angehören. So wollen sie sich gegenseitig als Gründerinnen und Investorinnen unterstützen und mehr Frauen ermutigen, unternehmerisch tätig zu werden.

Menschliche Roboter?

Ein deutsches Hightechunternehmen wurde 2019 in Metzingen bei Stuttgart gegründet, um die Welt der Robotik zu revolutionieren. Das Ziel des Unternehmens ist, die Fähigkeiten von kollaborativen Robotern (Cobots) mit kognitiven Fähigkeiten (→ **Abb. 2**) zu erweitern. Bisher waren die Arbeitsplätze von Robotern und Menschen wegen der Gefahren getrennt. Bei Robotern im Kollaborationseinsatz werden Sicherheitseinrichtungen (z. B. Sensorik zur Kollisionserkennung) eingebaut, die zusätzliche Sicherheitsvorkehrungen überflüssig machen. Der Gründer des Unternehmens kommt ursprünglich nicht aus der Robotik, sondern ist ausgebildeter Modellbauer und hat Gussformen für die Automobilindustrie hergestellt. Bei den Stellenausschreibungen auf der Homepage seines Unternehmens findet man neue Berufe wie Robotics Front-End Developer, Robotics Control Engineer oder Robot Motion and Task Planning Engineer.

Ich war einmal ...

Bei der Industrie- und Handelskammer (IHK) Karlsruhe gehört Industrie 4.0 bereits seit einigen Jahren zu den wichtigen Arbeitsfeldern. Viele Berufe sind mehr oder weniger von der Digitalisierung betroffen. In den vergangenen Jahren haben sich sogar einige Berufsbezeichnungen geändert. Zum Beispiel wurde aus Mechaniker und Elektroniker der Mechatroniker, aus der Bankkauffrau die Finanzassistentin und aus der Technischen Zeichnerin eine Technische Produktdesignerin.

„Ich wollte 1982 eine Ausbildung als Schreinerin machen. Ich bekam aber nur Absagen, mit der Begründung, dass es ja gar keine Toiletten für Frauen gäbe. Erst als mein Vater sagte, er würde einen Toilettenwagen besorgen und in der Firma aufstellen lassen, hat sich eine Schreinerei erbarmt und mir die Ausbildung ermöglicht."

3 Schreinerin – 1982 noch ein „Fremdwort"

Starker Job

Mechatroniker/-in

„Ich baue aus mechanischen, elektrischen und elektronischen Baugruppen und Komponenten komplexe mechatronische Systeme wie z. B. Roboter für die industrielle Produktion. Ich muss die einzelnen Bauteile prüfen und sie in Systeme und Anlagen montieren. Ich muss dafür Schaltpläne und Konstruktionszeichnungen lesen können. Sind die Anlagen fertig montiert, nehme ich sie in Betrieb. Dazu programmiere ich sie oder installiere dazugehörende Software. Bevor ich die Anlagen an die Kundschaft übergebe, prüfe ich sie sorgfältig. Ich kümmere mich auch um die Instandhaltung von Systemen und Anlagen und repariere sie. Ich muss mich gut mit digitalen und mechanischen Messgeräten auskennen. Denn wenn Fehler in der Software oder Mechanik auftreten, muss ich sie finden und beheben."

die Industrie 4.0
vierte industrielle Revolution

Merke

- **Durch innovative Ideen entstehen neue Unternehmen und auch neue Berufsbilder.**
- **Encourage Ventures ist ein Netzwerk, dem Start-ups unter weiblicher Führung und Investorinnen angehören.**

Aufgaben

1 Würde dich der Beruf Mechatronikerin/Mechatroniker interessieren? Begründe.

2 Robotics Front-End Developer und Robotics Control Engineer. Was verbirgt sich hinter diesen Berufen? Recherchiert im Internet und erstellt jeweils einen Steckbrief.

3 **a)** Recherchiert im Internet weitere innovative Unternehmen in NRW.
b) Entwickelt zu einem Unternehmen eine digitale Präsentation.

4 Diskutiert die Aussage von Rene Mägli (→ **Abb. 1**).

5 Recherchiert im Internet den Beruf der Schreinerin (→ **Abb. 3**) und erläutert, wie er sich bis heute für Frauen entwickelt hat.

Wortspeicher
- *das Berufsbild*
- *die Investorin, der Investor*
- *das Netzwerk*

MK Neue Arbeitswelt – Industrie der Zukunft

manuell
mit der Hand, händisch

Der digitale Wandel und neue Technologien haben große Auswirkungen auf die Arbeitswelt. Inwieweit wird die Industrie 4.0 unsere Berufe und Arbeitsplätze noch weiter verändern? Inzwischen ist auch eine lebhafte Diskussion darüber entstanden, ob die Industrie 4.0 Jobs vernichten oder eher schaffen wird.

Industrie 4.0 – mit weniger mehr erreichen

Nicht nur aufgrund endlicher Ressourcen müssen wir es schaffen, mit weniger mehr zu erreichen. Die industrielle Welt steht deshalb immer wieder vor neuen Herausforderungen. Mithilfe der **Digitalisierung** und ↗ Automatisierung könnte es gelingen, entlang der gesamten ↗ Wertschöpfungskette die Produktionsplanung und Materialbeschaffung zu optimieren. Dazu müssen die riesigen Mengen an erzeugten Daten gesammelt, ausgewertet und entsprechend eingesetzt werden. Das sogenannte ↗ Industrial Big Data entsteht und mit ihm neue Geschäftsmodelle in fast allen Branchen. So werden digitale Plattformen in den nächsten Jahren zu Haupttreibern der Wirtschaft.

der Bachelor
erster berufsqualifizierender Studienabschluss, den man an einer Universität oder einer Fachhochschule erwerben kann

der Master
zweiter akademischer Studienabschluss nach dem Bachelor

ITK
Abkürzung für Informationstechnik (IT) + Telekommunikation (TK) = ITK

das IAB
Abkürzung für Institut für Arbeitsmarkt- und Berufsforschung

Starker Job

IT-System-Elektroniker/-in

„In meiner 3-jährigen Ausbildung zur IT-System-Elektronikerin habe ich gelernt, Systeme und Netzwerke der Informationstechnologie zu entwerfen und zu installieren. Heute bin ich bei einem großen Mobilitäts- und Transportunternehmen im Bereich der Kommunikationstechnik tätig. Dort arbeite ich vor allem mit Netzwerktechnik im Bereich von Kupfer bis Glasfaser. Ich bin für den Aufbau und die Instandhaltung von unterschiedlichen technischen Anlagen im Bereich der Sicherheit, ITK-Technik und Automatentechnik verantwortlich. Am liebsten arbeite ich draußen auf dem Bahnhofsgelände, im Gleisbereich oder in den Stellwerken."

Berufe im Wandel

Die ↗ Automation wird mit intelligenten Systemen viele manuelle Routinearbeiten (z. B. in der Fertigung, Qualitätskontrolle oder Planung) zunehmend ablösen. Gleichzeitig schafft die Digitalisierung neue Berufe mit Zukunft und vielen Möglichkeiten (z. B. in der Programmierung, Wartung und Steuerung digitaler Helfer). Für manche Jobs werden teilweise ganz neue Fachkenntnisse nötig sein. Kernkompetenzen vieler Berufe verschieben sich deshalb immer weiter, sodass Weiterbildungsmaßnahmen nötig sein werden. Für höherqualifizierte Berufe (z. B. im Bereich der IT, Forschung und Entwicklung) wird es eine erhöhte Nachfrage geben.

Qualifizierte Fachkräfte gesucht

Der Maschinen- und Anlagenbau ist einer der größten Industriezweige in Deutschland. Entscheidest du dich für eine Ausbildung in dieser Branche, hast du glänzende Zukunftsaussichten. Auch Maschinenbauingenieurinnen oder -ingenieure werden händeringend gesucht. Grundlagen erlernst du bis zum Bachelor. Im Master spezialisierst du dich zum Beispiel auf die Werkzeugmaschinentechnik. Es gibt aber auch spezielle Ausbildungsberufe oder Studiengänge, die sich mit der Industrie 4.0 und der Vernetzung von Menschen und Maschinen auseinandersetzen (z. B. Robotik, angewandte Künstliche Intelligenz, Digital Transformation Management oder Data Science).

TIPP
Mit dem „Job-Futuromaten" ermöglicht die Forschungseinrichtung der Bundesagentur für Arbeit (IAB) eine Prognose für die Automatisierbarkeit von Berufen.

„An der Verteilung der Berufe auf Männer und Frauen und der damit einhergehenden ↗ sozialen Ungleichheit hat sich in den letzten Jahrzehnten wenig geändert. Aber durch die neuen digitalen Informations- und Kommunikationstechnologien ist es jetzt möglich, überall und zu jeder Zeit zu arbeiten, also ein freieres und selbstbestimmteres (Arbeits-)Leben zu führen – vor allem für Frauen. Nicht zuletzt auch durch die Möglichkeit des Arbeitens im Homeoffice."

1 Marcella, alleinerziehend

„Ob Frau oder Mann, man muss im Betrieb sichtbar bleiben, sonst arbeitet man nur fleißig und brav für den Betrieb, wird aber nicht befördert."

2 Tabea, Studentin

„Ich denke, dass die Industrie 4.0 Frauen einen besseren Zugang zu neuen Berufsfeldern in technischen Bereichen ermöglicht. Die Entwicklung neuer Führungsstrukturen, flacher Hierarchien und abnehmender Präsenzkultur erleichtert Frauen einen innerbetrieblichen Aufstieg."

3 Timo, 3. Ausbildungsjahr

die Präsenzkultur
Arbeit vor Ort im Büro

„Heimarbeit über einen längeren Zeitraum festigt nur die traditionelle Rollenverteilung, ganz nach dem Motto: Mama ist ja zu Hause, dann kann sie ja noch schnell etwas kochen!"

4 Harwan, Schüler

Merke

- **Fachkräfte im Bereich der IT haben gute Chancen auf dem Arbeitsmarkt.**
- **Der digitale Wandel und neue Technologien werden unsere Berufe und Arbeitsplätze weiter verändern.**
- **Manuelle Routinearbeiten werden zunehmend durch Maschinen abgelöst.**

Aufgaben

1 a) Erläutere die Entwicklung von Berufsbildern und den Tätigkeiten durch neue Technologien.
b) Untersuche bei drei Berufen deiner Wahl deren Automatisierbarkeit.

2 a) Nennt Beispiele für „digitale Helfer".
b) Erklärt ihre Vorteile.

3 In der Industrie und im verarbeitenden Gewerbe werden zum Beispiel folgende Berufe aktueller:
- Roboterteam-Koordinator/-in
- Smart-Factory-Manager/-in
- Digital-Twin-Engineer

Recherchiert im Internet ihre Aufgaben.

4 „Mag sein, dass es mehr IT-Fachleute geben wird. Dennoch müssen alle künftig Grundlagen der IT beherrschen." Diskutiert die Aussage.

5 NE Nehmt Stellung zu einer der Aussagen (→ **Abb. 1–4**).

6 a) Recherchiert im Internet den Begriff „Crowdworking".
b) „Crowdworking ist eine großartige Chance der Digitalisierung für Arbeitnehmende und Arbeitgebende."
„Crowdworking ist nichts als eine neue Form von Heimarbeit und die Rückkehr von ‚unsichtbarer Arbeit'."
Nehmt Stellung zu den Aussagen.

Wortspeicher
- *der digitale Wandel*
- *die Fachkraft*
- *die Routinearbeit*

MK NE Digitaler Zwilling

Online einkaufen, Medien digital erstellen, mit dem Smartphone bezahlen, Daten in die Cloud laden, im Homeoffice arbeiten, mit dem Smartphone navigieren – für dich ist das nichts Neues. Jedoch steigen Datenmengen durch vernetzte Systeme immer weiter an. Diese Vernetzung wird auch als **Big Data** bezeichnet. Die weltweite Vernetzung von Daten hat große Auswirkungen auf unser Leben und beeinflusst unsere Gesellschaft und unsere Wirtschaft.

KI – was ist das denn?

Mithilfe von **Künstlicher Intelligenz** (KI) werden Produkte „smart". Smarte Geräte können sowohl aus ihrer eigenen Aktivität als auch voneinander lernen und sich auf diese Weise weiterentwickeln. KI simuliert menschliche Intelligenz mit Unterstützung von Maschinen und Computersystemen. Durch komplexe ↗ Algorithmen können smarte Geräte selbstständig erlernte Lösungswege abrufen, die ein Mensch niemals erfassen könnte, weil sie zu zahlreich und zu komplex sind. Beispiele sind Gesichtserkennung und Sprachassistenten auf unserem Smartphone, Übersetzer-Apps, die Worte in Sekundenschnelle in andere Sprachen übertragen, oder Staubsaugerroboter, die die Böden reinigen und Algorithmen nutzen, um ihre Umgebung zu erkennen.

simulieren
nachahmen

IoT
Abkürzung für Internet of Things (Internet der Dinge)

1 Künstliche Intelligenz

Virtuelle Abbildungen

Digitale Zwillinge sind ↗ virtuelle Abbildungen von Produkten, Dienstleistungen oder Prozessen. Unternehmen können so mit ihrer Hilfe einen besseren Einblick in die Produktleistung gewinnen, die Produktqualität steigern, den Service für die Kundschaft verbessern oder die Betriebskosten senken. So wird zum Beispiel eine Windkraftanlage mit verschiedenen Sensoren ausgestattet, die sich auf wichtige Funktionsbereiche beziehen. Diese Sensoren liefern zum Beispiel Daten wie Energieabgabe, Temperatur oder Wetterbedingungen. Die Daten werden anschließend an ein Verarbeitungssystem weitergeleitet und auf den digitalen Zwilling übertragen. Damit kann man dann Simulationen durchführen, Leistungsprobleme untersuchen oder Optimierungsmöglichkeiten erkennen.

Einsatzbereiche

Aber auch in anderen Bereichen kommen digitale Zwillinge zum Einsatz:

- Eine französische Supermarktkette hat einen digitalen Zwilling eines Ladens auf Basis von Daten aus IoT-fähigen Regalen und Verkaufssystemen erstellt. So können die Bestände einfach verwaltet und die Effektivität unterschiedlicher Ladendesigns getestet werden.
- Wasserversorgungsunternehmen nutzen digitale Zwillinge, um eine ständige Wasserversorgung sicherzustellen und besser auf Notfallsituationen vorbereitet zu sein. So können virtuell Probleme im Abwassersystem erkannt und vorausschauend vermieden werden.
- Mithilfe eines Sensors, der an Fahrrädern angebracht wird, können in einem digitalen Zwilling Orte identifiziert werden, die zum Beispiel besonders gefährlich für Radfahrerinnen und Radfahrer sind.
- Das „Building Information Modeling" (BIM) wird zum Beispiel von Architektinnen und Architekten eingesetzt. BIM ermöglicht, den Lebenszyklus eines Ge-

bäudes digital abzubilden und Daten zu hinterlegen, die für Nachhaltigkeit im Gebäudemanagement von Bedeutung sind. Gebäude, die noch in Planung sind, können also im digitalen Zwilling angesehen werden. Mithilfe des digitalen Zwillings können auch Restaurierungsarbeiten geplant werden, bevor überhaupt ein Gerüst aufgebaut werden muss (→ **Abb. 2**). Auch der Kölner Dom hat einen digitalen Zwilling.
- Im Gesundheitswesen ermöglichen digitale Zwillinge komplexe medizinische Geräte für einzelne Patientinnen und Patienten zu entwerfen und anzupassen (→ **Abb. 3**).

2 Digitale Überwachung von Bauwerken

komplex
vielschichtig, viele Dinge umfassend

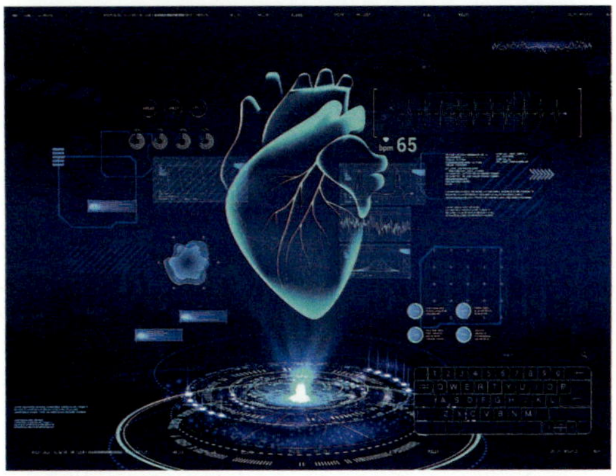

3 Digitales Herz

Und, ist das alles gut?

Man kann anhand eines digitalen Zwillings Dinge erproben, ohne dass man sie zum Beispiel vorher herstellen muss. So können Fehlplanungen beim Bauen vermieden und entsprechend Kosten gespart werden. Durch digitale Zwillinge werden Firmen flexibler, Fehlentscheidungen verringert, Produktentwicklungen revolutioniert und Produktionen wirtschaftlicher. Der Nachteil ist, dass ein digitaler Zwilling mit hohen Kosten verbunden ist. Man benötigt Daten und Personen, die sich mit dem Erstellen digitaler Zwillinge auskennen und damit auseinandersetzen. Außerdem müssen die Daten regelmäßig überprüft und aktualisiert werden. Weitere Probleme sind IT-Sicherheit, Zugriffsrechte und ↗ Zertifikatshandel.

Merke

- **Mit künstlicher Intelligenz können durch komplexe Algorithmen Informationen aus Daten gezogen werden.**
- **Digitale Zwillinge sind virtuelle Abbildungen von Produkten, Dienstleistungen oder Prozessen.**

Aufgaben

1 Erkläre die Begriffe „KI“ und „digitaler Zwilling“.

2 Analysiert die Zusammenhänge auf der Abbildung (→ **Abb. 1**).

3 Recherchiere im Internet, was mit digitaler Überwachung von Bauwerken gemeint ist (→ **Abb. 3**).

4 Beurteilt den Einsatz von KI und digitalem Zwilling.

Wortspeicher
- *der Algorithmus*
- *der digitale Zwilling*
- *die künstliche Intelligenz (KI)*
- *die virtuelle Abbildung*

MK NE

Smartfactory

Smarte Produktionssysteme
- Werkzeuge, Maschinen oder Transportmittel sind mit Sensoren und Aktoren ausgerüstet.
- KI wertet z. B. gesammelte Daten aus.
- Produkte werden optimiert.
- Maschinen werden ausgelastet.
- Eine hohe Genauigkeit wird erreicht.
- Durch 3D-Druck wird kostengünstig und flexibel produziert.

Durchgängige Produktionen
- Infos zum Warten der Maschinen und Bauteilbestellungen erfolgen automatisiert.
- Software erfasst Verbrauch von Materialien.
- Produktionskosten werden gesenkt und ↗ Überstände werden vermieden.

Smarte Zusammenarbeit
- Zulieferer und weiterverarbeitende Fabriken werden schon während des Produktionsprozesses informiert.
- Wartezeiten entfallen.
- Materialflüsse können kurzfristig umgelenkt werden.
- Über IT-Systeme lassen sich zentral gesteuerte Lieferungen leicht zurückverfolgen.

1 Gewinne steigern und Verschwendung reduzieren – die Smartfactory

Roboter kommunizieren mit Menschen, Transportwagen liefern wie von Geisterhand Materialnachschub, Maschinen erledigen selbstständig Produktionsprozesse und Standorte auf der ganzen Welt verschmelzen zu einer einzigen Fabrik … Die Wertschöpfungskette ist sicherer, einfacher und nachhaltiger. Künstliche Intelligenz (KI) und das Internet der Dinge (IoT) machen es möglich. Willkommen in der Smartfactory!

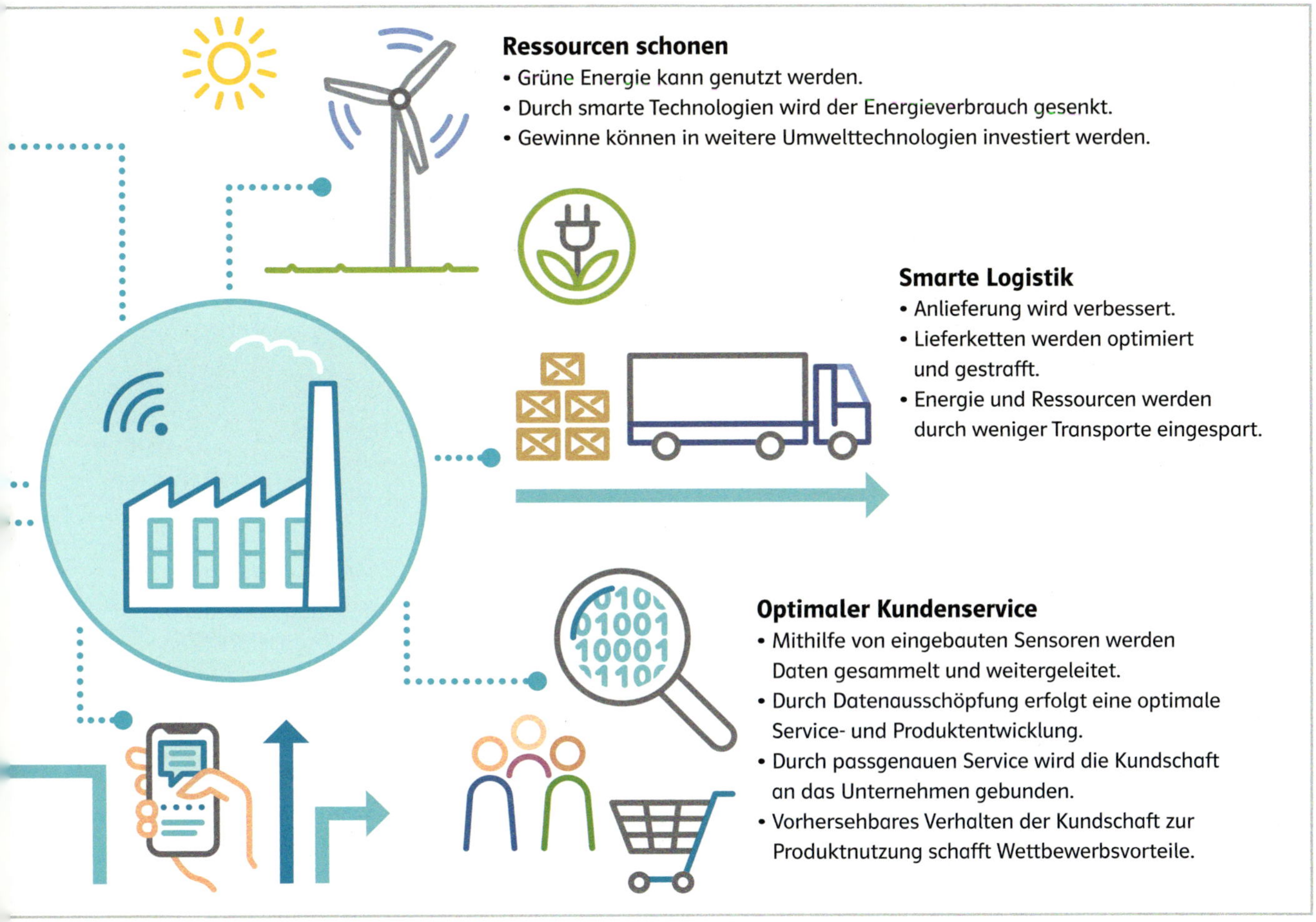

Merke
- **Künstliche Intelligenz (KI) und das Internet der Dinge (IoT) sind die Basis einer Smartfactory.**
- **Das Ziel der Smartfactory ist, die Wertschöpfungskette sicherer, einfacher und nachhaltiger zu machen.**

Aufgaben

1 Erklärt den Begriff „Smartfactory“.

2 Beschreibe anhand von Beispielen die Vorteile einer Smartfactory.

3 Durch die Smartfactory ergeben sich neue Berufsbilder und Schlüsselqualifikationen, die gefragt sein werden. Recherchiert Berufe, die in einer Smartfactory benötigt werden.

4 „Beim Arbeiten in einer Smartfactory gewinnt der Mensch Zeit. Flexible Arbeitszeiten werden möglich, Schichtarbeit wird unnötig. So können Beruf und Familie besser vereinbart werden.“ Erläutert diese Aussagen.

5 „Erst Smartphones, dann Smarthomes und Smartfactories, jetzt dauert es bestimmt nicht mehr lange, bis es smarte Städte gibt.“ Nimm Stellung zu der Aussage.

Wortspeicher
- *die Nachhaltigkeit*
- *die Smartfactory*
- *die Wertschöpfungskette*

○1, 2 ◐3, 4 ●5

Auf einen Blick

Produktionsprozesse innovativ gestalten

Fertigungsverfahren
- Urformen
- Umformen
- Trennen
- Fügen
- Stoffeigenschaften ändern
- Beschichten

Fertigungsarten
- Einzelfertigung
- Serienfertigung
- Massenfertigung
- Mass Customization

Optimierung der Produktionsprozesse
- 3D-Druck
- CAD
- Künstliche Intelligenz (KI)
- Smartfactory
- neue Berufsbilder

1 Diese Begriffe solltest du kennen

Wiederholen

1 S. 8/9
Beschreibe, warum du beim **Gießen** von Beton immer lösbare Verbindungen verwenden solltest.

2 S. 10/11
Nenne **Fertigungsverfahren**, die zum **Umformen** gehören.

2 Plätzchenausstecher

3 S. 14/15
Erläutere den Unterschied zwischen den **Fügeverfahren** Weichlöten, Hartlöten und Schweißen.

4 S. 16/17
a) Zähle Gründe für das **Beschichten** von Metall und Kunststoff auf.
b) Erläutere ein Verfahren.

5 S. 18/19
Erkläre an einem Beispiel, wie die **Stoffeigenschaften** von Metall geändert werden können.

3 Verschiedene Werkzeuge und Arbeitsmittel

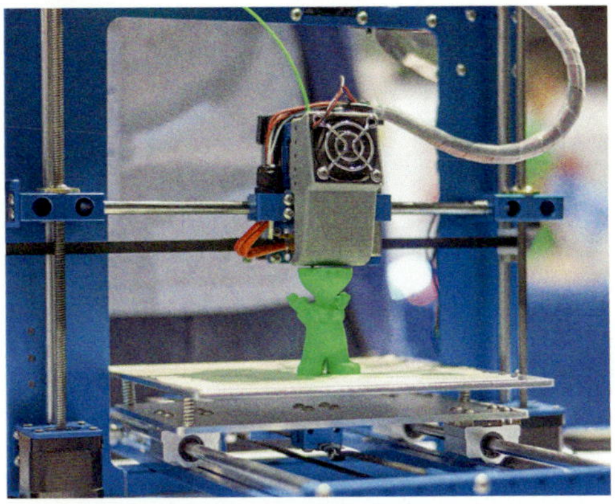

4 Werkstücke aus Kunststoff

6 S. 10–19
Beschreibe, welche **Fertigungsverfahren** für die Herstellung des Plätzchenausstechers (→ **Abb. 2**) benötigt werden.

7 S. 10–19
Ordne die Werkzeuge und Arbeitsmittel (→ **Abb. 3**) den passenden **Fertigungsverfahren** zu.

8 S. 22/23
Deine Freundin war in der letzten Unterrichtsstunde krank und möchte wissen, was sie verpasst hat. Erkläre ihr in einer E-Mail, worin der Unterschied zwischen **Einzel-, Serien- und Mass Customization** besteht.

9 S. 24/25
Nenne Vorteile einer computerunterstützten Zeichnung (**CAD**) gegenüber einer händischen Zeichnung.

10 S. 26/27
Beschreibe, wie das Werkstück (→ **Abb. 4**) entsteht.

11 S. 28/29
Richtig oder falsch? Nenne die richtigen Aussagen zu **Firmenbeispielen** und korrigiere die falschen.
a) Es gibt Start-ups, die nur Frauen einstellen.
b) Von der Digitalisierung sind kaum Berufe betroffen.
c) Alle Roboter sollen mit kognitiven Fähigkeiten erweitert werden.
d) Durch innovative Ideen entstehen neue Unternehmen, aber keine neuen Berufsbilder.
e) „Encourage Ventures" ist ein Netzwerk, dem Start-ups unter männlicher Führung und männliche Investoren angehören.

12 S. 30/31
Azra: „Mich interessieren **Berufe in der IT-Branche** sehr. Immer mehr wird digitalisiert. Das merke ich in der Schule, zu Hause und bei Betriebserkundungen oder Praktika. IT-Fachleute werden überall benötigt, ob in der Produktion, im Gesundheitswesen, bei Versicherungen oder bei Banken." Hat Azra mit ihrer Beobachtung recht? Nimm Stellung.

13 S. 32/33
Erörtere die Möglichkeiten einer Smartwatch als **digitaler Zwilling** (→ **Abb. 5**).

Eine Smartwatch mit Körpersensoren ist bereits ein digitaler Zwilling des Trägers oder der Trägerin. Noch ist es ein unvollständiger digitaler Zwilling. Aber diese Internet-of-Body-Technologie wird eines Tages so weit fortgeschritten sein, dass für alle ein digitaler Zwilling erstellt werden kann. Dieser würde die genaue Funktionsweise des Körpers und seiner Organe messen und die vollständige Krankengeschichte tagesaktuell darstellen.

5 Internet-of-Body-Technologie

14 S. 34/35
Beschreibe, was **Smartfactory** bedeutet.

Zinn und Beton gießen

Das Gießen ist ein urformendes Verfahren, bei dem flüssige Stoffe in feste Form gebracht werden. Zinn muss dabei zuerst geschmolzen werden, da es bei Raumtemperatur fest ist.

> *TIPP*
> *Blei ist giftig und schädigt unter anderem das Nervensystem. Verwende deshalb ausschließlich bleifreies Zinn.*

Zinn gießen

Zinn ist ein Metall, dessen Schmelztemperatur bei ca. 232 °C liegt. Je nachdem, ob es sich um reines Zinn oder eine Zinnlegierung handelt, unterscheiden sich die Schmelztemperaturen.

Du benötigst:
- bleifreies Zinn
- hitzefeste Handschuhe, Schutzbrille
- Knete, Pappe
- Gipspulver, Wasser
- Trennmittel (Gemisch aus Seife und Öl)
- Modell zum Abformen
- scharfes Messer, Säge
- kleiner Einfülltrichter aus Metall
- Bindedraht, Seitenschneider
- Herdplatte, kleiner Topf, Holzstab
- eventuell Halterung für die Form (z. B. Schale mit feuchtem Sand)
- hitzefeste Unterlage
- feine Feile und Stahlwolle

So gehst du vor:

Herstellung der Form

Forme mit der Knete das Modell zur Hälfte ab. Achte darauf, dass du die Knete ohne Luftblasen an das Modell drückst. Hast du die erste Hälfte abgeformt, streichst du das Trennmittel auf die Knete. Baue dann einen Rahmen aus Pappe um die Knete. Gieße den angerührten Gips in die Form (→ **Abb. 1**). Wenn der Gips ausgehärtet ist, entferne die Knete. Streiche auch den Gips mit Trennmittel ein, lege die Figur hinein und gieße in die zweite Hälfte wieder angerührten Gips. Nach dem Aushärten löst du beide Gipsteile voneinander und entnimmst die Figur. Die beiden Gipsteile musst du nun mit einem scharfen Messer noch mit Einguss und Luftkanälen versehen (→ **Abb. 2**).

Gießvorgang

Trage hitzefeste Handschuhe und eine Schutzbrille.
Lasse das Zinn im Topf langsam schmelzen. Nimm dann mit einem Holzstab die dünne Haut auf dem Zinn (Schlackeschicht) ab.
Gieße das Zinn vorsichtig in die Form (→ **Abb. 2**), bis der Kanal und der Einfülltrichter gefüllt sind.
Entnimm nach dem Abkühlen dein Werkstück aus der Form. Säge den Einfüllkanal ab. Anschließend kannst du dein Werkstück mit einer feinen Feile und Stahlwolle bearbeiten. So bekommt dein Werkstück eine glänzende Oberfläche.

1 Abformen einer Figur für den Zinnguss

2 Gießen der Figur mit Zinn

3 Kerzenständer aus Beton

Ein Kerzenständer aus Beton

Du benötigst:

- Form oder Materialien zum Bau einer Schalung (z.B. beschichtetes Holz, Schrauben zum Fügen)
- Betonfertigmischung, Zement, Wasser
- Schutzhandschuhe und Schutzbrille
- Körper für die Bohrung

- Plane eine einfache Form (z.B. Quader).
- Plane die Schalung so, dass der Boden der Form später die Oberseite des Werkstücks ist. Dadurch erhältst du eine schöne glatte Fläche.
- Erstelle eine Skizze mit den Maßen.
- Stelle ggf. die einzelnen Teile der Schalung her und füge sie mit Schrauben zusammen. Bohre dazu vor, damit die Schraube das Material nicht verformt.
- Achtung: Der Beton drückt beim Verdichten auf die Schalung. Das kann dazu führen, dass die Schalung auseinanderbricht.

4 Bau einer Schalung aus Holzwerkstoffen

So gehst du vor:

Nimm eine fertige Form (z.B. Wasserflaschen, Backformen aus Silikon) oder baue eine Schalung aus Holzwerkstoffen (→ **Abb. 4**).

> *TIPP*
> *Verwendete Formen dürfen nicht mehr für Lebensmittel genutzt werden.*

Nimm für die Bohrung elastisches Material (z.B. Kork) oder einen Hohlkörper (z.B. Kunststoffgegenstand, Reagenzglas). Befülle den Hohlkörper mit feuchtem Sand, bevor du diesen einbetonierst. Damit verhinderst du, dass Beton reinfließen kann oder der Hohlkörper aufgetrieben wird. Mische den Beton mit der richtigen Menge Wasser an.

auftreiben
hier: durch Druck in die Höhe geben

> *TIPP*
> *Trage beim Anmischen des Betons eine Schutzbrille und Schutzhandschuhe!*

Fülle das fertig angerührte Betongemisch in die Schalung. Damit keine Luftblasen im Beton bleiben, rüttle die Form leicht oder klopfe vorsichtig an die Außenwand. Lege eine Folie über die offene Seite des Betons. Nach einer Woche kannst du dein Werkstück aus der Schalung nehmen.

das Verdichten
Verfahren, um aus frischem Beton Lufteinschlüsse auszutreiben, damit ein dichteres Betongefüge entsteht

Aufgaben

1 MK Recherchiere im Internet, was man beim Gipsanrühren beachten muss, damit es nicht zur Klümpchenbildung kommt.

2 Nenne Materialien für eine Betonschalung.

3 a) Konstruiere einen Kerzenständer aus Beton (→ **Abb. 3**).
b) Stelle den Kerzenständer aus Beton her.

○1 ◒2 ●3

Gegenstände aus Kunststoff tiefziehen

Tiefziehen ist ein Fertigungsverfahren aus der Gruppe des Umformens. Dabei werden meistens glatte Werkstoffe wie Bleche oder Kunststoffplatten mithilfe von Werkzeugen in eine neue Form gebracht. Mit Tiefziehfolien kannst du das relativ einfach im Unterricht durchführen.

Materialien für das Tiefziehen

Du benötigst folgende Materialien und Werkzeuge (→ **Abb. 1**):

- Tiefziehfolien aus Kunststoff
- Tiefziehgerät, Staubsauger
- Form, die abgeformt werden soll (→ **Abb. 2**)
- Werkzeuge zur Kunststoffbearbeitung (z. B. Cuttermesser, Stahllineal, Schere)
- hitzefeste Handschuhe

TIPP
Tiefziehfolien gibt es in verschiedenen Stärken und Größen. Sie können farblos oder weiß sein. Für spezielle Anwendungen gibt es sie auch farbig.

Die richtige Form

Grundsätzlich kannst du alle festen, schwer schmelzbaren Materialien für die Form verwenden. Wenn du eine Autokarosserie oder einen Bootskörper tiefziehen willst, verwende am besten ein Modell aus Holz oder Metall. Du kannst aber auch selbst eines modellieren, indem du aus einem Stück Holz eine Form sägst, feilst und schleifst. Eine weitere Möglichkeit ist, ein Objekt mit Gipsbinden abzuformen, die Form mit Gips aufzufüllen und sie anschließend schön zu glätten. Wenn du eine Aufbewahrungsmöglichkeit für Stifte oder Werkzeuge mit einer Tiefziehfolie herstellen willst, ordne einfach die Stifte oder das Werkzeug auf der Fläche im Tiefziehgerät an. Die tiefgezogene Folie kannst du dann als Ordnungssystem nutzen und die Werkzeuge darin aufbewahren (→ **Abb. 3**).

TIPP
Ein Tiefziehgerät kann man relativ einfach aus Sperrholz und einer Lochplatte herstellen. Die Größe des abzuformenden Objekts ist durch die Größe des Tiefziehgeräts und der Folie begrenzt.

So gehst du vor:

- Lege deine fertige Form oder deine Objekte mittig auf die Lochplatte des Tiefziehgeräts.
- Schließe einen Staubsauger an das Tiefziehgerät an.
- Spanne die Tiefziehfolie in den Rahmen ein und erhitze sie entweder mit einem Heißluftgebläse (→ **Abb. 4**), im Backofen oder über einem Tischgrill. Wichtig ist, dass die Folie gleichmäßig erhitzt wird.
- Schalte den Staubsauger ein, sobald die Tiefziehfolie weich geworden ist und durchhängt.
- Lege den Rahmen mit der Folie auf die Form im Tiefziehgerät. Drücke ihn dabei über die Form, bis die Folie von alleine angesaugt wird.
- Lasse die Folie abkühlen.
- Wenn die Kanten an der Form nicht richtig anliegen, weil die Folie schon abgekühlt ist, kannst du mit einem Heißluftgebläse die Folie nochmal erhitzen. Dadurch wird sie weich und kann sich besser an die Form anpassen.

1 Materialien zum Tiefziehen:
1 Tiefziehfolien, 2 Tiefziehgerät, 3 Formen, 4 Staubsauger, 5 Werkzeuge zur Bearbeitung, 6 hitzefeste Handschuhe, 7 Heißluftgebläse

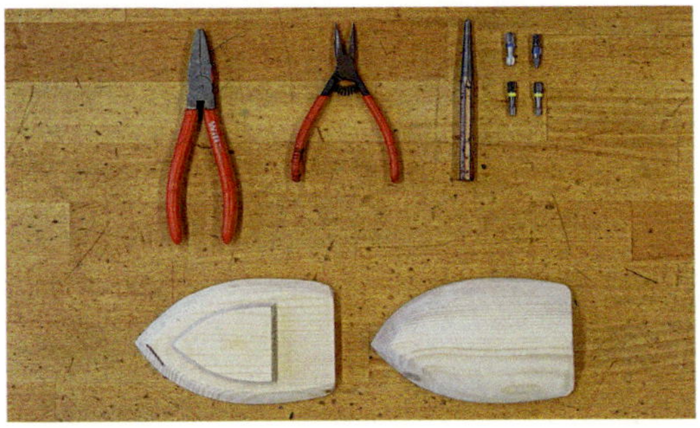

2 Formen zum Tiefziehen

- Nachdem die Folie abgekühlt ist, führst du die Endbearbeitung durch. Überschüssiges Folienmaterial schneidest du ab. Wenn du zweiteilige Formen hast, klebst du sie zusammen, beispielsweise Rumpf und Deck bei einem Boot (→ **Abb. 5**).

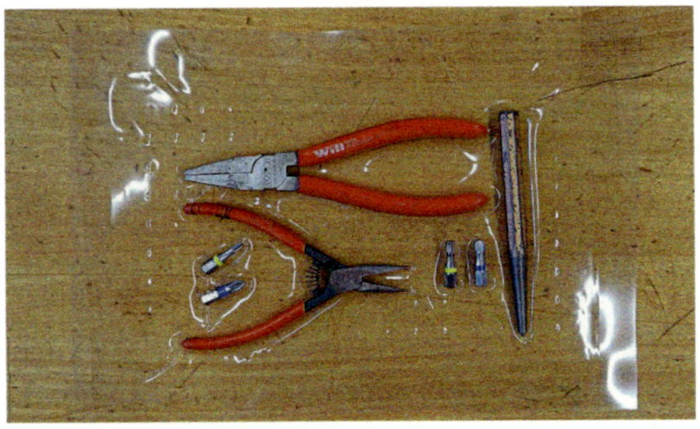

3 Tiefgezogene Modelle

4 Tiefziehen

Geeignete Modelle zum Tiefziehen
Für ein gutes Ergebnis beim Tiefziehen solltest du auf geeignete Modelle achten.
Am besten sind Formen, die flach mit der gesamten Unterseite auf dem Tiefziehgerät aufliegen. Kugeln beispielsweise kannst du nur zweiteilig als Halbkugeln abformen. Bei Figuren gilt das Gleiche. Diese musst du auch in zwei Halbteilen abformen.

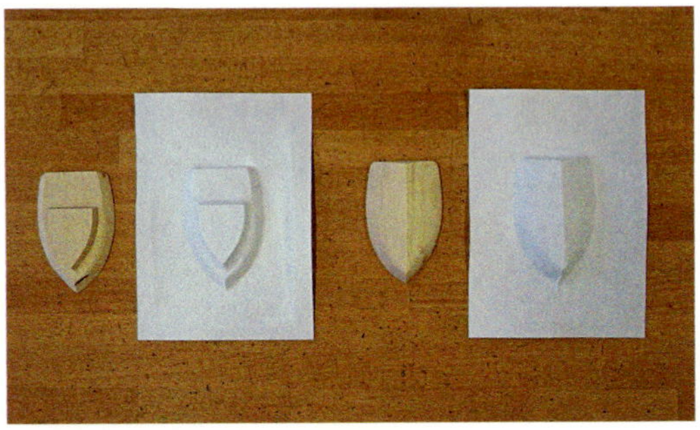

5 Zweiteiliges Modellboot

Merke

- **Tiefziehen ist ein Fertigungsverfahren aus der Gruppe des Umformens.**
- **Alle stabilen, schwer schmelzbaren Materialien können als Form verwendet werden.**
- **Mit dem Heißluftgebläse kannst du Kanten nochmal erhitzen, um sie besser anzupassen.**

Aufgaben

1 a) Nenne Alltagsgegenstände, die du abformen kannst.
b) Wähle zwei Gegenstände zum Tiefziehen, um sie sinnvoll zu nutzen. Begründe deine Auswahl.

2 a) Einigt euch auf ein Objekt, das abgeformt werden soll. Führt den Tiefziehvorgang durch.
b) Beurteilt euer Ergebnis. Optimiert gegebenenfalls euren Tiefziehprozess und wiederholt das Tiefziehen. Vergleicht die Ergebnisse.

3 a) Nenne die Kunststoffgruppe, die du zum Tiefziehen verwenden kannst.
b) Erkläre, warum die anderen beiden Kunststoffgruppen nicht geeignet sind.

4 Konstruiert ein Werkstück (s. S. 20–21), bei dem mindestens ein Teil tiefgezogen werden muss.

Klebebandabroller herstellen

Jedes Mal, wenn du etwas in deine Technikmappe kleben willst, fehlt dir ein Abschneider für dein Klebeband. Gut, dass du Technik als Wahlpflichtfach gewählt und einen Abroller selbst bauen kannst.

Fertigung planen

Zunächst **skizzierst** du eine mögliche Form (→ **Abb. 1**). Anschließend stellst du die Details in einer **technischen Zeichnung** (→ **Abb. 2**) dar und hältst in einer **Stückliste** fest, was du für dein Werkstück brauchst.

Werkstück herstellen

Formen aussägen

Wenn du deine Form auf die Acrylplatte übertragen hast, sägst du die geraden Schnitte mit der Feinsäge und die Rundungen mit der Laubsäge. Säge den Kunststoff nicht zu hastig, sonst erwärmt er sich zu stark und schmilzt. Dadurch verklebt das Sägeblatt, die Säge verklemmt sich und kann nicht mehr frei schneiden.

Löcher bohren

Die benötigten Löcher bohrst du am besten mit speziellen Kunststoffbohrern. Falls du keine Kunststoffbohrer zur Verfügung hast, kannst du auch Metallbohrer verwenden. Damit du den Bohrer genau dort ansetzen kannst, wo du bohren willst, körnst du die markierte Bohrstelle mit einem Vorstecher vorsichtig an. Um zu vermeiden, dass dein Werkstück beim Bohren bricht, benutze eine Holzunterlage. Scharfkantige Bohrlöcher entgratest du mit dem Senker.

> *TIPP*
> *Kunststoffe leiten die entstehende Reibungswärme schlecht weiter, daher schmelzen sie zum Beispiel beim zu schnellen Bohren. Also: Vorsicht beim Bearbeiten!*

> *TIPP*
> *Gerade Kanten kannst du auch ritzen und dann über eine Kante brechen. Rundungen feilst du mit einer feinen Metallfeile. Auch scharfe Kanten kannst du mit der Feile brechen oder du ziehst sie mit der Ziehklinge ab. Dabei ziehst du die Ziehklinge im Winkel von 45–60° schabend zum Körper hin (→ Abb. 3).*

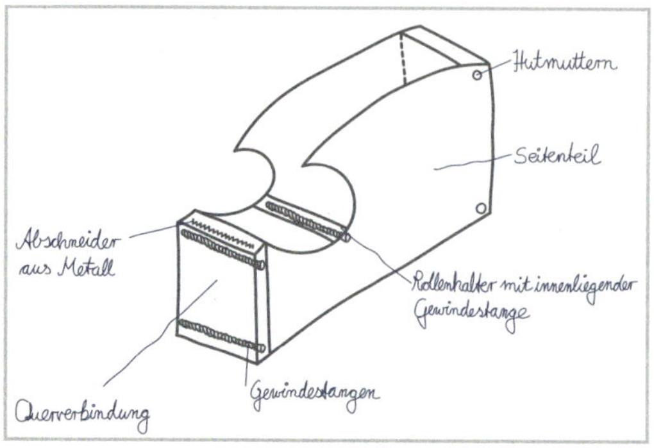

1 Skizze für einen Klebebandabroller

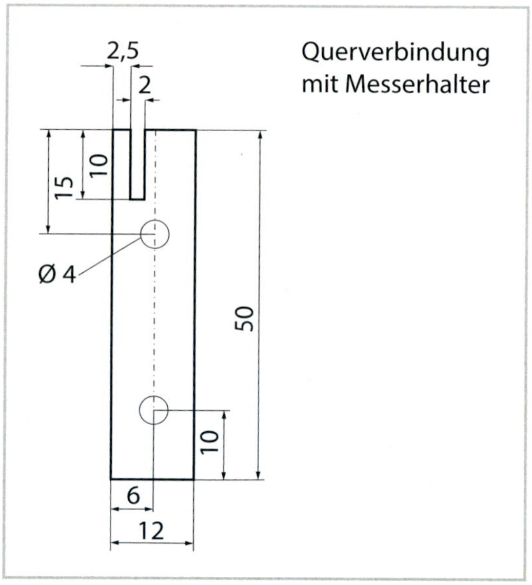

2 Detailzeichnung

3 Abziehen mit der Ziehklinge

Gewindestangen zuschneiden

Länge fünf gleich lange Stücke (40 mm) von der Gewindestange (M4) mit der Metallbügelsäge ab.
Entgrate anschießend die Sägekanten.
Für den Rollenhalter muss du einen Rund- oder Vierkantstab aus Acryl oder Holz entsprechend ablängen und dann auf der Seitenkante die Mitte anzeichnen und mit einem 4-mm-Bohrer durchbohren.

Querverbindungen und Messerhalter

Säge für den Messerhalter 2 mm vom Rand entfernt einen 10 mm tiefen Schlitz in eine Querverbindung (→ **Abb. 2**).

Fügen der Einzelteile

Wenn du alle Teile gefertigt hast, geht es an das Fügen der einzelnen Teile (→ **Abb. 4**).

1. Schraube auf die fünf zugeschnittenen Gewindestangen jeweils eine Hutmutter.
2. Stecke die Gewindestangen mit der aufgeschraubten Hutmutter durch die Bohrungen eines Seitenteils.
3. Stecke das Abreißmesser in die Querverbindung.
4. Stecke alle Querverbindungen auf die Gewindestangen.
5. Stecke das zweite Seitenteil auf. Schraube jeweils eine Hutmutter auf und ziehe sie mit der Hand fest. Verwende zur Endmontage einen Gabelschlüssel.

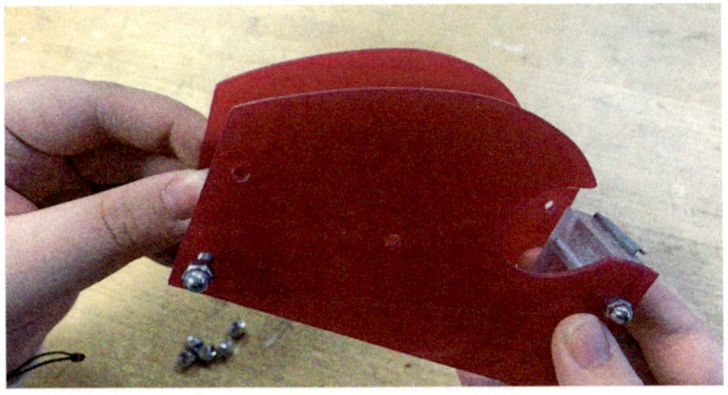

4 Fügen der Teile

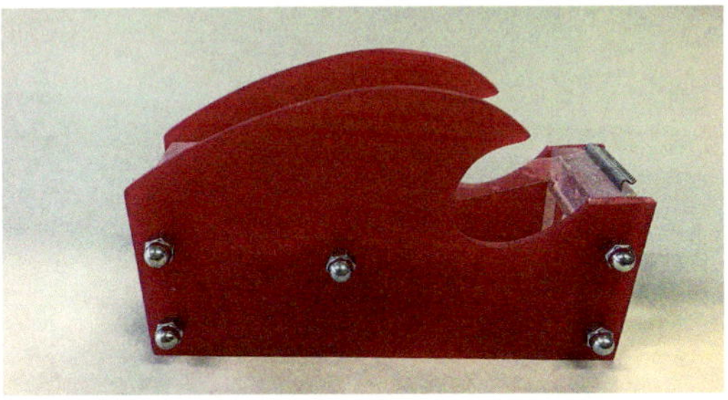

5 Das fertige Werkstück

Merke

- **Kunststoffe leiten die entstehende Reibungswärme schlecht weiter, deshalb können sie beim Sägen und Bohren schmelzen.**
- **Für ein gelungendes Werkstück sind eine Stückliste und ein Arbeitsplan wichtig.**
- **Mit einer Holzunterlage beim Bohren vermeidet man, dass das Werkstück bricht.**

Aufgaben

1 Erkläre, welche Sägen für die Kunststoffbearbeitung geeignet sind.

2 Entwickelt anhand der Skizze (→ **Abb. 1**) eine Stückliste.

3 Erörtert verschiedene Materialien, die für den Rollenhalter geeignet sein könnten.

4 Erörtert, welche Materialstärken für die einzelnen Teile des Klebebandabrollers geeignet sind.

5 Erstellt einen Arbeitsplan zur Herstellung eines Klebebandabrollers.

6 Beschreibt Möglichkeiten, damit die Bohrungen an beiden Seitenteilen übereinstimmen.

MK Werkstatt 3D-Druck

Der 3D-Druck bietet viele Möglichkeiten, um Produkte herzustellen. Begrenzt wird der Einsatz aber durch die Größe der Druckplatten und die Dauer des Druckes. Kleine Produkte (z.B. Würfel, Namensschild) können in weniger als 30 Minuten gedruckt werden. Größere Werkstücke oder mehrere auf einer Druckplatte können für den Druck manchmal mehr als einen Tag benötigen. Die meisten 3D-Drucker können nur einfarbig drucken.

Ein Solitärspiel

Du benötigst:
- einen 3D-Drucker
- zwei verschiedenfarbige Filamente
- eine Skizze des Spiels
- die zu druckenden Dateien

So gehst du vor:
Recherchiere den Aufbau eines Solitärspiels (→ **Abb. 5**) und überlege dir, welche Maße das Spiel haben soll. Fertige eine Skizze mit Bemaßung an. Beachte dabei die Größe der Bohrungen und die der Spielstäbchen. Erstelle mit einem 3D-Zeichenprogramm eine Druckdatei für das Spielbrett und eine für die Spielstäbchen. Zeichne dabei zunächst nur eins der Spielstäbchen. Drucke das Spiel.

TIPP
Wenn du das Spiel als Reisespiel verwenden willst, solltest du einen Deckel einplanen.

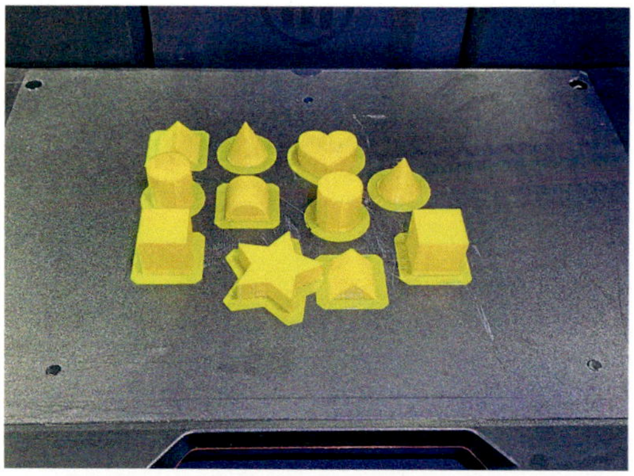

1 Paralleldruck mehrerer Dateien

Eine Smartphone-Halterung

Du benötigst:
- einen 3D-Drucker
- Filament
- die Maße deines Smartphones
- eine Skizze der Halterung
- ein Modell (Pappe, Klebeband)
- die zu druckende Datei

So gehst du vor:
Skizziere für dein Smartphone eine Halterung, mit der du es zum Beispiel auf den Tisch stellen kannst. Konstruiere die Halterung so, dass du dein Smartphone im Quer- und Hochformat aufstellen kannst. Ermittle die passenden Maße für dein Smartphone und baue ein einfaches Modell. Teste das Modell mit deinem Smartphone und vergleiche es mit den Halterungen deiner Mitschülerinnen und Mitschüler. Optimiere deinen Entwurf gegebenenfalls.
Erstelle anhand deines Modells mit einem 3D-Zeichenprogramm die Druckdatei. Drucke die Halterung.

2 Smartphone-Halterung aus dem 3D-Drucker

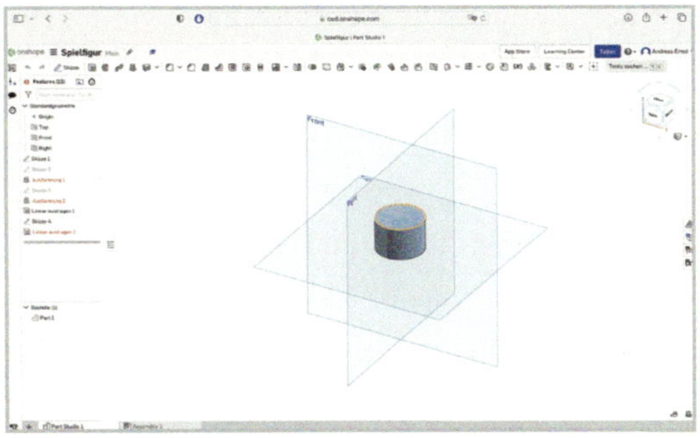

3 Spielfigur mit dem 3D-Zeichenprogramm konstruieren

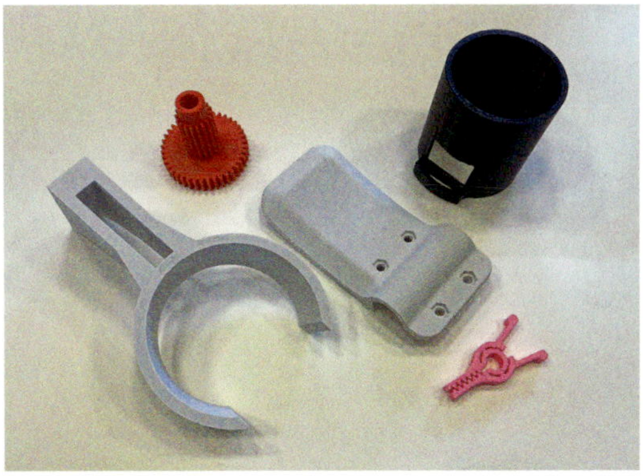

4 Ersatzteile aus dem 3D-Drucker

Beliebige Spielfiguren herstellen

Sicher kennst du das auch: Bei Brettspielen gehen im Laufe der Zeit Figuren oder Steine verloren. Je nach Spiel gibt es sie vielleicht nicht mehr oder nur ein ganzes Set zu kaufen. Du kannst für deine Spiele Ersatzteile selbst mit dem 3D-Drucker herstellen.

Du benötigst:
- einen 3D-Drucker
- farbig passende Filamente
- Originalfigur oder eine Skizze mit Maßen
- die zu druckende Datei

So gehst du vor:
Verwende die Figur oder die dazugehörige Zeichnung und schreibe dir alle wichtigen Maße auf. Zeichne die Figur mit einem 3D-Zeichenprogramm und erstelle eine druckfähige Datei. Drucke deine Figur.

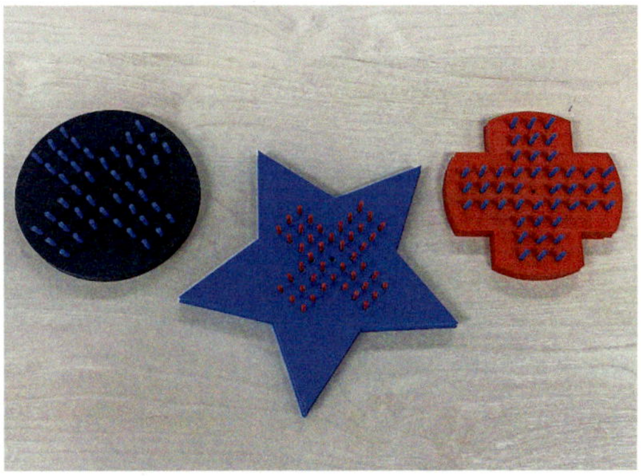

5 Solitärspiele

TIPP
Je nach Qualität des 3D-Drucks sollten deine ausgedruckten Produkte noch geschliffen werden, um eine schönere Oberfläche zu erzielen.

Merke
- **Die Druckdauer beim 3D-Druck kann sehr lang sein.**
- **Die meisten 3D-Drucker können nur einfarbig drucken.**
- **Ersatzteile kannst du mit deinem 3D-Drucker selbst erstellen.**

Aufgaben

1 Nenne Spiele, die du mit dem 3D-Drucker herstellen kannst.

2 Konstruiere eine Halterung für dein Smartphone.

3 Ist es sinnvoll, im 3D-Zeichenprogramm die Spielstäbchen zu kopieren, oder zeichnet man sie immer wieder neu? Stelle Vermutungen an.

4 **a)** Entscheidet euch für ein Spiel und stellt es in einer Skizze dar.
b) Entwickelt mit einem 3D-Zeichenprogramm eine Druckdatei und druckt euer Spiel aus.

○1 ◐2, 3 ●4

MK NE Dein digitaler CO_2-Fußabdruck

1 Unser digitaler Lebensstil

Hier mal ein Bild verschicken, dort mal ein bisschen im Internet recherchieren … Ein Leben ohne Smartphone, Apps, Chats und Surfen ist kaum vorstellbar. Längst gehören das Streamen oder das Ablegen von Fotos in der Cloud zu unserem Leben. Die Digitalisierung erleichtert unser Leben – nicht nur privat, auch beruflich und in der Industrie.

Die Nebenwirkungen

Die Nutzung digitaler Technologien hat weltweit gesehen mittlerweile die Luftfahrtindustrie im CO_2-Ausstoß überholt. Neben der Herstellung verschiedener ↗ Endgeräte verursacht die Nutzung der Geräte und der ↗ internetbasierten Dienstleistungen einen enormen Stromverbrauch. Zusätzlich müssen Rechenzentren ständig heruntergekühlt werden. Laut einer Greenpeace-Studie verbraucht das weltweite Cloud Computing mehr Strom als ganz Deutschland zusammen.

das Rechenzentrum

Netzwerk von Rechnern und Speicherressourcen wie Routern und Servern

das Cloud Computing

Bereitstellen von Server, Speicher und Datenbanken

Den Fußabdruck verkleinern

Die gute Nachricht: Du kannst heute schon damit beginnen, etwas zur Schonung der Umwelt beizutragen. **Konsumiere bewusster.** Wenn du zum Beispiel nicht immer sofort die neuesten Endgeräte kaufst, kannst du unnötigen Elektroschrott vermeiden. Solltest du ein altes Gerät ersetzen, achte auf die richtige Entsorgung. Wusstest du, dass das Streamen von Musik und Filmen den größten Anteil am globalen Datenstrom hat? Du könntest also Playlists herunterladen, statt sie immer aufs Neue zu streamen. Fotos und Videos könntest du auf einer Festplatte speichern, statt sie in Clouds hochzuladen. Auch Suchanfragen verbrauchen viel Strom. Und selbst gespeicherte E-Mails verbrauchen Strom. Warum entrümpelst du also nicht öfter mal dein digitales Postfach und bestellst auch gleich unnötige Newsletter ab? Was sich nicht vermeiden lässt, sollte zumindest verringert werden.

Tom: „Klar weiß ich, dass ich einen aktiven Fußabdruck im Netz hinterlasse, wenn ich zum Beispiel Fotos hochlade oder öffentliche Kommentare auf sozialen Medien poste. Na und? Machen doch alle."
Meike: „Aber ist dir auch bewusst, dass jemand noch in 10 Jahren Zugriff auf deine übers Netz verbreiteten Daten hat?"
Harven: „Genau! Außerdem hinterlässt du auch passive Fußabdrücke. Das sind diejenigen Fußabdrücke, die du unbeabsichtigt oder unwissentlich hinterlässt, wenn zum Beispiel Webseiten deine Suchanfragen sammeln, um ein Profil von dir zu erstellen."

2 Aktive und passive Fußabdrücke

Starker Job

Digitale/-r Bestatter/-in

„Heute ist das Internet aus unserem Alltag nicht mehr wegzudenken. Wir nutzen es täglich für alle möglichen Zwecke. Die Nutzung solcher Dienste und Portale ist in der Regel mit einer Anmeldung oder einem persönlichen Profil verbunden. Wenn Menschen versterben, hinterlassen sie also Daten. Dies ist dann der sogenannte digitale Nachlass. Als digitaler Bestatter regele ich den digitalen Nachlass wie zum Beispiel online Bankkonten, Social-Media-Profile oder Bestellungen. Diese digitalen Spuren würden sonst bis über den Tod hinaus im Netz stehen bleiben. Gut ist es natürlich, wenn man auch einen ‚letzten Willen' für gespeicherte Daten hinterlässt."

TIPP
Die Installation eines Werbeblockers hat viele Vorteile:
1. schnellerer Seitenaufbau
2. größere Datensicherheit
3. weniger Stromverbrauch
Auch für Software, Server und Rechenzentren gibt es das Umweltzeichen „Blauer Engel".

Merke

- **Cloud Computing verursacht einen enormen Stromverbrauch.**
- **Wir verkleinern unseren digitalen Fußabdruck, wenn wir bewusster konsumieren.**
- **Wir hinterlassen im Netz sowohl aktive als auch passive Fußabdrücke.**

Aufgaben

1 Beschreibt, warum die Digitalisierung für die Umwelt schädlich ist.

2 Beschreibt den Unterschied zwischen aktiven und passiven digitalen Fußabdrücken (→ **Abb. 2**).

3 Analysiert die Grafik (→ **Abb. 1**).

4 Nenne drei Dinge, mit denen du deinen digitalen Fußabdruck verringern kannst.

5 a) Recherchiere im Internet grüne Suchmaschinen und E-Mail-Anbieter, die Strom aus erneuerbaren Energien nutzen.

b) Entwickelt mithilfe des Computers einen Flyer zu ihren Angeboten und Vorteilen.

6 „Die Digitalisierung ist nicht mehr rückgängig zu machen – auf Umweltschutz und Nachhaltigkeit kann man da keine Rücksicht nehmen." Bewertet die Aussage.

○1, 2 ◒3, 4 ●5, 6

2

Maschinen

Maschinen werden aus persönlichen oder gesellschaftlichen Bedürfnissen heraus erfunden. In fast allen Maschinen findet man die gleichen Baugruppen. Die Funktion basiert auf erkennbaren Regeln und Gesetzen. Wenn du diese Gesetzmäßigkeiten kennst, weißt du auch, wie du Maschinen sinnvoll einsetzen und optimieren kannst.
Maschinen begegnen uns überall in unserem Alltag. Sie nehmen uns Arbeit ab, befördern uns von Ort zu Ort oder stellen uns Energie zur Verfügung. Auch in Zukunft werden Maschinen in allen Lebensbereichen eine große Rolle spielen.

Wusstest du, dass ...

- alle Maschinen regelmäßig gewartet werden müssen?
- die Demontage von Geräten und Maschinen zu einer besonders nachhaltigen Nutzung beiträgt?
- es Wellen nicht nur im Meer gibt?
- du viele Bedienungsanleitungen über einen QR-Code abrufen kannst?
- „Sand im Getriebe" nichts Gutes bedeutet?

Ich werde ...

- mich mit Maschinenelementen und ihrer Funktion beschäftigen.
- erfahren, dass in Bedienungsanleitungen von Geräten und Maschinen auch Aspekte zur Sicherheit stehen.
- kennenlernen, wie man den Wirkungsgrad von technischen Systemen beeinflussen kann.
- das Thema Nachhaltigkeit durch Demontage und Sharingkonzepte kennenlernen.

Baugruppen von Maschinen

Maschinen sind definiert als ein System mit Antrieb, der nicht direkt durch menschliche oder tierische Kraft betrieben wird. Die Maschinendefinition hat sich im Lauf der Zeit weiterentwickelt. Früher handelte es sich dabei um mechanische Systeme, heute zählen auch Computer und Computerprogramme dazu.
Gleich ist allen Maschinen, dass sie aus verschiedenen Baugruppen bestehen, die in dem System der Maschine verschiedene Aufgaben haben. Durch die Zusammenarbeit der verschiedenen Baugruppen wird mit den Maschinen eine Arbeit verrichtet. Folgende Baugruppen sind in Maschinen vorhanden:
- Antriebsteil/Energieteil
- Schalt-, Steuer- und Regelteil
- Übertragungsteil
- Gehäuse, Trägerteil, Sicherheitsvorrichtungen
- Arbeitsteil/Abtriebsteil

Antriebsteil/Energieteil
Das Antriebsteil treibt die Maschine an. Bei den meisten Maschinen, die in den Schulen verwendet werden, ist ein Elektromotor das Antriebsteil.

Schalt-, Steuer- und Regelteil
Mit dem Schaltteil wird die Maschine an- und ausgeschaltet. Das Steuer- und Regelteil steuert die Arbeitsweise der Maschinen, um zum Beispiel eine bestimmte Geschwindigkeit zu halten.

Übertragungsteil
Mit dem Übertragungsteil werden Bewegungen weitergeleitet und umgewandelt. Diese Funktion übernehmen oft Getriebe bei Maschinen. Sie verändern das Drehmoment und die Drehgeschwindigkeit des Antriebsteils.

Gehäuse, Trägerteil und weitere Sicherheitsvorrichtungen
Damit alle Baugruppen fest miteinander verbunden sind, benötigt jede Maschine ein Gehäuse. Dieses besteht meistens aus Metall oder Kunststoff. Damit sich niemand an beweglichen Elementen verletzt oder einen Stromschlag erleidet, dient das Gehäuse auch als Sicherheitsvorrichtung. Bei großen Maschinen übernehmen oft große Verkleidungen oder Gitter diese Aufgabe. Dabei kommen auch Lichtschranken und Taster zum Einsatz, die die Maschinen anhalten, sobald sie ausgelöst werden.

Arbeitsteil/Abtriebsteil
Jede Maschine wurde konstruiert, um eine Arbeit zu verrichten. Diese Aufgabe übernimmt das Arbeitsteil. Bei einer Tellerschleifmaschine ist das die sich drehende Schleifscheibe und bei einer Bohrmaschine das Bohrfutter und der darin eingespannte Bohrer.

Starker Job

Fertigungsmechaniker/-in
„Als Fertigungsmechanikerin montiert man hauptsächlich Produkte wie zum Beispiel Haushaltsgeräte, Fahrzeuge oder medizinische Geräte.
Ich montiere Einzelteile zu Baugruppen und füge sie mit verschiedenen Verfahren zusammen. Nach der Montage führe ich Qualitätskontrollen durch und überprüfe die Funktion. Als Fertigungsmechanikerin arbeite ich in der industriellen Serienfertigung. Die Montage von großen Maschinen kann auch in anderen Ländern stattfinden."

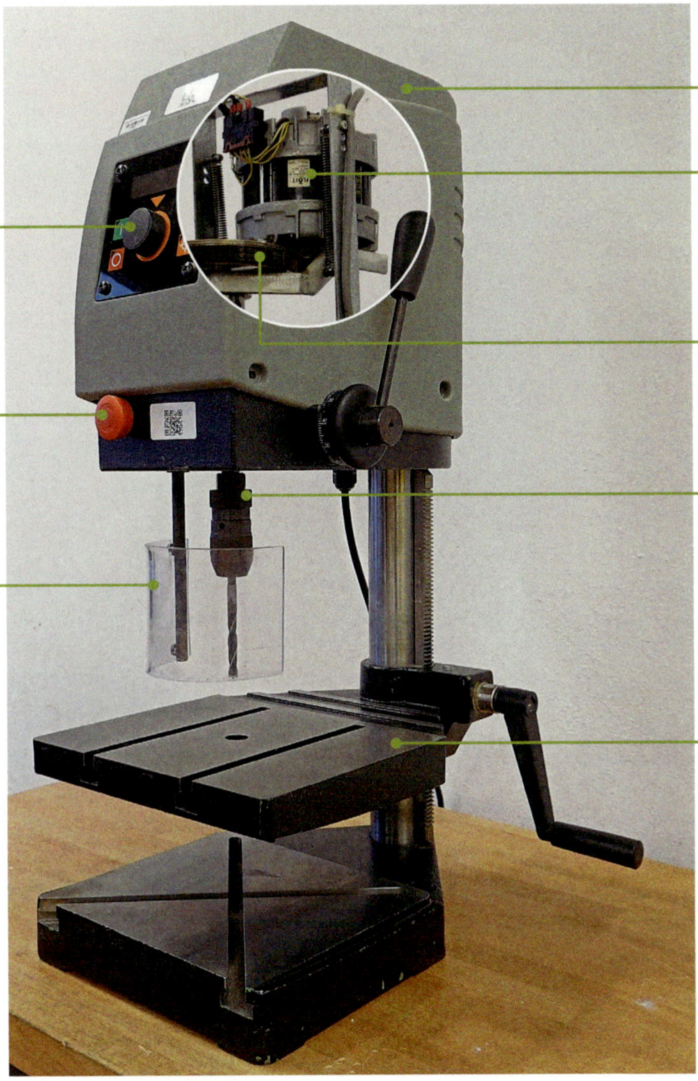

1 Tischbohrmaschine

Merke

- **Eine Maschine ist ein System, das aus mehreren Baugruppen besteht.**
- **Bei jeder Maschine finden sich die gleichen Baugruppen.**
- **Das Gehäuse einer Maschine ist das Trägerteil und oft gleichzeitig auch das Sicherheitsteil.**

Aufgaben

1 Nenne die verschiedenen Baugruppen einer Maschine.

2 a) Ordnet einer Maschine im Technikraum die verschiedenen Baugruppen richtig zu.

MK b) Präsentiert das Ergebnis mit einem Foto.

3 Beschreibe bei zwei Maschinen die genauen Funktionen von Steuer- und Regelteil.

4 a) Vergleiche die Baugruppen bei einem Bügeleisen mit den Baugruppen einer Bohrmaschine.

b) Handelt es sich bei einem Bügeleisen um eine Maschine? Begründe.

Wortspeicher
- *die Baugruppe*
- *die Maschine*

○1 ◒2, 3 ●4

Getriebe

das Drehmoment
Kraft, die eine Drehung erzeugt

Bewegungen umwandeln und Drehgeschwindigkeiten und Drehmomente ändern, das sind die Aufgaben von Getrieben. Bei Getrieben wird das antreibende Element Antrieb genannt. Das angetriebene Element wird als Abtrieb bezeichnet.

Getriebearten

Mechanische Getriebe bestehen aus festen Bauteilen. Es gibt auch Getriebe, die mit Flüssigkeiten funktionieren. Diese Getriebe sind sogenannte Strömungsgetriebe und funktionieren mit Flüssigkeiten wie zum Beispiel ↗ Hydrauliköl. Sie werden oft bei Bau- und Landmaschinen sowie Diesellokomotiven eingesetzt.

Mechanische Getriebe

Bei mechanischen Getrieben unterscheidet man zwischen kraftschlüssigen und formschlüssigen Getrieben.
Kraftschlüssige Getriebe übertragen die Bewegung durch Reibkräfte. Dabei werden oft Riemen oder ↗ Reibräder eingesetzt.
Formschlüssige Getriebe bestehen aus Bauteilen, die ineinandergreifen wie Zahnräder, Ketten, Zahnriemen, Zahnstangen und Schnecken. Zahnräder unterscheiden sich nach Größe und Anzahl der Zähne. Die Zahngrößen und Zahnformen werden als Modul bezeichnet. Nur Zahnräder mit der gleichen Modulgröße können miteinander kombiniert werden.

Bei einem **Stirnradgetriebe** (→ **Abb. 1**) werden mehrere Zahnräder verwendet, deren Zähne nach außen zeigen. Diese Getriebe wandeln Drehgeschwindigkeiten und Drehmomente um. Es gibt einstufige und mehrstufige Stirnradgetriebe.
Nicht immer müssen Drehbewegungen weitergeleitet werden. Das **Kurbelgetriebe** (→ **Abb. 2**) wandelt eine Drehbewegung in eine lineare Bewegung oder eine lineare Bewegung in eine Drehbewegung um. Dieses Getriebe ist beim Verbrennungsmotor eingebaut, um die Auf- und Abbewegung des Kolbens in Drehbewegung umzuwandeln. Diese wird genutzt, um das Fahrzeug anzutreiben.
Beim **Zugmittelgetriebe** (→ **Abb. 3**) wird die Kraft zwischen den Rädern mit einer Kette oder einem Riemen übertragen. **Kettengetriebe** wie beim Fahrrad sind formschlüssige Getriebe. **Bei Riemengetrieben** handelt es sich um kraftschlüssige Getriebe. Die Kraftübertragung wird durch das feste Spannen des Riemens erzeugt. Bei großer Belastung kann der Riemen durchrutschen. Das kann bei **Zahnriemengetrieben** nicht passieren, denn die Zähne des Riemens greifen in die passenden Zahnräder ein.
Das **Schneckenradgetriebe** (→ **Abb. 4**) besteht aus einem Zahnrad und einer Schnecke. Die Schnecke ist ein spiralförmiges Zahnrad. Eine Umdrehung der Schnecke bewegt das Zahnrad um einen Zahn weiter. Die Schnecke verlangsamt die Drehbewegung stark.

1 Stirnradgetriebe (einstufig)

2 Kurbelgetriebe

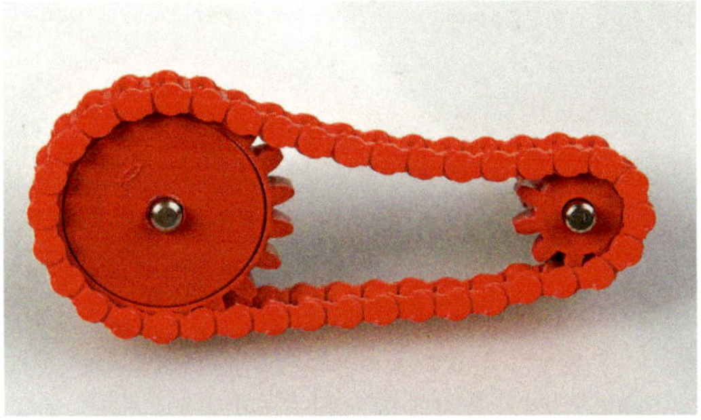

3 Zugmittelgetriebe (Kettengetriebe)

Das **Kegelradgetriebe** (→ **Abb. 6**) ändert die Bewegungsrichtung und übertägt Drehbewegungen und Drehmomente. Kegelradgetriebe werden auch als Winkelgetriebe bezeichnet, da das Antriebsrad und das Abtriebsrad nicht auf parallelen Wellen liegen.

4 Schneckenradgetriebe

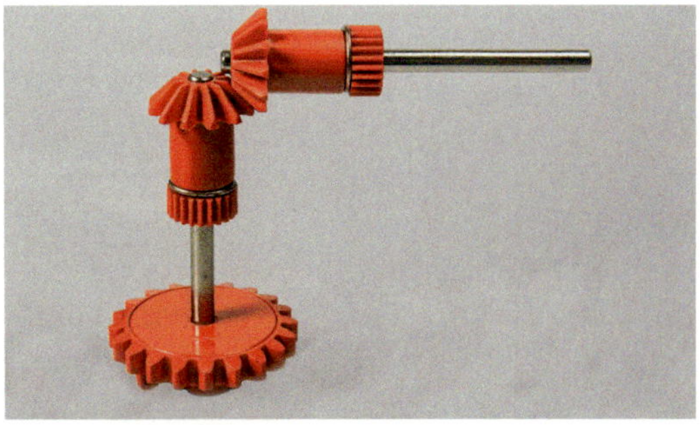

6 Kegelradgetriebe

Bei sehr steilen Bergbahnen und bei manchen Standbohrmaschinen (zur Höhenverstellung des Bohrtisches) werden **Zahnstangengetriebe** (→ **Abb. 7**) eingesetzt. Das Zahnrad greift in die Zahnstange ein und kann sich somit entlang der Zahnstange bewegen.

7 Zahnstangengetriebe

Getriebeberechnung bei Zahnrädern:

$$i = \frac{z_2 \text{ (Zähnezahl Abtriebsrad)}}{z_1 \text{ (Zähnezahl Antriebsrad)}}$$

Getriebeberechnung bei Riemenscheiben:

$$i = \frac{\text{Umfang des Abtriebsrads}}{\text{Umfang des Antriebsrads}}$$

5 Berechnung des Übersetzungsverhältnisses (i)

Merke

- **Getriebe wandeln und ändern Drehmoment, Drehgeschwindigkeit und Bewegung.**
- **Mit der Zähnezahl oder dem Umfang der Räder kann man das Übersetzungsverhältnisses berechnen.**

Aufgaben

1 Nenne vier Getriebearten.

2 a) Baue ein Getriebemodell und beschreibe die Funktion. Wo wird so ein Getriebe eingesetzt?
b) Erklärt euch gegenseitig eure Getriebe.

3 Stelle die Getriebe (→ **Abb. 1–5, 7**) in einer Tabelle dar und nenne jeweils zwei Einsatzorte.

4 Berechne das Übersetzungsverhältnis verschiedener Getriebe, die du aus Zahnrädern baust.

Wortspeicher
- *das Drehmoment*
- *das Übersetzungsverhältnis*

Gebrauchsanleitung verstehen

Du hast dir eine neue Spielkonsole gekauft und willst sie anschließen. Die Gebrauchsanleitung dazu ist kompliziert. Zum Glück hat der Hersteller im Internet auch eine Videoanleitung hinterlegt. Damit kommst du gut zurecht und kannst schon bald beginnen, deine neue Spielkonsole zu testen.

Unterschiedliche Anleitungsarten

Die am häufigsten benötigten Anleitungstypen sind Installationsanleitungen, Montageanleitungen und Gebrauchsanleitungen. Es gibt aber auch noch viele andere Anleitungen (z. B. Videoanleitung, 3D-Animation). Viele Menschen können am besten anhand von Bildern (z. B. Schaubildern, Grafiken, Skizzen) lernen. Für sie sind Videoanleitungen zur Wissensvermittlung sehr gut geeignet. Diese Form der Informationsvermittlung ist in letzter Zeit immer beliebter geworden – das bekannteste Beispiel dafür ist YouTube. Aber nicht alle Gebrauchsanleitungen sind hilfreich, sondern eher amüsant (→ **Abb. 1**).
Eine **Installationsanleitung** beschreibt den korrekten Anschluss eines Gerätes.
In einer **Montageanleitung** werden die Montage oder der Auf- und Zusammenbau des Produkts beschrieben.
Eine **Gebrauchsanleitung** versorgt dich mit allen notwendigen Informationen, die du brauchst, um das Produkt bestimmungsgemäß zu nutzen. Häufig sind dort auch Hinweise zur Installation und Montage, zum Transport, zur Reinigung, Wartung, Fehlerbehebung und zur Reparatur enthalten.

„Setzen sie das stereo Kopfphon in Kopfphon Wagenwinde ein, die Macht ist an, sonst ist die Macht ab. Für UKW Band, die Tafel wird angezündet, nur als den Laut des Radios – wird erhalten. When Sie kleinen Lärm wollen, als die Stereo Wirkung, setzen den Umschalter an ‚MONO'."

1 Gebrauchsanleitung für ein „Radio der Welt"

Aufbau einer Gebaruchsanleitung

Die meisten Gebrauchsanleitungen sind ähnlich aufgebaut. Du findest dort

- Informationen zu Abmessungen und zum Lieferumfang,
- Hinweise zur Verwendung,
- Anleitungen zur Installation und Inbetriebnahme,
- Anleitung zum Betrieb,
- Sicherheitshinweise,
- Anleitungen zur Wartung, Reinigung und Pflege,
- Hinweise zur Fehlersuche und
- eventuell Informationen zur Entsorgung der Verpackung.

Eine Abbildung mit Nummern oder Pfeilen zeigt dir die wichtigen Bauteile und die Funktion des Gerätes.

Neue Lötkolben für den Technikraum

Im Technikraum sind 20 neue Lötkolben angekommen. Du sollst dich mithilfe der Gebrauchsanleitung mit dem Lötkolben vertraut machen. 32 Seiten Gebrauchsanleitung für einen Lötkolben? Das ist ganz schön viel. Zum Glück stellst du schnell fest, dass nur acht Seiten davon zur deutschsprachigen Anleitung gehören.

2 Bedienungsanleitung gelesen?

So gehst du vor:
Zuerst prüfst du, ob alle Teile da sind (**Lieferumfang**). Kontrolliere dabei auch, ob nichts beschädigt ist. Bevor du den Lötkolben in Betrieb nimmst, machst du dich mit den **Sicherheitshinweisen** (→ **Abb. 3**) und der **Beschreibung** des Lötkolbens vertraut. Lege dann den Lötkolben in der Sicherheitsablage ab. Entferne alle brennbaren Gegenstände in der Nähe. Stecke den Stecker des Lötkolbens in die Steckdose oder den Anschlussstecker in die Lötstation.

- Entferne alle brennbaren Gegenstände aus der Nähe des heißen Lötwerkzeuges.
- Verwende geeignete Schutzbekleidung, denn es besteht Verbrennungsgefahr durch flüssiges Lötzinn.
- Lasse den heißen Lötkolben nie unbeaufsichtigt.
- Achte darauf, dass der heiße Lötkolben nie das Kabel berührt.

3 Sicherheitshinweise

TIPP
Wenn das Kabel deines Lötkolbens beschädigt ist, darfst du den Lötkolben auf keinen Fall mehr benutzen!

Erhitze bei der **Inbetriebnahme** immer die Lötstelle. Der Lötvorgang soll in der Reihenfolge Lötstelle – Lötzinn – Lötspitze erfolgen. Gib nie zuerst Lötzinn auf die Spitze und benetze dann die Lötstelle, dadurch entstehen „kalte" Lötstellen. Reinige die heiße Lötspitze nie auf einem trockenen Schwamm. Benetze die Lötspitze regelmäßig und ausreichend mit Lötzinn.
Auch ein Lötkolben muss **gepflegt** und **gewartet** werden. Dazu muss der Lötkolben kalt und ausgesteckt sein. Wische vor jedem Lötvorgang die kalte Spitze am feuchten Schwamm ab. Prüfe, ob die Lötspitze sicher befestigt ist, ansonsten ziehe die ↗ Überwurfmutter von Hand an.

4 Alles richtig gemacht

Merke
- **In einer Montageanleitung werden der Auf- und Zusammenbau beschrieben.**
- **Eine Installationsanleitung beschreibt den korrekten Anschluss eines Gerätes.**
- **In einer Bedienungsanleitung findet man auch Informationen zur Sicherheit und Wartung.**

Aufgaben

1 Klara war letzte Woche krank. Erkläre ihr den sicheren Umgang mit dem Lötkolben.

2 Entwickelt mithilfe einer Gebrauchsanleitung einen einfachen Plan für die Wartung des Holzsaugers, der Tischbohrmaschine oder der Dekupiersäge.

3 Was sagt die Karikatur (→ **Abb. 2**) aus? Erkläre.

4 a) Stelle Vermutungen zu den Begriffen „Augmented-Reality-Anleitung" und „Quick Start Guide" an.
MK b) Recherchiert die Begriffe im Internet.

5 MK Stelle die Handhabung eines Lötkolbens in einer Videoanleitung oder einem Quick Start Guide dar.

Wortspeicher
- *die Bedienungsanleitung*
- *die Installationsanleitung*
- *die Gebrauchsanleitung*
- *die Montageanleitung*

Wartung und Instandhaltung

der natürliche Verschleiß

Defekt der Bauteile beruht auf einer normalen Abnutzung (z. B. Bewegung, Reibung, Feuchtigkeit, Witterungseinflüsse) und Alterung

Alle Maschinen und Geräte unterliegen einem natürlichen Verschleiß. Um den Verschleiß hinauszuzögern, sollten regelmäßig eine Wartung durchgeführt und defekte Teile instand gesetzt werden. Damit verlängert sich die Lebensdauer der einzelnen Bauteile und somit auch der Maschinen und Geräte.

Wartung

Wartungsschritte kann man der zugehörigen Gebrauchsanleitung entnehmen. Bei Haushaltsgeräten kann man die Wartung oft selbst durchführen. Bei modernen Autos ist das nur begrenzt möglich, weil dafür eine besondere Ausbildung notwendig ist. Lediglich Flüssigkeitsstände von Öl, Scheiben- und Kühlwasser sind leicht zu kontrollieren. Die Flüssigkeiten können gegebenenfalls selbst nachgefüllt werden.
Auch bei Haushaltsgeräten kannst du nicht alle Teile selbst warten oder instandhalten. Aber auch hier gibt es einfache Maßnahmen, die dafür sorgen, dass die Haushaltsgeräte länger halten und gut funktionieren.

Reinigung und Pflege einer Geschirrspülmaschine

Geschirrspülmaschinen sind einfach zu reinigen. Der Innenraum reinigt sich beim Spülen des Geschirrs selbst. Einmal im Monat sollte die Geschirrspülmaschine mit einem Intensivprogramm betrieben werden, um Ablagerungen wie Kalk und Fett zu entfernen und Geruchsbildung sowie das Ablagern von Schmutz zu vermeiden. Die Türdichtung und die Seitenteile eines Geschirrspülers müssen regelmäßig mit einem feuchten Tuch gereinigt werden. Dort kann es sonst zu Ablagerungen oder Schimmelbildung kommen (→ **Abb. 1**). Das Sieb in der Spülmaschine muss ebenfalls regelmäßig gereinigt werden. Dazu nimmst du es heraus und spülst es unter fließendem Wasser ab. Das Sieb (→ **Abb. 2**) besteht meist aus zwei Teilen: einem groben Sieb und einem Mikrofilter. Achte bei allen Arbeiten auf die in der Gebrauchsanleitung beschriebenen Schritte.

1 Ablagerungen und Verschmutzungen bei einer Geschirrspülmaschine

2 Sieb einer Geschirrspülmaschine

3 Schmierung der Lager bei einem Bagger

4 Diagnose bei einem Auto

Wartungs- und Instandhaltungsarbeiten bei großen Maschinen

Durch große Belastung der Maschinen aufgrund großer Lasten und den Schmutz auf den Baustellen sind diese Maschinen einem hohen Verschleiß ausgesetzt. Große Baumaschinen werden oft hydraulisch betrieben. Darum müssen die Menge des Hydrauliköls und die Dichtheit der Hydraulikschläuche regelmäßig überprüft werden. Tägliche Arbeiten an diesen Maschinen sind das ↗ Abschmieren der Lager (→ **Abb. 3**). Feiner Staub, der an den beweglichen Stellen der Maschinen anhaftet, wirkt auf die Lager und Gelenke wie feines Schleifmaterial und sorgt so für einen hohen Verschleiß.

Computerunterstützte Wartung

Moderne Fahrzeuge melden über zahlreiche Sensoren den Bedarf für Betriebsstoffe (z. B. Kraftstoff, Öl, Bremsflüssigkeit, Wasser). Sensoren an den Bremsen melden abgenutzte Bremsbeläge oder Bremsscheiben. Trotzdem müssen Autos regelmäßig für eine Inspektion in die Werkstatt. Damit die Kfz-Mechatronikerin oder der -Mechatroniker weiß, welche Wartungsarbeiten durchgeführt werden müssen, wird an das Auto ein Diagnosegerät angeschlossen (→ **Abb. 4**). Über die OBD-Buchse wird ein Computer mit dem Fahrzeug verbunden. Die Fahrzeugdaten, die während der Fahrt gespeichert werden (z. B. Kilometerstand), werden automatisch übertragen. Der Computer zeigt dann die notwendigen Wartungsschritte an.

hydraulisch
mit Flüssigkeit Signale und Kraft übertragen

die OBD
Abkürzung für **O**n **B**oard **D**iagnose; Diagnosesystem, um gespeicherte Fahrzeugdaten auszulesen

Merke

- **Die regelmäßige Wartung und Instandhaltung einer Maschine verlängert die Lebensdauer.**
- **Viele Wartungsarbeiten dürfen nur von Fachleuten ausgeführt werden.**
- **Kfz-Werkstätten führen Wartungsarbeiten häufig mithilfe des Computers durch.**

Aufgaben

1 Beschreibe, wo du die Informationen für die Wartung einer Waschmaschine finden kannst.

2 a) Entwickle einen Wartungsplan für eine Waschmaschine.
b) Begründe, welche Arbeiten du selbst durchführen darfst und welche von Fachleuten ausgeführt werden müssen.

3 MK a) Recherchiere im Internet einen Wartungsplan für dein Fahrrad.
b) Nenne Werkzeuge, die du für die komplette Wartung deines Fahrrads benötigst.
c) Erörtere, warum eine regelmäßige Wartung zu einer längeren Lebensdauer führt.
d) Beurteile für dein Fahrrad folgende Aspekte: Nutzung, Zuverlässigkeit, Sicherheit, Nutzungsdauer.

Wortspeicher
- *die Instandhaltung*
- *die Lebensdauer*
- *die Wartung*

Antriebsarten und Wirkungsgrad

Nutzbare Bewegung zu erzeugen, ist schon lange ein Bedürfnis der Menschheit. Das Industriezeitalter begann mit der Erfindung der Dampfmaschine, da diese ohne menschliche Kraft oder durch Tiere angetrieben wurde. Stattdessen wurde Brennstoff verwendet, um Wasser zum Sieden zu bringen. Der dabei entstehende Druck des Dampfes wurde genutzt, um eine Bewegung zu erzeugen. Heutzutage gibt es dafür andere Möglichkeiten.

Der Verbrennungsmotor

Bei jedem Verbrennungsmotor wird ein Kraftstoff wie Benzin, Diesel oder Gas gezündet. Die Kraft der Explosion, die dabei entsteht, wirkt auf den Kolben im Zylinder. Die entstehende Bewegung wird dazu genutzt, um eine Kurbelwelle in Drehung zu versetzen. Diese Drehung dient dann zur Fortbewegung. Bei Kraftfahrzeugen drehen sich die Räder, bei Schiffen die Schiffsschrauben und bei Propellerflugzeugen die Propeller.

Der Viertaktmotor

Der bekannteste und verbreitetste Viertaktmotor ist der nach seinem Entwickler Nicolaus August Otto benannte Ottomotor. Er nutzt das Prinzip des bei einer Explosion entstehenden Drucks, um einen Kolben anzutreiben. Die Hin- und Herbewegung wird über eine ↗ Pleuelstange an der Kurbelwelle in eine Drehbewegung umgewandelt.

Weitere Verbrennungsmotoren

Neben dem Viertaktmotor gibt es noch den Zweitaktmotor und den ↗ Wankelmotor. Beim Zweitaktmotor benötigt man weniger Bauteile, damit ist er leichter und günstiger als ein Viertaktmotor herzustellen. Allerdings findet die Verbrennung immer ein wenig unvollständig statt. Dadurch hat der Zweitaktmotor einen geringeren Wirkungsgrad.
Die Schmierung des Motors dient zum Beispiel der Verringerung von Reibung zwischen beweglichen Teilen. Sie erfolgt über das dem Kraftstoff zugemischte Öl.

Elektromotoren

Elektromotoren finden sich in unzähligen Maschinen und Geräten. Elektromotoren wandeln elektrische Energie in Bewegungsenergie um. In den Elektromotoren befinden sich Spulen aus isoliertem Kupferdraht. Wenn durch diese Spulen Strom fließt, entsteht ein Magnetfeld mit Nord- und Südpol. Dieses Magnetfeld wird genutzt, um durch Anziehungs- und Abstoßungskräfte eine Drehbewegung zu erzeugen.
In Elektrofahrzeugen kann dabei die elektrische Energie aus Batterien oder aus Brennstoffzellen kommen. Allerdings sind Batterien sehr schwer. Bei Fahrzeugen, die eine große Reichweite haben sollen, macht das Gewicht der Batterien den größten Anteil am Gesamtgewicht aus.

Brennstoffzelle

Brennstoffzellen können direkt elektrische Energie liefern. Dabei werden Wasserstoff und Sauerstoff zur Reaktion gebracht. Es entsteht elektrischer Strom. Um Kraftfahrzeuge mit Wasserstoff zu betreiben, wird viel geforscht. Ein ausreichendes Tankstellennetz gibt es noch nicht.

1 Elektrofahrzeug mit im Boden verbauter Batterie

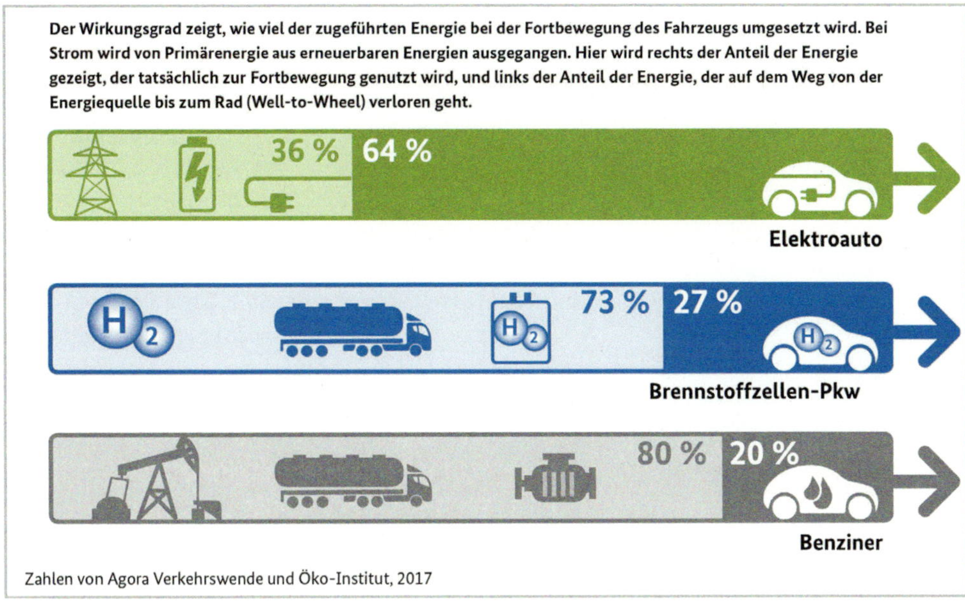

2 Wirkungsgrad von Fahrzeugen

Der Wirkungsgrad

Bei Maschinen wird der Wirkungsgrad (→ **Abb. 2**) berechnet, indem man die zugeführte Energie und die nutzbare Energie in ein Verhältnis setzt. Die Formel dafür lautet

$$\eta = \frac{E_{nutz}}{E_{zu}}$$

Je größer der errechnete Wert ist, desto besser ist der Wirkungsgrad der Maschine. Ideal wäre der Wert von 1. Das würde bedeuten, dass genauso viel Energie genutzt werden kann, wie man in Form von Kraftstoffen oder Strom hineingibt. Da aber jede Maschine auch Reibungsverluste hat, ist dieser Wert nur theoretisch zu erreichen. Im Vergleich wird deutlich, dass verschiedene Antriebsarten unterschiedliche Wirkungsgrade haben (→ **Abb. 2**). Beim Elektroauto wird von 100 % Energie, die in das Auto geladen wird, 64 % für die Fortbewegung genutzt. Beim Benzinmotor sind es nur 20 %, die für die Fortbewegung genutzt werden.

Merke

- **Verbrennungsmotoren nutzen einen Kraftstoff, um daraus eine Bewegung zu erzeugen.**
- **Elektromotoren basieren auf dem Prinzip der Anziehung und Abstoßung von Magnetfeldern.**
- **Der Wirkungsgrad gibt an, wie viel Energie für einen bestimmten Zweck genutzt wird.**

Aufgaben

1 a) Nenne verschiedene Antriebsarten.
b) Beschreibe zwei Antriebsarten.

2 MK Recherchiere im Internet Informationen über die Dampfmaschine. Wer hat diese erfunden?

3 MK a) Recherchiere im Internet alle Tankstellen im Umkreis von 10 km um deine Schule.
b) Stelle die Anzahlen der Tankstellen in einer Tabelle dar: Benzin und Diesel im Vergleich zu Wasserstoff und Ladesäulen für Elektroautos.

4 Vermutet warum der Wirkungsgrad bei Verbrennungsmotoren geringer ist als bei Elektromotoren.

Wortspeicher
- *das Magnetfeld*
- *der Wirkungsgrad*

Maschinen und Geräte demontieren

Das geplante und sorgfältige Zerlegen einer Maschine oder eines Gerätes in seine Baugruppen und Bestandteile nennt man demontieren.

TIPP
Achte bei der Demontage darauf, ob gesundheitsgefährdende Stoffe (z. B. Betriebsstoffe) beinhaltet sein können und trage die entsprechende Schutzausrüstung, wie Schutzbrille oder Schutzhandschuhe.

Die Demontage läuft immer gleich ab. Du zerlegst eine Maschine oder ein Gerät und strukturierst und sortierst die Teile. Nutze dein Smartphone zur Dokumentation.
Die Demontage kann verschiedenen Zwecken dienen. Zum einen kannst du bei einer Demontage das Objekt hinsichtlich der Organstruktur analysieren. Nach der Analyse kannst du das Objekt wieder zusammenbauen. Eine Demontage kann aber auch den Zweck haben, die verwendeten Materialien, wie Kunststoffe und Metalle, zu ermitteln.

die Organstruktur
Übersicht über das Zusammenspiel der Baugruppen in einer Maschine

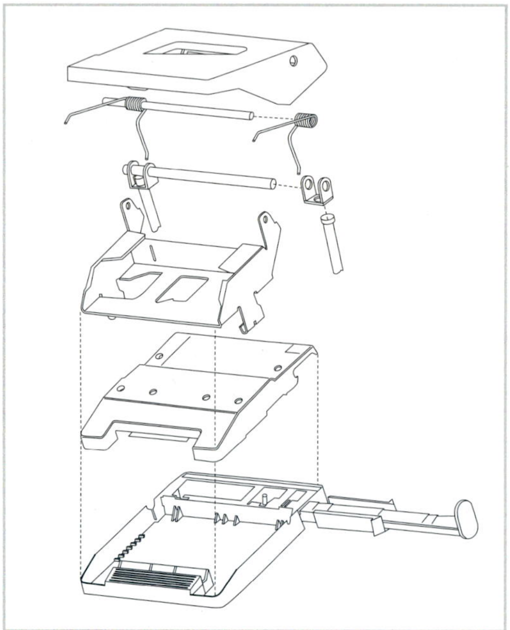

1 Explosionszeichnung eines Lochers

1. Schritt: Demontage vorbereiten

Dein Arbeitsplatz für eine Demontage sollte groß genug sein. Verwende eine Unterlage, damit der Platz nicht schmutzig wird. Um eine Demontage durchzuführen, benötigst du ein Objekt (z. B. altes Haushaltsgerät, defekte ↗ Handmaschine), das du demontieren willst. Zur Dokumentation nutzt du dein Smartphone. Je nachdem, welches Objekt du demontierst, benötigst du verschiedene Werkzeuge:

- Schraubendreher mit Kreuz oder Schlitz in verschiedenen Größen
- Schraubenschlüsselsatz
- Spezialbit-Satz für Sicherheitsschrauben
- Seitenschneider
- Reinigungstücher
- Sortierbox mit Fächern für kleine Teile
- Kreppklebeband
- Stift und Block
- Lupe für kleine Teile

2. Schritt: Demontage durchführen

Zum Lösen der Verbindungen und Schrauben ist eine Explosionszeichnung (→ **Abb. 1**) des Objekts hilfreich. Findest du keine Zeichnung zu deinem Objekt, musst du nach Schrauben oder anderen Verbindungen suchen. Bei manchen Geräten sind die Schrauben auch unter Abdeckkappen versteckt. Diese kannst du mit einem kleinen Schraubendreher heraushebeln. Bevor du mit der Demontage beginnst, dokumentierst du das Objekt mit einem Foto.

TIPP
Achtung: Der Stecker des Gerätekabels darf nicht in eine Steckdose eingesteckt sein. Auch Akkus musst du entnehmen.

Löse die Verbindungen des Gehäuses vorsichtig. Markiere dir mit Kreppklebeband die Stellen, an denen du Schrauben herausgedreht hast und sortiere die Schrauben in die Sortierbox. Dokumentiere jeden Schritt mit deinem Smartphone.

2 Demontage einer Maschine

3 Demontierte Maschine

Sei vorsichtig beim Auseinandernehmen des Gehäuses. Es kann passieren, dass die innenliegenden Baugruppen herausfallen und eine Zuordnung dann nicht mehr möglich ist.

3. Schritt: Baugruppen zuordnen

Jetzt kannst du dir einen Überblick über den Aufbau, das System und die verwendeten Materialien verschaffen. Benenne die verschiedenen Baugruppen deines Objektes. Solange nichts beschädigt ist, kannst du das Objekt wieder zusammenbauen. Du kannst das Demontageobjekt aber auch komplett zerlegen, nach Materialien sortieren und ausschlachten. Schrauben kannst du zum Beispiel wieder verwenden oder in die Metallverwertung geben. Dann können neue Schrauben daraus hergestellt werden.

TIPP
Hersteller von Elektrogeräten sind in der Europäischen Union dazu verpflichtet, das Recycling und die Verwertung ihrer Produkte zu organisieren.

1. Schritt: Demontage vorbereiten
- Demontageobjekt (Maschine oder Gerät) und Informationen beschaffen
- Arbeitsplatz einrichten

↓

2. Schritt: Demontage durchführen
- Objekt demontieren
- Arbeitsschritte protokollieren und dokumentieren

↓

3. Schritt: Baugruppen zuordnen
- Überblick verschaffen
- Baugruppen benennen

4 Die wichtigsten Schritte bei einer Demontage

ausschlachten
alle verwertbaren Teile ausbauen

Aufgaben

1 Nenne Gründe für eine Demontage.

2 Erläutere die Schritte einer Demontage anhand eines kleinen Elektrogeräts.

3 a) Bringt kleine Elektrogeräte mit, die gut zu demontieren sind.
b) Führt eine Demontage der Elektrogeräte durch und sortiert die Materialien.
NE c) Bringt die Materialien sortiert zu einem Wertstoffhof.

4 NE Begründe, warum es sinnvoll ist, dass Hersteller von Elektrogeräten das Recycling und die Verwertung der Geräte organisieren müssen.

Maschinen und Geräte remontieren

1 Felix und Lukas remontieren eine Handmaschine

Eine Remontage ist eine rückwärts durchgeführte Demontage.
Im Vergleich zur Remontage ist die Montage das Zusammensetzen vorgefertigter Teile zu einem fertigen Objekt (Maschine oder Gerät).

1. Schritt: Remontage vorbereiten

Um etwas zu remontieren, benötigst du einen ausreichend großen und sauberen Arbeitsplatz mit einer Unterlage.
Für eine strukturierte Remontage verwendest du eine Dokumentation und einen Arbeitsplan zu deinem Objekt.
Du benötigst verschiedene Werkzeuge:
- Schraubendreher mit Kreuz oder Schlitz in verschiedenen Größen
- Schraubenschlüsselsatz
- Spezialbit-Satz für Sicherheitsschrauben
- Seitenschneider
- Reinigungstücher
- Sortierbox mit Fächern für kleine Teile
- Kreppklebeband
- Stift und Block
- Lupe für kleine Teile

2. Schritt: Remontage durchführen

Lege alle Teile, die zusammengebaut werden sollen, gut sichtbar und sortiert auf den Arbeitsplatz. Kleinteile lässt du am besten erst einmal in der Sortierbox. Lege gleiche Teile zusammen an eine Stelle, dann findest du diese schnell. Idealerweise hast du für die Remontage eine Dokumentation oder einen Arbeitsplan von der Demontage vorliegen. Damit kannst du die Remontage einfach durchführen. Beginne mit dem letzten Schritt der Demontage. Schaue dir in der Dokumentation die Fotos sehr genau an und achte darauf, dass du die richtigen Schrauben und Kleinteile verwendest.
Arbeite konzentriert und sorgfältig.

TIPP
Die Maschinen und Geräte dürfen bei einer Remontage nicht an eine Spannungsquelle angeschlossen sein! Elektrogeräte, die du an der Schule remontierst, dürfen nicht wieder in Betrieb genommen werden!

Schrauben musst du so eindrehen, dass sie gut halten und das Gewinde nicht kaputtgeht. Gerade bei Kunststoffinnengewinden musst du sorgfältig arbeiten. Du kannst dich an dem alten Handwerkerspruch „nach fest kommt ab" orientieren. Ist eine Schraube kaputt, passt eine neue oft nicht mehr. Damit ist eine Remontage an dieser Stelle nicht mehr möglich. Um die Übersicht über die einzelnen Remontageschritte zu behalten, verwendest du deinen Arbeitsplan. Markiere bereits durchgeführte Schritte. Damit weißt du immer, welcher Schritt als Nächstes kommt.

2 Hinweis bei Verbindungen mit Schrauben

3 Gebrochenes Gewinde

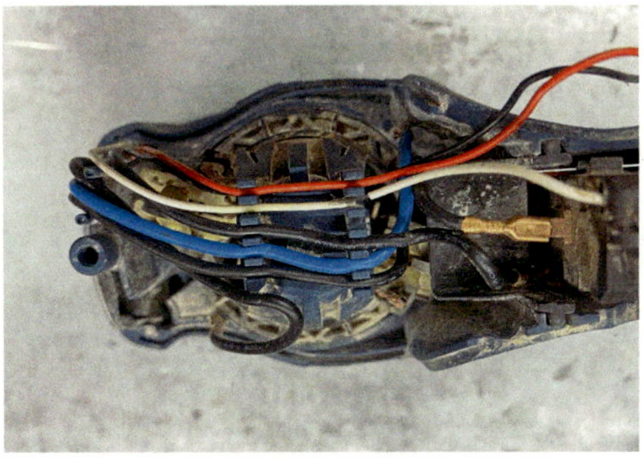

5 Leitungsführung bei einer Bohrmaschine

4 Kunststoffverbindung mit Haken

6 Remontage einer Tretkurbel beim Fahrrad

Starker Job

Fahrradmechatroniker/-in

„Ich warte und repariere alle Arten von Zweirädern. Ob es nun E-Bikes sind, die vielleicht ein elektronisches Problem haben, Mopeds mit Verbrennungsmotoren, die einen Ölwechsel benötigen, oder Fahrräder, die eine neue Kette brauchen. Auch Reparaturen bei denen gelötet oder geschweißt werden muss, kann ich in meinem Job ausführen. Gemeinsam mit der Kundschaft versuche ich für alle Probleme die passende Lösung zu finden."

1. Schritt: Remontage vorbereiten
- Remontageobjekt (Maschine oder Gerät) und Informationen beschaffen
- Arbeitsplatz einrichten

↓

2. Schritt: Remontage durchführen
- Objekt remontieren
- Arbeitsschritte protokollieren und dokumentieren

7 Die wichtigsten Schritte bei einer Remontage

Aufgaben

1 Erläutere den Begriff „Remontage".

2 Erörtere Verbindungen einer Maschine oder eines Gerätes hinsichtlich einer Remontage.

3 a) Entwickelt einen Arbeitsplan für die Remontage einer Maschine.
b) Remontiert die Maschine.

4 MK Recherchiert im Internet, warum beim Aufbau einer neuen Fertigungslinien (Produktionsstraßen) in der Industrie eine Remontage stattfindet.

○1 ◒2,3 ●4

Sharing Economy

Sharing Economy bedeutet so viel wie „Wirtschaft des Teilens". Die Idee ist nicht neu: Denke nur mal an Bibliotheken. Auch in landwirtschaftlichen Genossenschaften wurden schon im 19. Jahrhundert Geräte und Maschinen geteilt, um wettbewerbsfähig zu bleiben. Durch die moderne digitale ↗ Infrastruktur ergeben sich heutzutage immer mehr Möglichkeiten der Vernetzung, sei es, um Gegenstände zu tauschen, zu leihen, zu mieten oder auch, um sie zu verschenken. Auch Dienstleistungen, Medien oder Informationen können auf diese Art genutzt werden.

Sharingkonzepte

In der Privatwirtschaft ist Teilen schon länger im Trend. Ob Couch-Surfing oder Mitfahrgelegenheiten im eigenen Auto oder in der Bahn: Über verschiedene Plattformen findest du, was du suchst.

das Couch-Surfing
kostenpflichtiges und internetbasiertes Netzwerk, um eine kostenlose Unterkunft auf Reisen zu finden oder anzubieten

1 Sharing Economy in allen Bereichen

„Ich finde die Idee der Sharing Economy großartig. So können wir zum einen ungenutzte oder teilweise ungenutzte Produkte miteinander teilen und damit gleichzeitig Ressourcen schonen und Kosten senken!", sagt Franka. „So einfach finde ich das nicht. Wer übernimmt denn die Haftung für die Qualität der Produkte, wenn du zum Beispiel Secondhand-Mode tauschst? Die Plattform, über die das läuft, übernimmt sicher keine Gewährleistung für die angebotenen Dienstleistungen", sagt Chantal.

2 Alles ganz easy?

Sharingplattformen

Bei Peer-to-Peer-Geschäftsmodellen stellen Unternehmen die technische Infrastruktur zur Verfügung, mit der sich Tausch- oder Mietwillige finden können.

Es gibt Plattformen, bei denen sich Menschen untereinander Dinge leihen können. Sie ermöglichen das Teilen von Gegenständen, wie zum Beispiel Bohrmaschinen oder teure Handtaschen. Das Besondere an der Idee ist, dass man sich treffen muss, um die Gegenstände weiterzugeben. „Bezahlt" wird über Punkte, die man fürs Hochladen von Produkten bekommt. Diese kann man später gegen Gutscheine eintauschen.

Ein anderes Prinzip der Sharing Economy verfolgt den Gedanken, nicht mehr benötigte Dinge in kleinen Hütten zur Verfügung zu stellen. Das fördert nicht nur die Nachhaltigkeit, es befreit die einen von „Krempel" und erfreut andere, die es gebrauchen können.

Auf einer Karte findest du Gegenstände aus deiner Nachbarschaft, die vermietet oder verliehen werden können. Den Mietpreis für die Gegenstände legt jede Vermieterin und jeder Vermieter selbst fest.

Andere Unternehmen bieten die Vermittlung von Personenbeförderung per Auto an. Anders als bei einem Taxiunternehmen übernehmen Privatpersonen in ihren eigenen Autos den Transport. Die Fahrt lässt sich per App buchen und wird anschließend automatisch über das Konto abgerechnet.

3 Sharing Economy in deiner Nachbarschaft

„Mieten statt Besitzen“

Während beim Sharing-Ansatz Privatnutzerinnen und -nutzer ihre Besitztümer oder Dienstleistungen anbieten, machen beim „Mieten statt Besitzen“-Trend durchaus auch große Unternehmen mit. Die digitale Infrastruktur ermöglicht, immer mehr Gegenstände und Dienstleistungen zu tauschen, zu leihen oder zu mieten. Per Smartphone können Anbieterinnen und Anbieter sowie Nutzerinnen und Nutzer heute ganz einfach auf verschiedenen Plattformen zueinanderfinden und auch die Bezahlung kann unkompliziert digital erfolgen.

Wechselwirkungen

Offene Werkstätten oder **Reparatur-Cafés** bieten die Möglichkeit, einen Gegenstand neu herzustellen oder zu reparieren. Dabei findet man vor Ort Unterstützung von Fachkräften. Die **Nachbarschaftshilfe** ist eine auf Gegenseitigkeit beruhende Form der Hilfe, bei der zumeist auf Bezahlung in Form von Geld verzichtet wird und stattdessen Gegenleistungen in ähnlicher Form erbracht werden.

Möglichkeiten nutzen

Auch Städte und Kommunen verfügen über Möglichkeiten für eine gemeinschaftliche Nutzung (z. B. Fahrzeuge, Gebäude, Freiflächen). Viel zu selten werden in diesem Bereich Sharingkonzepte angeboten. Dabei hat der öffentliche Sektor zahlreiche Ressourcen, die nicht ständig genutzt werden: Parkplatz, Theater, Schulgebäude … Solche Ressourcen könnten mit anderen Behörden oder mit Bürgerinnen und Bürgern geteilt werden. Das würde finanzielle und ökologische sowie politische Chancen mit sich bringen.

4 Reparatur-Café

Merke

- **Die Idee der Sharing Economy ist schon alt (z. B. Bibliotheken).**
- **Die digitale Infrastruktur ermöglicht, immer mehr Gegenstände und Dienstleistungen zu tauschen, zu leihen oder zu mieten.**
- **Auch Städte und Kommunen haben Ressourcen, die gemeinschaftlich genutzt werden könnten.**

Aufgaben

1 a) Beschreibe, was mit dem Begriff „Sharing Economy“ gemeint ist (→ **Abb. 1**).
b) Nenne verschiedene Angebote der Sharing Economy.

2 Beschreibt ein Sharingkonzept (→ **Abb. 1** und **Abb. 3**).

3 MK a) Recherchiert im Internet verschiedene Konzepte der Sharing Economy. Für welche Zielgruppen könnten sie geeignet sein? Erläutert.
b) Könnt ihr euch vorstellen, eine dieser Plattformen zu nutzen? Begründet.

4 „Sharing is caring“. Nehmt Stellung zu dieser Aussage.

5 a) Nennt mögliche Ressourcen in eurer Umgebung.
b) Entwickelt Ideen für ein Sharingkonzept, um diese Ressourcen zu nutzen.

Wortspeicher
- *die Dienstleistung*
- *die digitale Infrastruktur*
- *die Sharing Economy*

○1, 2 ◒3, 4 ●5

Auf einen Blick

Maschinen

Baugruppen von Maschinen
- Antriebsteil/Energieteil
- Schaltteil/Steuerteil/Regelteil
- Übertragungsteil
- Trägerteil/Gehäuse
- Abtriebsteil/Arbeitsteil

Getriebe- und Antriebsarten
- mechanische Getriebe
- Verbrennungsmotor
- Viertaktmotor
- Elektromotor
- Wirkungsgrad

Warten und Instandhalten
- Gebrauchsanleitung
- Wartung
- Instandhaltung

Sharing Economy
- Sharingkonzept
- Sharingplattform

1 Diese Begriffe solltest du kennen

Wiederholen

1 S. 50/51

Welche Aussagen über **Baugruppen von Maschinen** sind wahr, welche falsch? Stelle die falschen Aussagen richtig dar.

a) Das Antriebsteil/Energieteil treibt die Maschine an.

b) Das Schaltteil steuert die Arbeitsweise der Maschine.

c) Mit dem Übertragungsteil werden Bewegungen weitergeleitet und umgewandelt.

d) Nicht jede Maschine benötigt ein Gehäuse oder Trägerteil.

e) Auch der Computer und Computerprogramme gehören zu den Maschinen.

3 Getriebe

2 S. 52/53

Nenne die **Getriebearten** (→ **Abb. 2–4**).

2 Getriebe

4 Getriebe

5 Gebrauchsanleitung Feuerlöscher

3 S. 54/55

Oh je, die **Gebrauchssanleitung** für den Feuerlöscher gibt es nur auf Englisch (→ **Abb. 5**). Formuliere mithilfe der Bilder eine Bedienungsanleitung auf Deutsch.

4 S. 54/55

„Für neue Batterie alt Batterie zurück für Sauberwelt in deutscher Wald."
Das ist eine kuriose Übersetzung in einer **Gebrauchsanleitung**. Beschreibe, was gemeint ist.

5 S. 56/57

Erläutere den Begriff **computerunterstützte Wartung** am Beispiel eines Autos.

6 S. 58/59

Erkläre mithilfe der Stichworte den **Verbrennungsmotor**.

Kraftstoff – Explosion – Kolben – Zylinder
Kurbelwelle – Fortbewegung

7 S. 58/59

a) Von welcher Formel ist hier die Rede? Nenne den Fachbegriff.

$$\eta = \frac{E_{nutz}}{E_{zu}}$$

b) Erkläre die Formel.

„[...] Die On-Demandisierung von Dienstleistungen entkoppelt die Nutzung von der Verantwortung – und befeuert damit eine soziale Achtlosigkeit, die so gar nicht zur behaupteten ökologischen und sozialen Nachhaltigkeit passen will, die derartige Dienste für sich in Anspruch nehmen. [...]"

6 Geht Verantwortung verloren?

8 S. 64/65

Erörtere das Konzept der **Sharing Economy** am Beispiel von Leihrollern (→ **Abb. 6**).

9 S. 64/65

Kens Eltern haben ihr Auto abgeschafft, weil sie es immer nur für ein paar Stunden oder Tage genutzt haben. Instandhaltung, Reparaturen und Versicherung mussten sie aber trotzdem zahlen. Jetzt leihen sie sich ein Auto, wenn sie eins brauchen, dann zahlen sie nur für den Nutzungszeitraum.
Beschreibe an einem anderen Beispiel, wo man Kosten durch Leihen sparen kann.

Mausefallenfahrzeug konstruieren

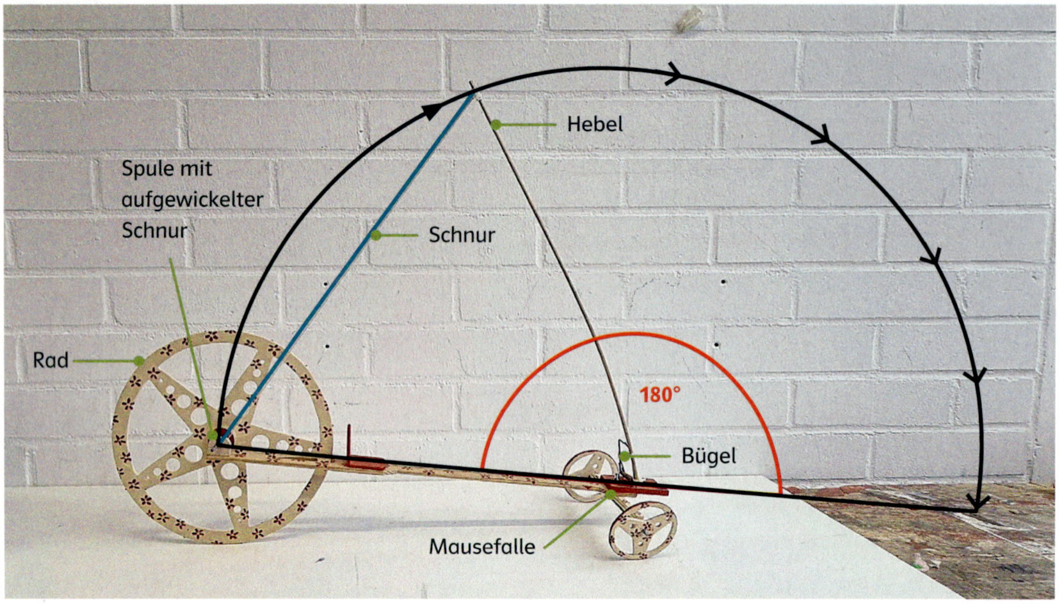

1 Funktion des Mausefallenfahrzeugs

Mathilda und Björn waren am Samstag bei einem Mausefallenfahrzeug-Wettbewerb. „Ziel war es, dass die Mausefallenfahrzeuge so weit wie möglich fahren. Ein Modell hat es sogar durch die komplette Sporthalle geschafft!", Björn ist immer noch beeindruckt. „Das war unglaublich", schwärmt Mathilda, „aber es gab auch noch andere Kriterien, wie zum Beispiel das Design. Ihr könnt euch nicht vorstellen, wie vielfältig die Ideen für die Konstruktion und wie lustig erst die Namen waren, die die Teams ihren Fahrzeugen gegeben haben. Wäre das nicht auch etwas für unseren Technikunterricht?"

Das Prinzip des Mausefallenfahrzeugs

Das Mausefallenfahrzeug wird nur durch die gespannte Mausefalle angetrieben (→ **Abb. 1**). Dabei überträgt der Hebel, der am Bügel der Mausefalle befestigt ist, seine 180°-Drehung auf die Achse oder ein Rad des Fahrzeugs und setzt es so in Bewegung.

Vorüberlegungen

Bevor ihr mit der Konstruktion eures Mausefallenfahrzeugs beginnt, solltet ihr euch über folgende Punkte Gedanken machen:

- Material (Ist weiches Material von Vorteil? …)
- Werkzeuge (Was ist vorhanden, was muss beschafft werden? …)
- Aufbau/ Konstruktion (Wie viele Räder soll es haben? Wie lang soll der Hebel sein? Wo wird die Schnur aufgewickelt? …)

2 Mögliches Material

3 Die Achse muss sich ungehindert drehen können

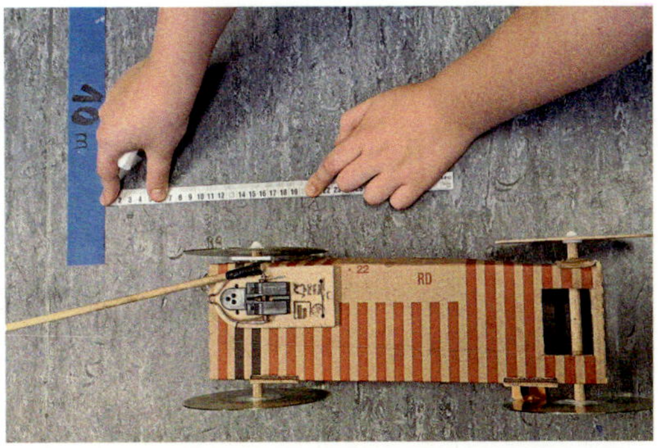

4 Der „Pizza-Blitz“ schafft ganze 10,16 Meter!

Die Konstruktion

Sammelt zuerst Ideen für die Konstruktion und das Design. Achtet darauf, die Reibung zwischen Achse und ↗ Karosserie so gering wie möglich zu halten. Dazu benötigt ihr nicht unbedingt ein Kugellager. Die Möglichkeiten sind vielfältig. Hauptsache ist, dass die Achse den Antrieb durch den Hebel ungehindert umsetzen kann (→ **Abb. 3**).
Mit einem einfachen Gummiband könnt ihr zum Beispiel verhindern, dass die „Reifen“ sich von der Achse lösen.
Habt ihr euch für eine Idee entschieden, fertigt ihr eine Zeichnung mit allen wichtigen Maßen an. Ein Modell kann euch helfen, einzelne Bauteile zu optimieren. Schreibt auch eine Stückliste und einen Arbeitsplan, dann könnt mit der Herstellung eures Mausefallenfahrzeugs beginnen.

Upcycling möglich

Mathilda und Björn wünschen sich eine Fahrzeugkonstruktion, die schön leicht ist. Außerdem gefällt ihnen der Gedanke, etwas zu recyceln. So entscheiden sie sich für CDs und den Pizzakarton vom Mittagessen (→ **Abb. 4**). Logisch, dass der Name des Fahrzeugs etwas damit zu tun haben muss. „‚Pizza-Blitz‘ soll es heißen!“, lacht Mathilda.

TIPP
Achtet darauf, die ↗ Reibungskräfte (z. B. in den Achslagern) zu reduzieren. Die Haftreibung der Räder auf dem Untergrund kannst du erhöhen, indem du zum Beispiel eine CD (Rad) mit einem Luftballon überziehst. So verhinderst du, dass sie durchdrehen oder blockieren.

Merke

- **Die Reibungskräfte an der Achse sollten gering sein, damit das Fahrzeug leichtläufig fährt.**
- **Eine gute Haftung der Räder auf dem Untergrund verhindert das Durchdrehen der Räder.**
- **Mausefallenfahrzeuge lassen sich einfach aus recyceltem Material herstellen.**

Aufgaben

1 Erläutert die Funktion eines Mausefallenfahrzeugs (→ **Abb. 1**).

2 Nenne weitere Ideen für das Baumaterial eines Mausefallenfahrzeugs (→ **Abb. 2**).

3 Entwickelt verschiedene Möglichkeiten, um …
a) den Hebelarm am Bügel der Mausefalle zu befestigen (→ **Abb. 1**).
b) die Achse am Fahrzeugkörper zu befestigen (→ **Abb. 1**).

4 a) Konstruiert ein Mausefallenfahrzeug.
b) Stellt euer Fahrzeug her und gebt ihm einen Namen.
c) Führt einen Wettbewerb durch.

5 Stellt Vermutungen an, wie das Fahrzeug konstruiert sein muss, um eine möglichst lange Strecke zurückzulegen.

○1 ◒2–4 ●5

MK Technische Zeichnungen – früher und heute

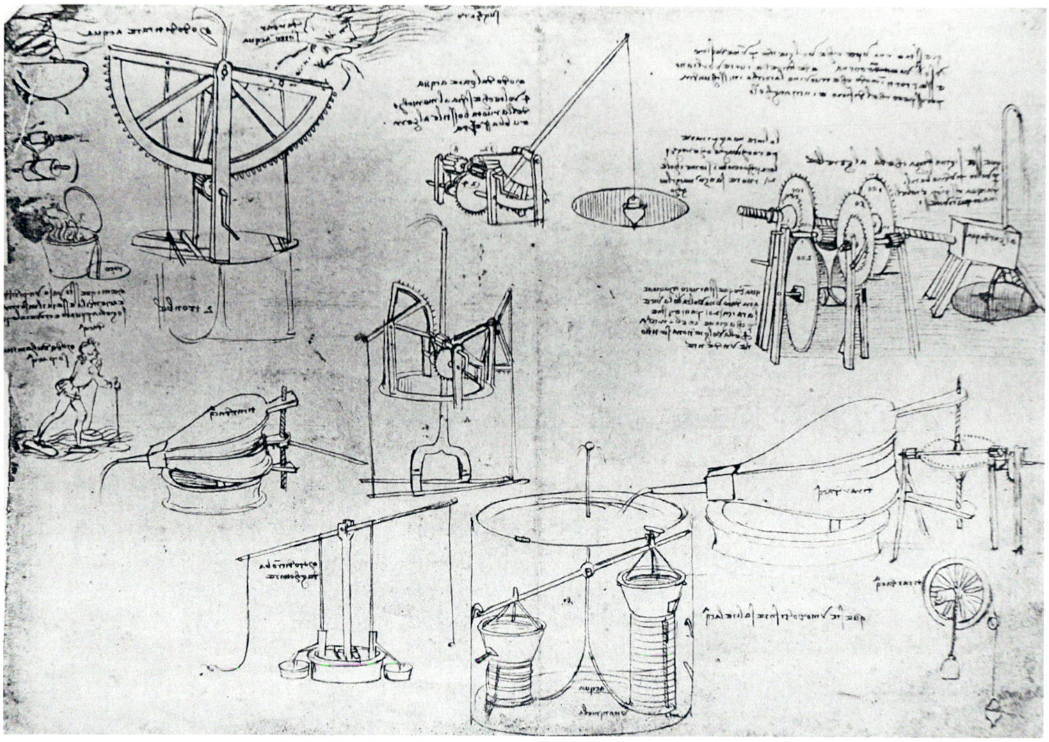

1 Konstruktionszeichnungen von Leonardo da Vinci

Eine technische Zeichnung stellt ein Objekt eindeutig und normgerecht dar. Mit ihrer Hilfe lässt sich das Objekt immer genau gleich herstellen. Eine technische Zeichnung wird in vielen Berufsgruppen (z.B. Schmuckdesigner, Schreiner, Bauingenieurinnen) genutzt.

Leonardo da Vinci

Zu den berühmtesten „technischen Zeichnungen“ gehören die von Leonardo da Vinci (1452–1519). Bevor er seine Erfindungen umsetzte, zeichnete er die Konstruktionen aus vielen Perspektiven und beschriftete sie mit wichtigen Informationen (→ **Abb. 1**). Zum besseren Verständnis ergänzte er Detailzeichnungen. Vor allem von seinen Flugmaschinen gibt es zahlreiche Zeichnungen und Modelle.

Material und Werkzeuge

Seit Leonardo da Vinci hat sich das technische Zeichnen ständig weiterentwickelt. Bis in die 1980er-Jahre wurde in Architekturbüros hauptsächlich mit Blei- und Tuschestiften auf Transparentpapier gezeichnet. Wollte man die Zeichnungen weiterleiten, mussten die großen Transparente erst aufwendig kopiert und per Post verschickt werden. Hatte man sich verzeichnet oder hatte sich der Entwurf verändert, musste man die Tusche mit einer Messerklinge vom Papier kratzen. Anschließend wurde das Papier an dieser Stelle mit einem speziellen Radierer geglättet, damit wieder darübergezeichnet werden konnte. Werkzeuge, wie Zeichenbrett, Schrift- und Möbelschablonen oder Dreikantmaßlineal, erleichterten das Zeichnen von Hand (→ **Abb. 2**).

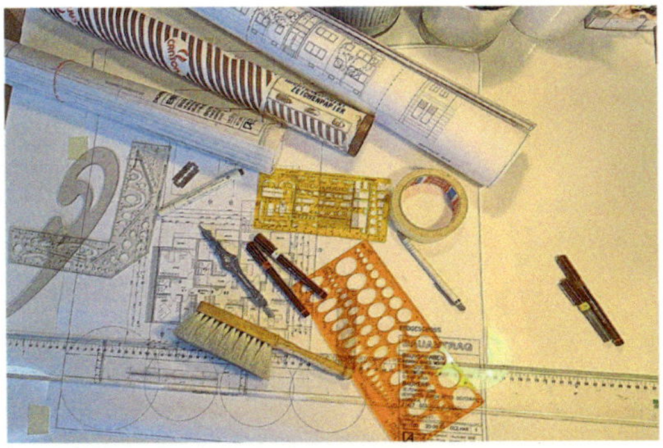

2 Werkzeuge eines Bauzeichners um 1980

3 Neue Welten durch Holografie

Das CAD-Zeitalter

Der Einzug der Computertechnik in sämtliche Bereiche der Arbeitswelt machte auch vor technischen Zeichnungen nicht halt. Die computerunterstützten Zeichenmethoden (CAD) setzten sich durch.
Mit 3D-CAD-Systemen werden dreidimensionale Körper erzeugt. Aus ihnen lassen sich anschließend zweidimensionale technische Zeichnungen ableiten. Diese Zeichnungen können direkt an Maschinen weitergeleitet werden (z. B. 3D-Drucker).
Änderungen am Modell können einfach korrigiert, per E-Mail verschickt oder direkt an die Fertigung weitergeleitet werden. Sogar die Daten für einzelne Phasen der Produktion können aus den Zeichnungen entnommen werden. Damit spart die computerunterstützte Zeichnung Zeit und Geld und ist so sehr wirtschaftlich.

Starker Job

Technische/-r Produktdesigner/-in der Fachrichtung Produktgestaltung und -konstruktion

„Ich entwerfe und konstruiere Produkte nach Kundenwunsch. Das wird nie langweilig! Durch die fortschreitende Digitalisierung setzen wir uns in unserer Branche immer wieder mit neuen Verfahren, Systemen und Techniken auseinander. Im Moment arbeite ich an einem Holo-Display für ein Museum. Das Museum wünscht sich eine Animation über ein Bauwerk, das frei im Raum schweben soll. Zu meinen Aufgaben gehören aber auch die Anfertigung von ↗ Schnittbildern und detaillierte Ausarbeitungen. Neben den technischen und gestalterischen Anforderungen muss ich dabei auch immer die Kosten im Blick behalten.

Merke

- **Eine technische Zeichnung stellt ein Objekt eindeutig und normgerecht dar.**
- **Computerunterstützte Zeichenmethoden haben sich in der Arbeitswelt durchgesetzt.**

Aufgaben

1 Beschreibt drei Vorteile bei der Herstellung einer technischen Zeichnung mithilfe eines CAD-Programms.

2 a) Recherchiert im Internet Berufsgruppen, die mit einer technischen Zeichnung arbeiten.
b) Stellt eine Berufsgruppe in einem digitalen Steckbrief dar, der mittels QR-Code abrufbar ist.

3 Recherchiert im Internet folgende Begriffe: Pantograf, Burmester-Schablone, Reißschiene.

4 a) Recherchiert im Internet Leonardo da Vinci.
b) Entwickelt eine digitale Präsentation über ihn und seine berufliche Tätigkeit.

5 Erörtere die Handhabung digitaler Werkzeuge in der Arbeitswelt.

○1, 2 ◒3, 4 ●5

3

Roboter

Roboter nehmen uns Menschen häufig wiederkehrende Arbeit ab. In der Produktion von Fahrzeugen, unter anderem für den Bau der Karosserien und die Lackierung, werden sie schon lange eingesetzt. Auch bei alltäglichen Arbeiten im Haushalt und Garten unterstützen Roboter uns. Staubsauger-, Reinigungs- sowie Rasenmähroboter sind inzwischen weit verbreitet. Roboter werden als Bewegungsautomaten definiert, die programmiert werden können. Einfache Roboter kannst du leicht selbst konstruieren und programmieren.

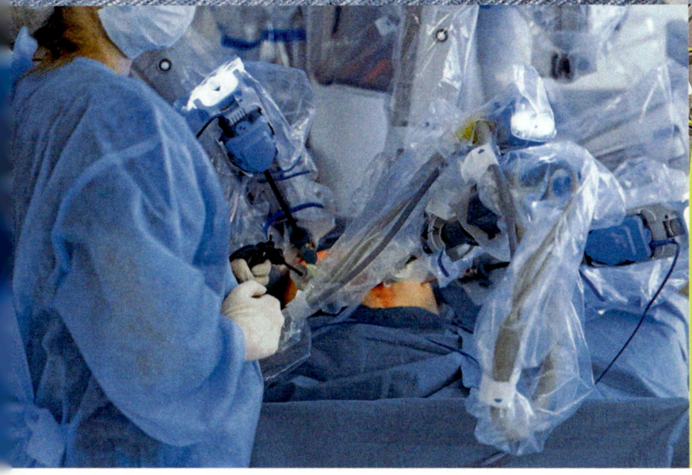

Ich werde ...

- Sensoren und Aktoren für den Einsatz bei Robotern kennenlernen.
- erfahren, wie Roboter angetrieben werden.
- wissen, wie Roboter aufgebaut sind und wo man sie einsetzt.
- lernen, wie man Roboter konstruieren und programmieren kann.
- eine Programmiersprache lernen.

Wusstest du, dass ...

- Roboter auch durch Ultraschall „sehen" können?
- auch Roboter eine Pause brauchen?
- Roboter auch bei Operationen im Krankenhaus eingesetzt werden?
- ein Roboter nur das macht, was du ihm durch deine Programmierung „sagst"?
- du mit wenigen Bauteilen schon einen kleinen Roboter selbst bauen kannst?

Sensoren und Aktoren

Robotik und Automatisierung sind aus unserem Alltag nicht mehr wegzudenken.
Um Roboter zu bauen, benötigt man neben einem Computer und dem Skelett des Roboters verschiedene Sensoren und Aktoren.

Das EVA-Prinzip

Damit Roboter das machen, was sie sollen, müssen sie entsprechende Signale erhalten. Dies können unter anderem Temperatur, Helligkeit, Entfernungen oder ↗ GPS-Positionen sein. Diese Eingangssignale werden in einem Computer verarbeitet. Die verarbeiteten Signale werden anschließend ausgegeben und an Aktoren (z. B. Elektromotoren) weitergeleitet. **Eingabe – Verarbeitung – Ausgabe** (EVA), dieser Prozess findet bei Robotern ständig statt. Bei einem Greifroboter (→ **Abb. 1**) funktioniert das zum Beispiel so: Der Roboter scannt die Umgebung nach dem zu greifenden Gegenstand (z. B. eine Dose). Erkennt der Roboter, dass die Dose an einer bestimmten Stelle steht, misst er die Entfernung und den genauen Standort aus. Diese Signale (Eingabe) werden in einem Computer verarbeitet (Verarbeitung). Der Computer gibt anschließend an die Motoren Informationen weiter (Ausgabe), wie sie sich bewegen müssen, um die Dose zu greifen und sie an einen anderen Ort zu stellen.

Sensoren

Sensoren sind Bauteile, die physikalische Eigenschaften (Temperatur, Druck, Feuchtigkeit, Schall, Beschleunigung, Wärmemengen) oder chemische Eigenschaften (z. B. ↗ pH-Wert) erfassen und in ein elektrisches Signal umwandeln können. Dementsprechend gibt es zahlreiche Sensoren, die für eine Vielzahl von Anwendungszwecken geeignet sind.

- Ein **LDR** (**L**ight **D**ependend **R**esistor) reagiert auf Lichtveränderungen (z. B. Tageslichtsteuerung).
- Ein **NTC-Thermistor** (**N**egative **T**emperature **C**oefficient Thermistor) reagiert auf Temperaturveränderung (z. B. Kühlschrank).
- **Gyrosensoren** können Neigungsänderungen erfassen (z. B. Segway).

Aber es gibt noch zahlreiche andere Sensoren wie zum Beispiel GPS-Sensoren, Ultraschallsensoren, Beschleunigungssensoren, Gassensoren und Sensoren, die Radioaktivität erfassen können (→ **Abb. 2**). Sensoren finden Anwendung zum Beispiel bei der Steuerung von Kfz-Motoren, der Abgasreinigung, in der Raumfahrt und bei Smartphones.

1 Greifarm eines Roboters

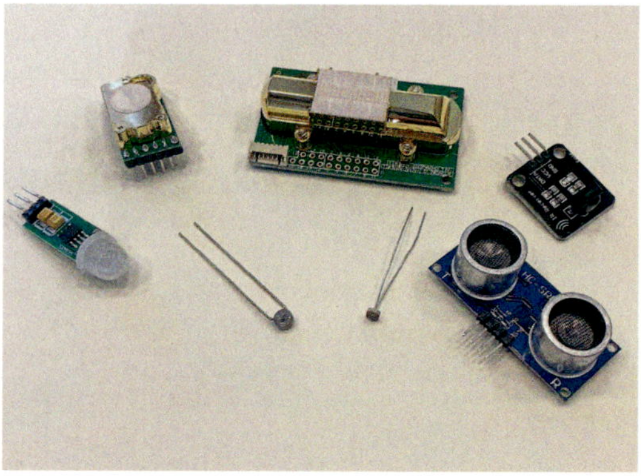

2 Sensoren für einen Mikrocontroller

3 Verschiedene Aktoren

Aktoren
Die im Computer verarbeiteten Eingangssignale werden den Aktoren als Ausgangssignale bereitgestellt. Die Aktoren wandeln dann die ausgegebenen elektrischen Signale zum Beispiel in Bewegung, Temperatur oder Licht um (→ **Abb. 3**).

Aktoren, die Bewegung erzeugen
Als Aktoren eingesetzt können Elektromotoren zum Beispiel einen Roboter auf Rädern antreiben. In der Robotik werden sehr häufig ↗ Schrittmotoren eingesetzt, die ganz genaue Bewegungen ausüben können. Sie können zum Beispiel Drehungen von wenigen Grad durchführen. Für eine genaue Steuerung von Robotern ist dies sehr wichtig. Auch hydraulische und pneumatische Aktoren können Bewegungen erzeugen. Meistens werden bei diesen Aktoren lineare Bewegungen erzeugt.

pneumatisch
mit Druckluft arbeitend

linear
in einer Linie verlaufend

emmitierend
etwas abstrahlen, ausstrahlen oder aussenden

Weitere Aktoren
Licht emmitierende Dioden (z. B. LEDs), Displays und Leuchtmittel zählen zu den am meisten verwendeten Aktoren in der Robotik. Leuchtmittel können verschiedene Lichtsignale abgeben, um zum Beispiel eine automatisierte Beleuchtungsanlage zu realisieren. Mit solchen Automatisierungen wird zum Beispiel die Straßenbeleuchtung gesteuert. Die Lichtstärke, die abgegeben wird, verändert sich je nachdem, ob Menschen in der Nähe sind oder nicht. Die einzelnen Straßenlampen geben diese Information per Funk weiter an die benachbarten Straßenlampen und das Licht wird entweder heller oder dunkler, wenn niemand mehr in der Straße unterwegs ist. Auch Lautsprecher werden als Aktoren eingesetzt. Sie können Warnsignale abgeben, sobald sich zum Beispiel ein Mensch dem Roboter annähert.

Merke
- **Das EVA-Prinzip ist die Eingabe über Sensoren, die Verarbeitung der Signale und die Ausgabe an Aktoren.**
- **Sensoren messen verschiedene physikalische und chemische Eigenschaften.**
- **Aktoren erzeugen nicht nur Bewegung, sondern auch Licht oder Töne.**

Aufgaben

1 a) Nenne die Bedeutung der Abkürzung EVA.
b) Beschreibe das EVA-Prinzip an einem von dir gewählten Beispiel.

2 Nenne Bereiche, in denen Roboter eingesetzt werden.

3 Nenne vier physikalische Größen, die sich mit Sensoren bestimmen lassen. Ordne ihnen einen passenden Sensor zu.

4 MK Recherchiert im Internet Einsatzmöglichkeiten für hydraulische und pneumatische Aktoren.

5 MK Konstruiert einen Roboter, der alleine fahren und Hindernissen ausweichen kann. Welche Sensoren und Aktoren benötigst du dafür? Stellt diese in einer Tabelle dar.

Wortspeicher
- *der Aktor*
- *das EVA-Prinzip*
- *der Sensor*

MK NE

Roboter in Bewegung

Nicht nur in der industriellen Produktion, sondern auch im Haushalt steigt die Anzahl der genutzten Roboter unentwegt. Die meisten Roboter, die privat eingesetzt werden, sind Staubsaugerroboter und Rasenmähroboter. Gleich ist allen Robotern, dass sie einen Antrieb haben, um sich autonom bewegen zu können. Man unterscheidet zwischen **elektrischen** und **hydraulischen Antrieben**.

autonom
selbstständig, unabhängig

Elektrische Antriebe

Die meisten Roboter werden von Elektromotoren angetrieben. Elektromotoren sind günstig in der Herstellung und sehr robust. Es kommen verschiedene Arten von Elektromotoren zum Einsatz:

- einfache Elektromotoren
- Schrittmotoren, die in kleinen Schritten gesteuert werden und auf die Gradzahl genau Drehungen ausführen können
- ↗ Servomotoren mit zusätzlichen Sensoren zur Positionsbestimmung, damit Drehgeschwindigkeit und Winkelposition genau bestimmt werden können

Die verwendeten Elektromotoren werden meistens in Kombination mit einem Getriebe eingesetzt.

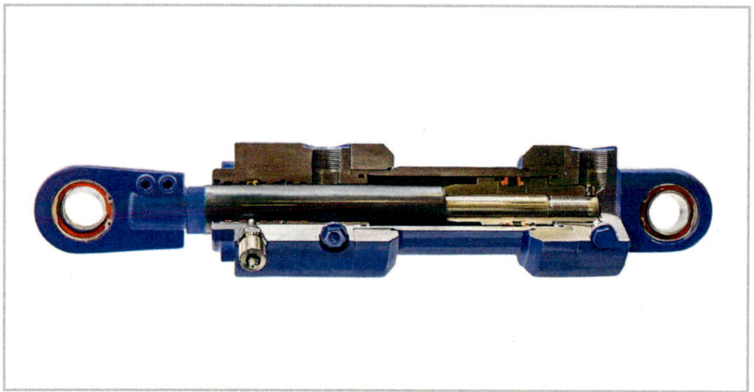

1 Hydraulikzylinder für einen künstlichen Muskel

Hydraulische Antriebe

Mit Hydraulikzylindern kann man eine Hin- und Herbewegung erzeugen. Bei Robotern wird diese Bewegung genutzt, um Gelenke zu bewegen. Ein Greifarm kann damit, wie bei einem Bagger, hoch und runter bewegt werden. Hydraulische Antriebe können eine große Kraft übertragen, sodass Roboter mit hydraulischem Antrieb große Lasten bewegen können.

Auch künstliche Muskel funktionieren mit einem hydraulischen Antrieb (→ **Abb. 1**). Die Muskeln bestehen aus dehnbaren Hydraulikschläuchen. Durch das Hineinpressen von Hydraulikflüssigkeit wird der Schlauch dicker, die Länge des Schlauches dadurch kürzer. Diese künstlichen Muskeln werden unter anderem in Robotern eingesetzt, die Beine haben und laufen können.

Energieversorgung bei Robotern

Damit Roboter funktionieren, benötigen sie Energie. Bei kleinen Robotern werden meistens Batterien oder Akkus verwendet. Diese können einfach gewechselt oder geladen werden. Große Roboter, die in der Industrie genutzt werden, sind meistens über Leitungen an die Energieversorgung angeschlossen.

Benzinmotoren werden nur sehr selten eingesetzt, um Energie für den Betrieb von Robotern zu erzeugen.

Roboterarten

Roboter sind selbstständig arbeitende Maschinen, die mithilfe des EVA-Prinzips funktionieren. Eingebaute Sensoren, Mikrocontroller und Aktoren steuern und regeln sie. Roboter können sowohl **ortsgebundene** als auch **ortsunabhängige Maschinen** sein.

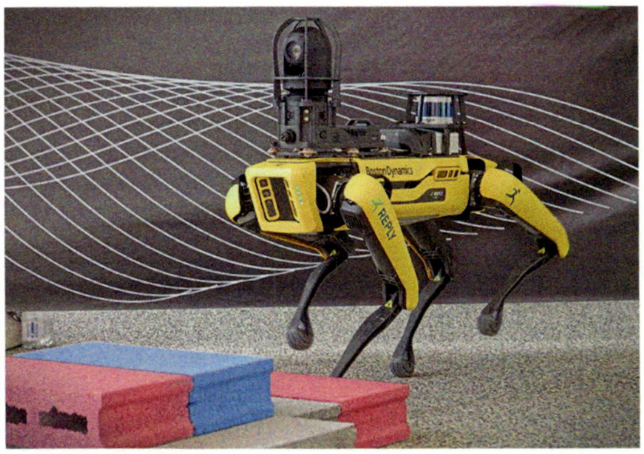

2 Roboterhund

Ortsgebundene Roboter

Ortsgebundene Roboter stehen fest an einem Platz. Bewegliche Arme mit Gelenken und Drehscheiben sorgen dafür, dass sie alles Notwendige erreichen können. Die Roboter sind auf schweren Fundamenten angebracht, damit sie erschütterungsfrei stehen. So können sie sehr schwere Lasten heben. Ortsgebundene Roboter werden zum Beispiel bei der Massenfertigung von Kraftfahrzeugen verwendet.

Ortsunabhängige Roboter

Fahrende Roboter werden durch Räder angetrieben. Diese Roboter können mit nur zwei Antriebsrädern gebaut werden. Jedes Antriebsrad wird dabei einzeln angesteuert. So können die Roboter geradeaus (beide Motoren drehen sich gleich schnell) oder Kurven fahren (die beiden Motoren drehen sich unterschiedlich schnell).

Laufende Roboter stehen auf dem Menschen oder Tieren nachempfundenen Beinen mit Gelenken und Füßen (→ **Abb. 2**). Angetrieben werden sie von Motoren oder hydraulisch, oft auch von beiden Möglichkeiten. Sie können sich durch unwegsames Gelände bewegen, Hindernisse übersteigen sowie Treppen hinauf und hinunter gehen. Durch neue Sensoren und ↗ Mikroprozessoren werden sie immer leistungsfähiger. Mittlerweile gibt es Roboter, die einen Salto machen und Parcours absolvieren können.

Fliegende Roboter werden auch als Drohnen bezeichnet. Durch Rotoren angetrieben bewegen sie sich im dreidimensionalen Raum. Sie nutzen GPS-Signale, um sich zielgenau zu bewegen. Ihre Reichweite ist jedoch durch die Akkus begrenzt.

der Rotor
drehbares Flügelblatt

Merke

- **In Servomotoren misst ein Sensor Drehgeschwindigkeit und Winkelposition.**
- **Roboter verbessern in der industriellen Produktion die Arbeitsbedingungen.**
- **Fliegende Roboter können sich im dreidimensionalen Raum bewegen.**

Aufgaben

1 Nenne die drei verschiedenen Arten der eingesetzten Elektromotoren

2 Vergleiche Roboter mit elektrischem und hydraulischem Antrieb.

3 Nennt Orte, an denen laufende Roboter sinnvoll eingesetzt werden könnten.

4 a) Der „Perseverance Mars Rover" erkundet im Rahmen einer NASA-Mission den Mars. Recherchiere im Internet, wie er auf dem Mars mit Energie versorgt wird.
b) Begründe, warum diese Energiequelle bei Robotern auf der Erde nicht eingesetzt wird.

5 Ein Roboter, der zwischen flüssigem und festem Zustand wechseln kann? Was man bisher nur aus Sciencefiction-Filmen kennt, wird jetzt in Laboren Realität. Vermute, wo diese Roboterart sinnvoll eingesetzt werden könnte.

6 Stellt Vermutungen an, wie Roboter in 50 Jahren auf der Erde eingesetzt werden.

Wortspeicher
- *die Drehgeschwindigkeit*
- *der dreidimensionale Raum*
- *der Servomotor*
- *die Winkelposition*

○1, 2 ◒3, 4 ●5, 6

MK NE Einsatzbereiche und Funktionen von Robotern

Die Weiterentwicklung im Bereich der Robotik schreitet sehr schnell voran. Verbesserte und empfindlichere Sensoren und Aktoren, bessere Energieversorgung und generell immer bessere Computer ermöglichen den Einsatz von Robotern in immer mehr Bereichen.

präzise
exakt, milimetergenau

Roboter in der Produktion

Aus der Produktion von Fahrzeugen sind Roboter nicht mehr wegzudenken. Sie können selbstständig schwere Karrosserieteile an die richtige Position halten, während Schweißroboter diese verbinden. Dadurch werden schnellere Produktionszeiten erreicht und die Arbeitenden in der Fabrik körperlich entlastet. Lackierroboter lackieren komplette Fahrzeuge. Die gesundheitliche Belastung der Arbeitenden wird dadurch geringer. Auch für den Transport und die Lagerung von Produkten werden Roboter eingesetzt. Sie holen selbstständig die Waren von der Produktion ab, scannen die Behälter und fahren sie in Hochregallager, damit sie dort zwischengelagert werden können. Sie packen Pakete auf Paletten und bereiten sie für den Versand vor.
Roboter können ohne Pause arbeiten und sind sehr genau. Dadurch wird die Produktion gesteigert und die Qualität verbessert. Kollaborative Roboter (Cobots) unterstützen die Menschen direkt und arbeiten mit ihnen zusammen.

1 Roboter schweißen eine Karosserie zusammen

Roboter in der Medizin

In Kliniken wird der Einsatz von Robotern immer wichtiger. Die Weiterentwicklung in der Medizin funktioniert oft nur durch neue Einsatzmöglichkeiten von Robotern. Roboter können ohne Pause sehr präzise chirurgische Eingriffe vornehmen. Eingesetzt werden sie unter anderem bei minimalinvasiven Eingriffen. Das sind Operationen, die mit sehr kleinen Schnitten dem Körper möglichst wenige Verletzungen zufügen sollen. Operationen am Rückenmark werden ebenfalls mit Robotern durchgeführt, da sie punktgenau und sehr ruhig arbeiten können. Assistenzroboter werden in Laboren eingesetzt und unterstützen die Laborkräfte bei Messungen. Durch den Einsatz von künstlicher Intelligenz (KI) übernehmen Roboter auch selbstständig Aufgaben.
In verschiedenen Forschungsprojekten in Deutschland werden bereits Pflegeroboter getestet. Aktuell werden sie hauptsächlich für die Unterhaltung von Pflegebedürftigen eingesetzt.

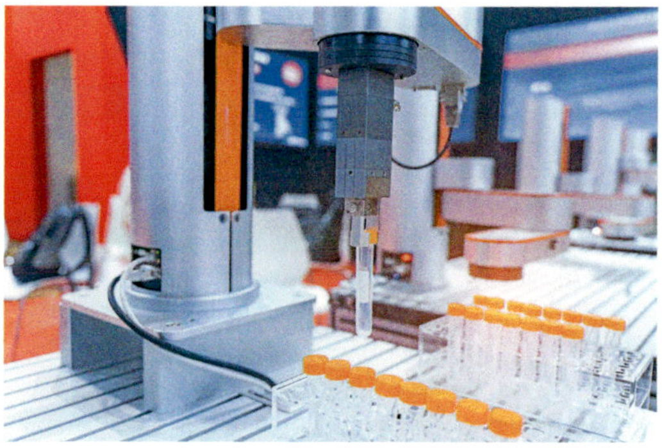

2 Robotereinsatz im Labor

3 Staubsaugerroboter für den Haushalt

4 Automatische Bewässerung durch Roboter

Roboter im Haushalt

„Dein kleiner Helfer für den Haushalt" – so werden Roboter oft beworben, die alltägliche Arbeiten im Haus erledigen. Die am meisten verkauften Roboter für den Haushalt sind Staubsaugerroboter. Sie erledigen diese Arbeit selbstständig. Je nach Modell scannen sie die einzelnen Räume ab und erstellen einen Wegeplan. Andere Modelle fahren die Räume kreuz und quer ab und saugen so den gesamten Boden. Stoßen sie gegen ein Hindernis, drehen sie ab und fahren in eine andere Richtung weiter. An einer Ladestation laden sie selbstständig den Akku auf. Es gibt auch Roboter, die den Boden nass wischen können, manche können sogar beides. Das Reinigen von Fenstern kann ebenfalls von Robotern übernommen werden. Sie reinigen die Scheiben selbstständig, müssen aber an jedes Fenster neu angesetzt werden.

Roboter im Garten

Rasenmähroboter gehören wie Staubsaugerroboter zu den weitverbreiteten Robotern in privatem Einsatz. Zur Orientierung verfügen die Roboter über ein GPS-System. Hindernissen weichen sie selbstständig aus. Wichtig ist eine Sicherheitseinrichtung am Messerbereich, damit Tiere und Menschen nicht verletzt werden können.
Die Gartenbewässerung kann auch mithilfe von intelligenten Bewässerungssystemen übernommen werden. Sensoren im Boden messen die Bodenfeuchtigkeit, Regensensoren erkennen, ob es regnet oder nicht. Mit diesen Informationen, manchmal auch kombiniert mit dem aktuellen Wetterbericht für die Region, sorgt das System für eine ausreichende Bewässerung. Damit kann viel Wasser gespart werden.

Merke

- **Roboter sorgen für bessere Arbeitsbedingungen.**
- **Assistenzroboter können sehr präzise Eingriffe bei Operationen vornehmen.**
- **Dank Haushaltsrobotern wird individuelle Unterstützung in Haushalt und Garten möglich.**

Aufgaben

1 a) Beschreibe Bereiche, in denen Roboter eingesetzt werden (→ **Abb. 1–4**).
b) Nenne weitere Bereiche.

2 Erläutere, welche Vorteile der Einsatz von Robotern für Arbeiterinnen und Arbeiter in einer Fabrik haben können.

3 a) Recherchiert im Internet nach einem Warentest für Staubsaugerroboter.
b) Diskutiert Vor- und Nachteile der verschiedenen Modelle.

4 Beschreibt, wie ein Arbeitsplatz mit Roboterunterstützung aussehen könnte.

Wortspeicher
- *der Assistenzroboter*
- *der Haushaltsroboter*

○1 ◒2, 3 ●4

Ein Portfolio gestalten

In einem Portfolio werden verschiedene Materialien für unterschiedliche Zwecke gesammelt. Habt ihr euch für diese Methode entschieden, müsst ihr euch zuerst darauf einigen, was ihr untersuchen bzw. welche Fragen ihr klären wollt. In jedem Fall ist es wichtig, zuverlässige Quellen für Informationen zu finden und alle Schritte sorgfältig zu dokumentieren. Weckt das Interesse der Leserinnen und Leser und füllt euer Portfolio mit Leben!

chronologisch
zeitlich geordnet

1. Schritt: Inhalte und Ziele festlegen

Christinas Kurs will mithilfe des Portfolios den Bau und die Funktion eines Roboters dokumentieren und ihn am Tag der offenen Tür präsentieren. Außerdem soll alles so beschrieben sein, dass die Schülerinnen und Schüler auch in Zukunft davon profitieren können. Manche aus dem Kurs interessiert, wie Roboter untereinander kommunizieren können. Andere wollen wissen, ob und welche Alltagsaufgaben Roboter ihnen abnehmen können.

2. Schritt: Rahmenbedingungen festlegen

Lege eine Gliederung fest (→ **Abb. 2**) und erstelle einen Zeitplan. Dann verschaffe dir einen Überblick: Welches Vorwissen hast du schon zu deinem Thema? Was interessiert dich besonders? Formuliere eine Forscherfrage und eine Pflichtaufgabe.

1 Bilder sollten aussagekräftig sein

3. Schritt: Materialien erstellen und sammeln

An einem Portfolio arbeitest du über einen längeren Zeitraum eigenverantwortlich und selbstständig. Du kannst es ganz individuell nach deinen eigenen Vorstellungen gestalten und für dich aussagekräftige Materialien sammeln (→ **Abb. 1**). Zur Dokumentation kannst du auch Berichte, Fragebögen oder Fotogeschichten nutzen. Mit einem QR-Code ist es sogar möglich, kleine Erklärfilme einzufügen. Damit du den Überblick behältst, solltest du deine Materialien chronologisch oder thematisch sortiert ablegen.

> *TIPP*
> *Gestalte dein Portfolio kreativ und anschaulich. Achte darauf, dass es lesefreundlich ist. Sorge für Abwechslung. Achte auch auf Aktualität und zuverlässige Quellen.*

4. Schritt: Sortieren, gestalten und auswerten

Was hast du gelernt? Was ist für dich wichtig? Was wäre für Besucherinnen und Besucher des „Tags der offenen Tür“ von Interesse? Welche persönlichen Erfahrungen hast du gemacht? Sortiere deine Ergebnisse und werte sie aus. Welche Ziele, Bewertungen und Konsequenzen kannst du präsentieren? Achte auf eine saubere und einheitliche Form und vergiss die Seitenzahlen nicht. Zum Schluss fasse alles in einem kleinen persönlichen Fazit zusammen.

5. Schritt: Präsentation und Reflexion

Durch die Präsentationen habt ihr viel erfahren. Tauscht euch aus (→ **Abb. 3**). Was ist euch beim Herstellen des Portfolios gut gelungen, was würdet ihr anders machen? Welche persönlichen Schlüsse zieht ihr aus den Inhalten eures Portfolios und denen eures Kurses?

- Titelblatt/Deckblatt/Inhaltsverzeichnis
- Vorwort (Was ist das Thema des Portfolios und wie lautet die Forscherfrage? Warum habe ich mich dafür entschieden? Welche Ziele möchte ich erreichen? Wie will ich meine Ziele erreichen?)
- Materialien zur Lösung der Pflicht- und Forscheraufgaben
- Informationen, Fotos, QR-Codes und Materialien zu den einzelnen Arbeitsschritten
- Reflexionsbögen und sonstige Materialien
- Fazit, Tipps
- Literaturverzeichnis

2 Eine mögliche Gliederung deines Portfolios

- Dein Portfolio ist ordentlich.
- Dein Portfolio ist vollständig.
- Deine Texte sind verständlich.
- Deine Themen sind interessant zu lesen.
- Die Leserin/der Leser fühlt sich angesprochen.
- Du hast sorgfältig reflektiert.
- ...

3 Kriterien für ein gelungenes Portfolio

4 Beurteilungsbogen für ein Portfolio

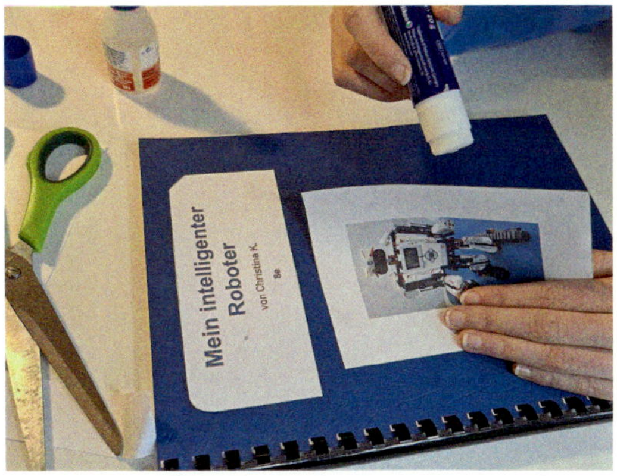

5 Christinas Portfolio

1. Schritt: Inhalte und Ziele festlegen
- Thema wählen
- Nutzen bzw. Ziel festlegen

↓

2. Schritt: Rahmenbedingungen festlegen
- Gliederung festlegen
- Zeitplan erstellen

↓

3. Schritt: Materialien erstellen und sammeln
- Informationen einholen
- Dokumentationsformen für das Portfolio festlegen (Fragebögen, Fotos, Berichte ...)

↓

4. Schritt: Sortieren, gestalten und auswerten
- Ergebnisse sortieren
- Erkenntnisse formulieren

↓

5. Schritt: Präsentation und Reflexion

6 Die wichtigsten Schritte zur Erstellung eines Portfolios

Aufgaben

1 Erläutert, wie ein Portfolio gegliedert sein kann.

2 a) Erkläre, was mit dem Begriff „Portfolio" gemeint ist.
MK b) Recherchiere im Internet, wofür der Begriff „Portfolio" noch verwendet wird.

3 Nenne weitere Kriterien für ein gelungenes Portfolio (→ **Abb. 3**).

4 Sammelt Fragen, die ihr beim Bau eines Roboters erforschen möchtet.

5 a) Stellt die Herstellung
MK eines Portfolios in einem Erklärvideo dar.
MK b) Erstellt einen QR-Code zu eurem Film.

MK Programmiersprachen

Damit ein Roboter weiß, was er tun soll, muss man es ihm „sagen“. Bei Robotern nennt man das programmieren. Ein Programm für einen Roboter zu erstellen, kann sehr einfach oder sehr komplex sein. Das ist abhängig davon, welche Aufgaben der Roboter lösen soll und wie viele Sensoren und Aktoren eingebaut sind. Erste kleine Programme kannst du aber einfach an einem Computer erstellen.

komplex
vielschichtig, viele Dinge beinhaltend

Verschiedene Programmiersprachen

Um 1970 entstanden die ersten Programmiersprachen für die neu entwickelten Computer. Eine der ältesten und die mit am weitesten verbreitete Programmiersprache ist C. **C** und auch **C++** (→ **Abb. 1**) werden auch heute noch verwendet. C-Programmierung ist allerdings für Anfänger kompliziert. Daher wird sie an Schulen kaum verwendet.
Pascal wurde in der Schweiz entwickelt und ist wie C eine der ältesten Programmiersprachen.
Java ist eine sehr moderne Programmiersprache, die hauptsächlich für Webanwendungen (z. B. Internetseiten, Onlineprogramme) verwendet wird.
Javascript hat ähnliche Funktionen wie Java und wird oft für die Programmierung von Apps genutzt. Die Programmiersprache ist im Vergleich zu Java nicht so vielseitig, dafür aber einfacher in der Handhabung. Für den Einstieg eignet sich **Basic** gut. Die Programmiersprache wird gerne als Anfängersprache bezeichnet.

Open-Source-Software
Software, bei der der Quelltext (innerer Aufbau) von jedem eingesehen und bearbeitet werden kann

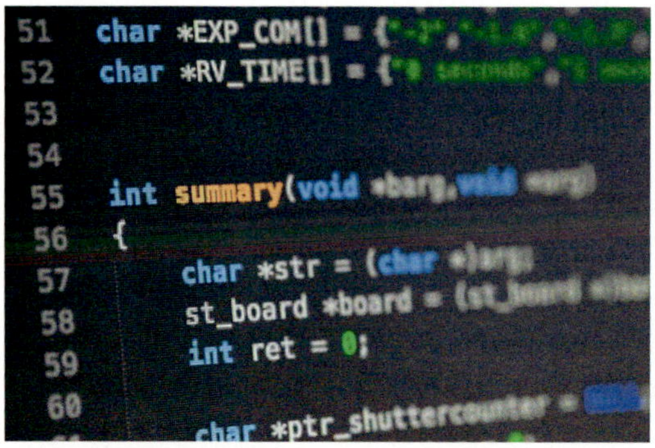

1 C++-Programmierung

Visuelle Programmiersprachen

Um die Programmierung zu vereinfachen, wurden Programme entwickelt, die aus verschiedenen grafischen Blöcken bestehen (→ **Abb. 2**). Diese Blöcke kann man wie ein Puzzle zusammenfügen. So hat man direkt eine Kontrolle, ob die Blöcke zusammenpassen oder nicht. Passen die Blöcke, dann funktioniert auch meistens das Programm. Im Hintergrund erzeugen visuelle Programmsprachen die passende textbasierte Programmiersprache (Quellcode), die man sich anzeigen lassen kann.

Scratch

Seit 2007 gibt es **Scratch** als visuelle Programmiersprache: Verschiedene Programmblöcke können kombiniert und auf der Benutzeroberfläche positioniert werden. Scratch wird weltweit für die Programmierung von Robotern im Hobby- und Bildungsbereich verwendet.

NEPO

Open Roberta Lab ist eine Plattform für die Programmiersprache **NEPO**. Sie wurde in Deutschland vom Fraunhofer Institut entwickelt und gemeinsam mit Universitäten optimiert. NEPO ist eine Open-Source-Software. Viele Mikrocontroller können damit programmiert werden.
Für erste Programmierübungen findet man bei NEPO auch Tutorials in verschiedenen Schwierigkeitsgraden. Zahlreiche Programme und Beispiele werden dort auch von der Community bereitgestellt.

2 Programmieren mit einem visuellen Programm

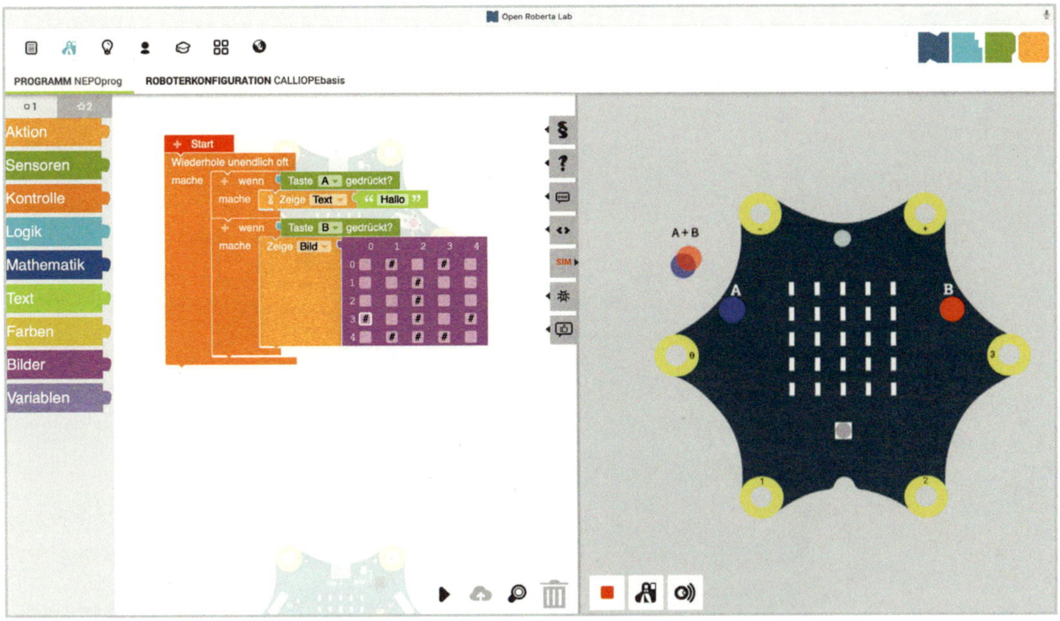

3 Die Benutzeroberfläche von NEPO mit einem einfachen Programm für den Calliope mini und einer Simulation

Die Programmblöcke von NEPO (→ **Abb. 3**):
Aktion: Was sollen Aktoren tun?
Sensoren: Welche Sensoren sollen verwendet werden?
Kontrolle: Welche Bedingungen müssen erfüllt sein, damit etwas passieren kann (z. B.: Wenn Taste A gedrückt wird, dann mache …)?
Logik: Welche Bedingungen müssen erfüllt werden und wie können sie logisch miteinander verknüpft werden?
Mathematik: In dieser Kategorie befinden sich mathematische Operatoren und Parameterblöcke.
Text: Welche Texte sollen auf dem Display angezeigt werden?
Farben: Welche der vorgegebenen Farben sollen auf der RGB-LED dargestellt werden?
Bilder: Sollen eigene oder vorgegebene Bilder erstellt, ausgewählt oder verändert werden?
Variablen: Hier können verschiedene Variablen definiert werden.

Merke

- **Programmiersprachen sagen Robotern, was sie tun sollen.**
- **Programmblöcke visueller Programmsprachen funktionieren wie ein Puzzle.**
- **Open-Source-Software kann von jedem weiterentwickelt werden.**

Aufgaben

1 Nenne drei verschiedene Programmiersprachen.

2 Beschreibe die Abbildung (→ **Abb. 1**). Was kannst du alles erkennen?

3 Erläutere, warum die Programmierung mit einer visuellen Programmiersprache einfacher ist als mit einer textbasierten Programmiersprache.

4 Öffne die Internetseite: https://lab.open-roberta.org
a) Klicke auf das Symbol mit dem Hut und bearbeite ein Tutorial.
b) Erstelle ein eigenes Programm: Nach dem Drücken eines Tasters soll eine kleine Melodie abgespielt werden.

Wortspeicher
- *der Programmblock*
- *die Programmiersprache*
- *die Open-Source-Software*

MK Trefferzähler herstellen und programmieren

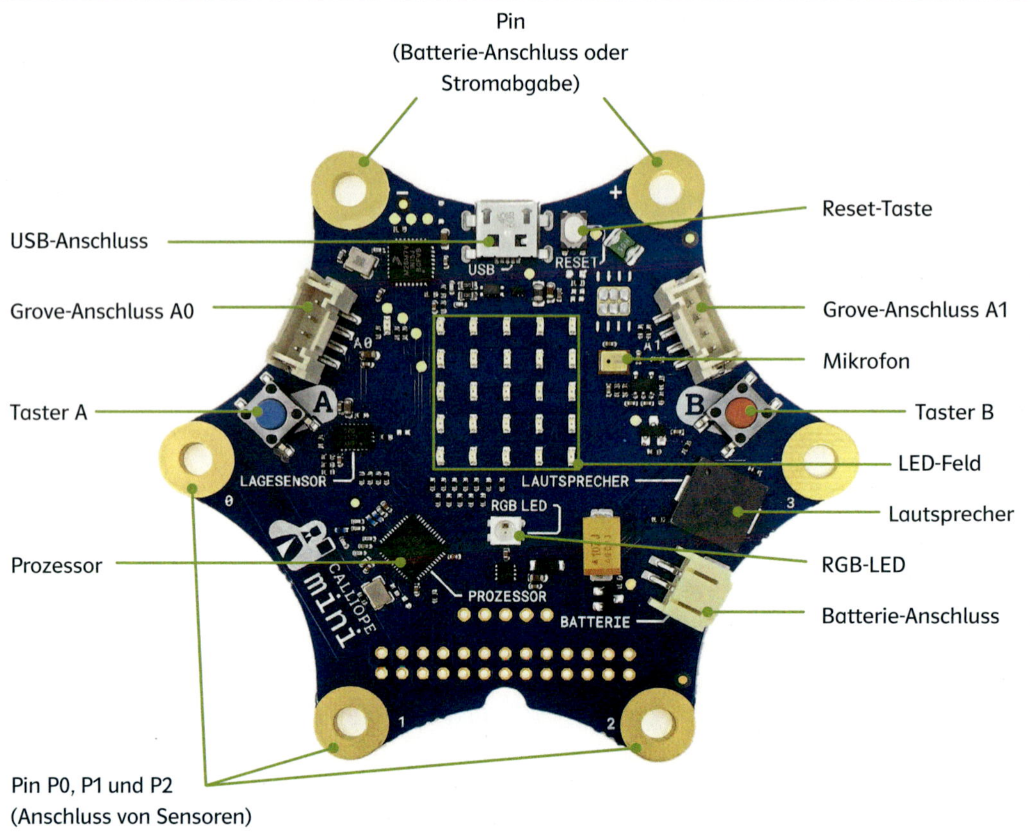

1 Aufbau eines Calliope mini

Ihr wollt einen Trefferzähler mithilfe des Calliope mini (→ **Abb. 1**) herstellen und programmieren. Der Trefferzähler soll die Form eines Basketballkorbs (→ **Abb. 2**) haben. Trifft man in den Korb, werden über den Calliope mini und einen ↗ Infrarotsensor die Punkte gezählt. Die Punkte werden als Ziffer auf dem LED-Raster angezeigt.

TIPP
Der Trefferzähler mit dem Calliope mini nutzt das Prinzip von Eingabe, Verarbeitung und Ausgabe (EVA-Prinzip).

Aufbau des Calliope mini

Der Calliope mini ist ein **Einplatinencomputer**. Er kann per USB-Kabel an einen PC angeschlossen werden.
Auf der Computerplatine befindet sich zwischen zwei programmierbaren Buttons und den Batterie- und USB-Anschlüssen ein LED-Feld. Dieses besteht aus 25 roten LEDs und einer zusätzlichen RBG-LED, die in verschiedenen Farben leuchten kann. Die LEDs können alle einzeln angesteuert werden. Das LED-Feld kann Wörter, Bilder und Zahlen darstellen.
Außerdem sind auf der Platine mehrere Sensoren eingebaut.

2 Trefferzähler

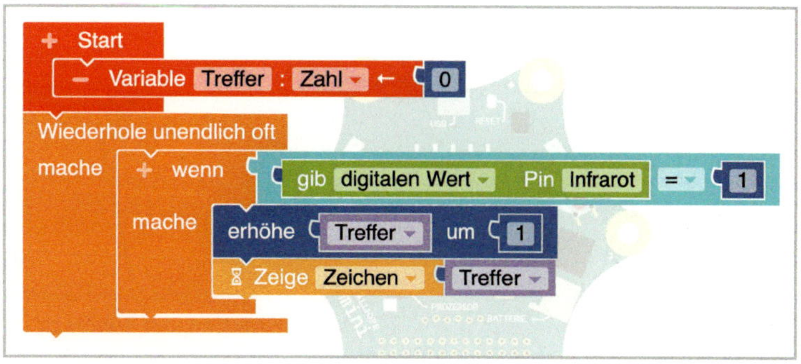

3 Programmbeispiel für den Trefferzähler

Ein Trefferzähler

Du benötigst:

- Platte aus Holz oder Kunststoff
- eventuell Acryllack, Gewebeband
- Draht zum Biegen des Korbrings, Material für das Korbnetz (z. B. Reste von einem Obstnetz, Wolle zum Häkeln eines Netzes) oder Ausdruck des Korbs aus dem 3D-Drucker (→ **Abb. 2**)
- Calliope mini
- Infrarotsensor

So gehst du vor:

- Fertige dein Basketballbrett an.
- Miss die Größe der Aussparung für die LED-Anzeige und säge sie aus.
- Stelle den Basketballkorb her. Denke daran, dass du die Befestigung am Brett mit berücksichtigen musst.
- Befestige den Infrarotsensor. Berücksichtige auch die Kabelführung und einen Platz für den Calliope mini auf der Rückseite des Bretts.

Trefferzähler programmieren

Erstelle den Programmcode für den Trefferzähler (→ **Abb. 3**) und speichere ihn auf deinem Calliope mini. Befestige den Calliope mini und schließe ihn an.
Teste den Trefferzähler und behebe eventuelle Fehler (debugge) wenn nötig.

Merke

- **Der Calliope mini ist ein Einplatinencomputer.**
- **Der Calliope mini hat zahlreiche Anschlussstellen für Sensoren und Aktoren.**
- **Der Trefferzähler funktioniert nach dem EVA-Prinzip.**

Aufgaben

1 a) Stelle deinen Trefferzähler in einer Skizze dar.
b) Untersucht eure Skizzen im Hinblick auf mögliche Fehlerquellen.

2 Erläutere das EVA-Prinzip anhand des Trefferzählers.

3 Ein Trefferzähler kann auch mit anderen Sensoren gebaut werden. Entwickelt Ideen und begründet die Wahl eures Sensors.

Wortspeicher
- *die Anschlussstelle*
- *der Einplatinencomputer*

○1 ◒2 ●3

Auf einen Blick

Roboter

Eingabe – Verarbeitung – Ausgabe
- EVA-Prinzip
- Sensoren
- Aktoren
- Mikrocontroller
- Einplatinencomputer
- Programmiersprache

Funktion von Robotern
- elektrische Antriebe
- hydraulische Antriebe
- Energieversorgung

Roboterarten
- ortsgebundene Roboter
- ortsungebundene Roboter
- Einsatzbereiche

1 Diese Begriffe solltest du kennen

Wiederholen

2 EVA-Prinzip?

1 S. 74/75
Beschreibe das **EVA-Prinzip** (→ **Abb. 2**). Welches Teil übernimmt welche Funktion?

2 S. 74/75
Nenne drei **Sensoren**.

3 S. 76/77
Beschreibe eine **Antriebsart** von Robotern.

4 S. 76/77
Analysiere die Grafik (→ **Abb. 3**) zu den **Einsatzbereichen von Robotern**.

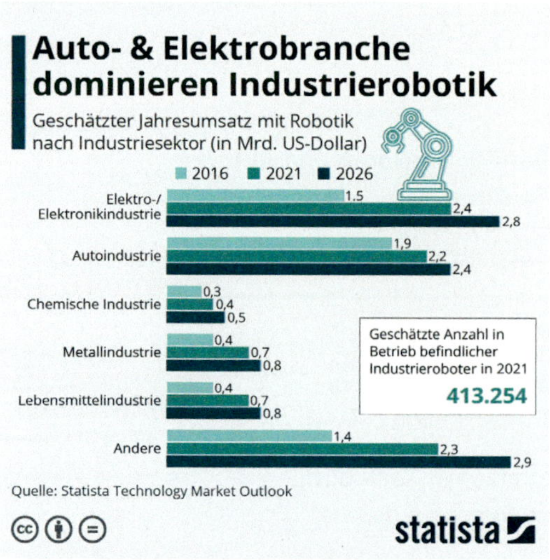

3 Einsatzbereiche von Robotern

4 Roboter

5 S.76/77

a) Nenne die unterschiedlichen Arten der Fortbewegung der abgebildeten Roboter (→ **Abb. 4**).

b) Nenne die Roboterart, zu der sie gehören.

> [...] Pazzi, der Pizza-Roboter, bereitet bis zu 80 Pizzen pro Stunde vor und serviert sie anschließend – ohne, dass ein Mensch eingreifen muss. Der Prozess ist einfach und transparent: Der Kunde bestellt an einem automatischen Schalter. Dann rollen die Gelenkarme des Roboters den Teig aus, tragen die Sauce auf, fügen die Zutaten aus biologischem Anbau hinzu und schieben die Pizza in den Ofen. Abgeholt wird die Pizza dann per QR-Code. [...]
> „Jedes Mal, wenn ich dorthin gehe, werde ich von den Kellnern gegrüßt. Für mich ist es nicht wichtig, dass die Pizza in der Küche von einem Roboter gemacht wird. Denn der italienische Kellner gibt mir das Gefühl, dass ich in Italien im Urlaub bin, und das Gefühl wird nicht verschwinden."
> [...]

5 Zeitungsartikel

6 S.78/79

Erläutere, wie der Einsatz von Robotern die Arbeitswelt verändert (→ **Abb. 5**).

7 S.82/83

a) Erkläre, was eine **visuelle Programmiersprache** ist.

b) Warum wurden visuelle Programmiersprachen entwickelt? Erläutere.

8 S.84/85

Welche Aussagen über den **Calliope mini** sind wahr und welche falsch? Stelle die falschen Aussagen richtig dar.

- Mit der Calliope-App lässt sich der Calliope mini mit einem Smartphone oder einem Tablet programmieren.
- Der Calliope mini benutzt als Programmiersprache C++.
- Der Calliope mini ist ein Einplatinencomputer.
- Gesteuert wird der Calliope mini mithilfe des Make-Code-Editors.
- „Debuggen" ist ein anderes Wort für programmieren.

9 S.82–85

Beschreibe die folgenden Programme. Begründe, ob diese Programme funktionieren oder nicht. Was müsstest du ändern, damit sie funktionieren.

a)

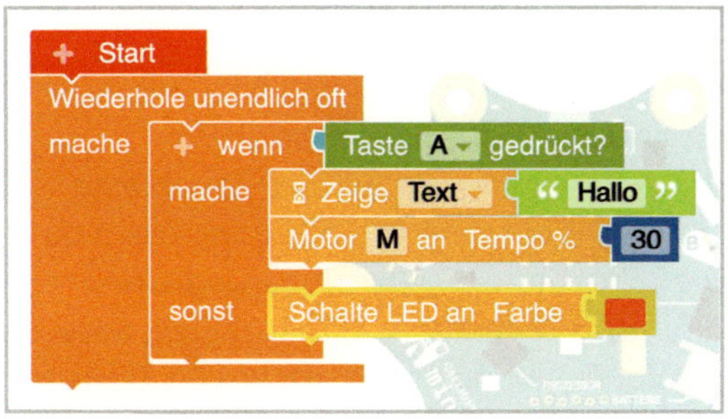

b)

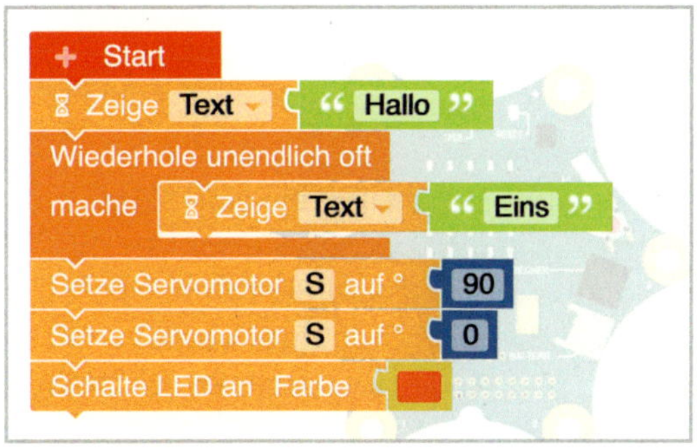

c)

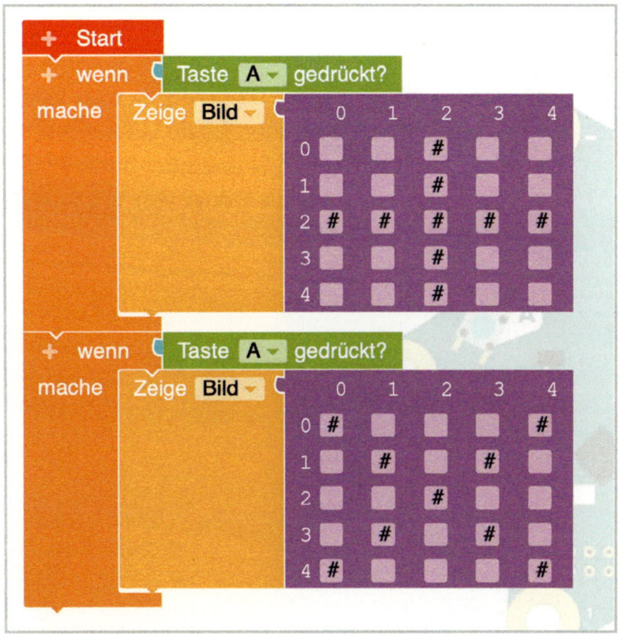

MK Zahnbürstentimer und Parkhausschranke

der Pin
Anschlussstelle am Mikrocontroller für Sensoren und Aktoren

Hast du schon einmal darüber nachgedacht, wie eine Parkhausschranke funktioniert oder wann drei Minuten beim Zähneputzen vorbei sind? Mit einem Mikrocontroller kannst du diese Probleme lösen.

Einen Zahnbürstentimer bauen

Baue eine Halterung für eine Zahnbürste (→ **Abb. 1**) mit dem Calliope mini. Wenn du die Zahnbürste aus der Halterung entnimmst, soll eine rote LED anzeigen, dass die Zahnbürste entnommen wurde. Die rote LED soll für 180 Sekunden leuchten. Danach soll eine grüne LED angehen. Sobald die Zahnbürste zurückgelegt wurde, sollen beide LEDs aus sein.

So gehst du vor:
- Plane dein Modell. Fertige eine Skizze an. Nenne einen möglichen Sensor, der das Signal erzeugt, sobald die Zahnbürste aus der Halterung entnommen wurde.
- Baue dein Modell und schließe den Mikrocontroller an.

Zahnbürstentimer programmieren
Schreibe die Schritte auf, die das Programm ausführen soll (Bedingungen wie „wenn – dann“). Zum Beispiel: Wenn der Sensor kein Signal gibt, dann stehen beide LEDs auf 0. Wenn der Sensor ein Signal gibt, dann schaltet die rote LED für die Dauer von 180 Sekunden auf 1.

Programmblöcke für den Timer
Verwende für die Programmierung die Programmblöcke Aktion, Sensoren und Kontrolle. Denke daran, dass du die beiden LEDs in der Roboterkonfiguration eingeben musst. Schließe sie an Pin 0 und Pin 1 an.
Mit der Zeitschleife kannst du die Zeit bestimmen, bis der nächste Programmschritt durchgeführt wird (→ **Abb 2**).

Parkhausschranke mit Servomotor

Plane und konstruiere ein Modell einer Parkhausschranke mit dem Calliope mini (→ **Abb. 3**). Nutze einen Taster als Sensor, einen Servomotor (Aktor) und eine grüne und eine rote LED als Aktoren.

Servomotor anschließen und programmieren
Die Schranke wird von dem Servomotor angetrieben. Er kann so gesteuert werden, dass er sich genau um 90° dreht und so die Schranke öffnet oder schließt. Der Servomotor hat drei Kabel, die an den Calliope mini angeschlossen werden müssen (→ **Abb. 3**):
- Schwarzes oder braunes Kabel wird an die Masse (–) der externen Spannungsquelle angeschlossen.
- Rotes Kabel wird an eine externe Spannungsquelle, die 4,5 V liefert, Plus (+) angeschlossen.
- Gelbes Steuerkabel wird an Pin für Ausgangssignale geklemmt, im Beispiel (→ **Abb. 4**) Pin 2.

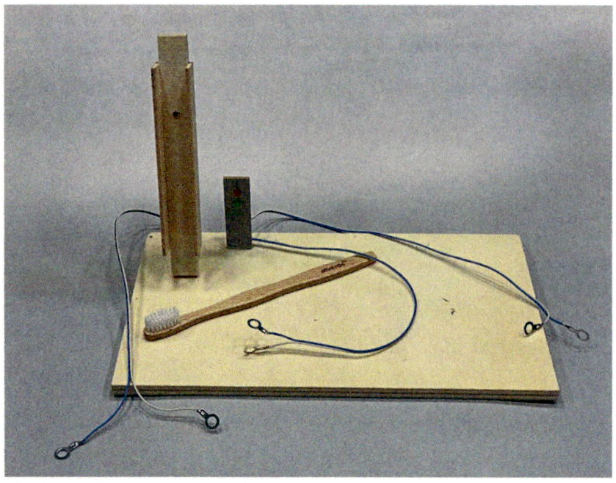

1 Zahnbürstentimer (Modell)

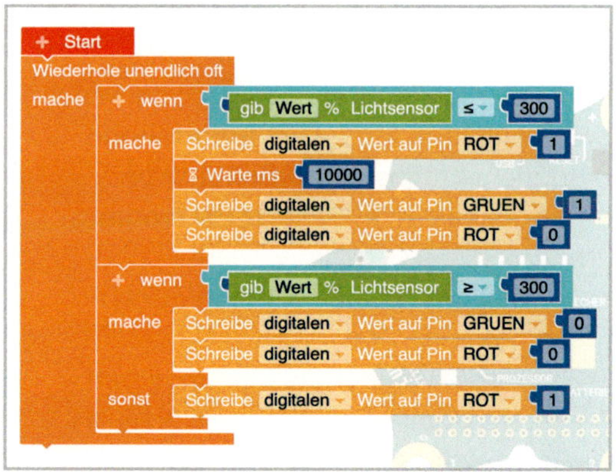

2 Mögliches Programm für den Zahnbürstentimer

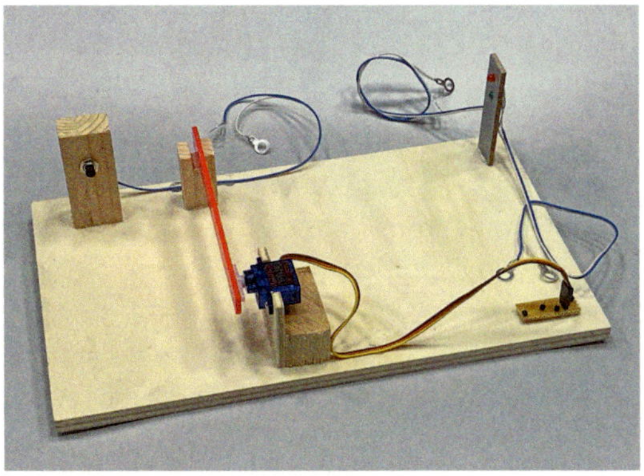

3 Parkhausschranke (Modell)

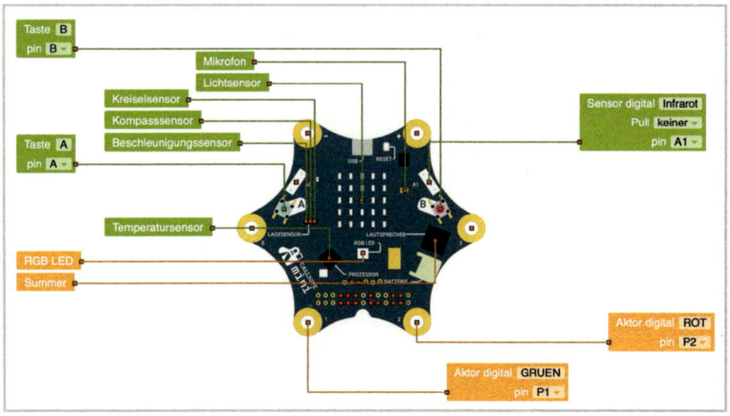

4 Roboterkonfiguration im Programm NEPO

Programmblöcke und Roboterkonfiguration
Lege den Servomotor in der Roboterkonfiguration auf Pin 2. Den Taster auf Pin 3, die LED rot auf Pin 0 und die LED grün auf Pin 1 (→ **Abb. 4**).
Erstelle nun das Programm mit den gewünschten Bedingungen. Verwende die Programmblöcke Aktion, Sensoren, Kontrolle.

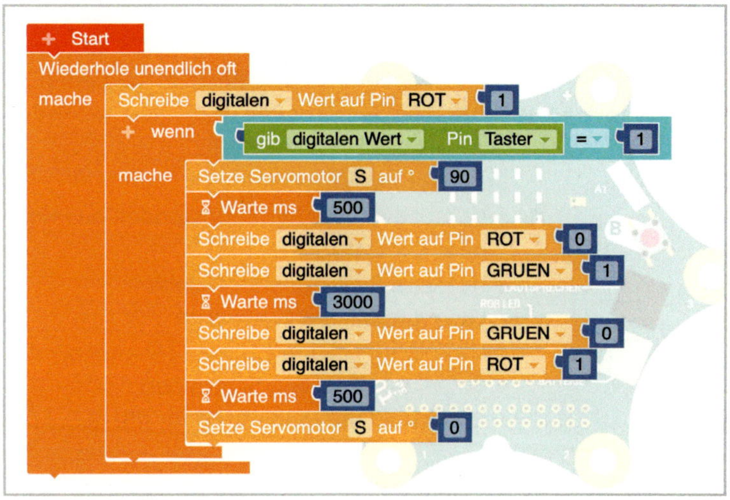

5 Beispielprogramm für die Parkhausschranke

Merke

- Bei der Programmierung kannst du beliebige Zeitspannen eingeben.
- In der Roboterkonfiguration kannst du selbst festlegen, welche Pins du benutzt.
- Einen Servomotor kannst du auf genaue Winkeldrehungen programmieren.

Aufgaben

1 Nenne mögliche Sensoren für den Zahnbürstentimer (→ **Abb. 1**).

2 a) Konstruiere ein Modell für den Zahnbürstentimer.
b) Entwickle ein eigenes Programm dafür.

3 Erläutere den Vorteil eines Servomotors für die Schranke beim Parkhaus.

4 a) Schließe einen Servomotor an einen Mikrocontroller an.
b) Programmiere ihn so, dass er sich um 45°, 90°, 180° und 360° dreht.

5 Konstruiere ein Modell einer Parkhausschranke. Nutze einen Taster als Sensor, einen Servomotor und eine grüne und eine rote LED als Aktoren.
Programmiere dein Modell so, dass folgende Bedingungen erfüllt werden:

- Zu Beginn ist die Schranke zu, die rote LED leuchtet.
- Wenn der Taster gedrückt wird, geht die Schranke nach 2 Sekunden auf.
- Sobald die Schranke ganz geöffnet ist, erlischt die rote LED, die grüne LED geht an.
- Nach 10 Sekunden erlischt die grüne LED, die rote geht an.
- Nach zwei weiteren Sekunden schließt sich die Schranke.

MK Tageslichtabhängige Beleuchtung

Das Außenlicht bei einem Wohnhaus ist ständig an, weil die Bewohnerinnen und Bewohner vergessen es auszuschalten, wenn sie morgens zur Arbeit gehen. Um Energie zu sparen, möchten sie die Beleuchtung so steuern, dass sie sich automatisch abschaltet, wenn das Tageslicht hell genug ist.

Problemstellung

Es soll zukünftig nur noch möglich sein, die Lampe anzuschalten wenn es draußen dunkel ist. Wenn es hell ist, soll die Lampe automatisch ausgeschaltet werden. Die Lampe soll unabhängig davon nach 30 Sekunden selbstständig ausgehen.

Du benötigst:
- Bauteile für das Funktionsmodell aus Holz oder Kunststoff
- Holzleim oder Kunststoffkleber
- Litze (am besten zweiadrig)
- Lötkolben, Lötzinn
- Kabelösen, Stecker, Schrauben
- LED (weiß),Vorwiderstand für die LED, LDR, Taster
- Mikrocontroller, PC/Laptop
- Übertragungskabel
- Werkzeuge nach Bedarf
- Zeichenmaterial

1 Das Modell in Funktion

So gehst du vor:
- Fertige eine Skizze von deinem Modell an (z. B. Steh-, Wandlampe). Die Skizze hilft dir bei der Planung der Maße.
- Fertige eine Stückliste und einen Arbeitsplan an. Denke an Bohrungen und einen Plan, wie die Kabel verlegt werden sollen. Eine Halterung oder einen Rahmen für den Mikrocontroller solltest du auch einplanen.
- Beginne mit dem Bau deines Modells.

TIPP
Achte dabei darauf, dass du die einzelnen Teile fertig bearbeitest, bevor du sie zusammenfügst (schleifen, feilen, bohren). Füge die Teile dann zusammen und lasse dein Modell so lange stehen, bis die Klebstoffe ausgehärtet sind.

- Löte die Kabel an die Bauteile. Befestige sie an deinem Modell.

TIPP
Beim Calliope mini kannst du Kabelösen verwenden und diese dann an die Außenkontakte schrauben. Andere Mikrocontroller benötigen spezielle Steckkabel.

- Montiere die Kabel an den Mikrocontroller.

TIPP
Achte darauf, dass die Kabel die richtige Länge haben.

Anschließen an den Mikrocontroller

Für jeden Mikrocontroller benötigst du den Pin-Belegungsplan. Diesen findest du im Internet oder in der Bedienungsanleitung für deinen Mikrocontroller (→ **Abb. 2**). Achte auf die Polung der Bauteile und die Bezeichnungen der Eingänge und Ausgänge am Mikrocontroller. Diese Informationen benötigst du später für die Programmierung. Den LDR und den Taster musst du als Sensor anschließen, die LED ist der Aktor.

2 Anschließen der Bauteile an den Mikrocontroller (Calliope mini)

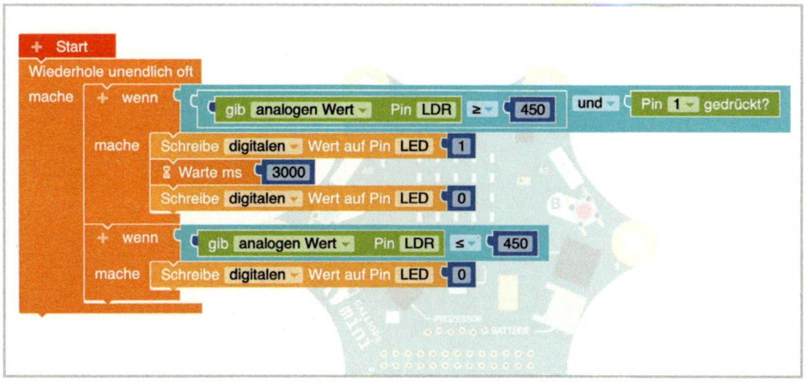

5 Das fertige Programm

- 0: kein Signal (LED aus)
- 1: ein Signal (LED an)
- Schleife – Wiederhole unendlich oft, damit das Programm durchgängig läuft

3 Die Befehle für die Beleuchtung

- Wenn das Signal des LDR sagt, dass es zu hell ist, dann ist das Signal für die LED 0.
- Wenn der LDR „hell" sagt und die LED auf 1 ist, dann ist das Signal für die LED auf 0.
- Wenn das LDR-Signal bedeutet, es ist dunkel, und der Taster gibt das Signal 1, dann schalte das Signal für die LED auf 1.
- Zeitschleife: nach 30 Sekunden schalte LED auf 0.

4 Bedingungen

Beleuchtung programmieren

Öffne die Plattform „Open Roberta Lab". Wähle das System, das du benutzt. Klicke auf die Roboterkonfiguration und trage die Sensoren und Aktoren an die verschiedenen Pins ein. Gehe auf die Programmierung und erstelle das Programm (→ **Abb. 5**). Übertrage das Programm an den Mikrocontroller und teste es. Den Wert für den LDR musst du vielleicht erhöhen oder niedriger eingeben, je nach Umgebungslicht und LDR.

TIPP
Beachte, dass die Pin-Belegung je nach Mikrocontroller unterschiedlich ist. Das musst du in der Roboterkonfiguration berücksichtigen.

Merke

- **Mit einem Mikrocontroller kannst du einfach verschiedene Steuerungen programmieren.**
- **Einfache Funktionsmodelle kannst du selbst herstellen.**
- **Die Pin-Belegungen musst du dir für Programmierungen aufschreiben.**

Aufgaben

1 Nenne die verschiedenen Sensoren und Aktoren, die hier verwendet werden.

2 Erläutere die Befehle (→ **Abb. 3**) und Bedingungen (→ **Abb. 4**).

3 Konstruiere das Funktionsmodell (→ **Abb. 1**) einer tageslichtabhängigen Beleuchtung. Verwende dazu einen LDR, einen Taster und eine LED. Die Steuerung des Modells soll mit einem Mikrocontroller realisiert werden.

4 a) Stelle ein eigenes Modell für die Beleuchtungsanlage in einer Skizze dar.
b) Entwickle einen Arbeitsplan.

5 Entwickle ein eigenes Programm mit deinem Mikrocontroller für eine automatische Beleuchtung.

○1 ◒2–4 ●5

MK Einer wird gewinnen

1 Roboter gesucht!!!

Du hast schon lange Lust, einen eigenen Roboter zu konstruieren und zu bauen. Hier ist deine Gelegenheit!

Die Ausschreibung

Herzlich willkommen! Bei diesem spannenden Wettbewerb habt ihr die Möglichkeit, im Team einen tollen Roboter zu konstruieren. Die wichtigsten Informationen zum Wettbewerb:

- Euer Roboter soll …
  1. einer schwarzen Linie folgen,
  2. einen Gegenstand greifen und an einen angegebenen Ort befördern,
  3. einem Hindernis ausweichen,
  4. ohne Fernbedienung und ohne Netzstrom auskommen (Stromversorgung und das Steuerprogramm müssen am Roboter befestigt sein).
- Ihr könnt gemeinsam überlegen, ob der Parcours auf Zeit oder innerhalb einer vorgegebenen Zeit absolviert werden soll.
- Ein Team besteht aus 2 bis 4 Personen. Die Konstruktion und Programmierung des Roboters dürfen nur vom Team selbst vorgenommen werden.
- Dokumentiert den Entwicklungsprozess des Roboters (Entwurf, Programmierung, technische Daten, ein Foto des fertigen Roboters …).

Der Parcours

- Legt die Größe des Parcours fest.
- Die zu verfolgende Linie ist 20 mm breit und führt ohne Unterbrechungen in Kurven über den Parcours.
- Am Ende der Linie steht ein Gegenstand auf einem 15 cm hohen Podest mit einem Durchmesser von 20 cm. Darauf steht ein 500 g schwerer Gegenstand.
- Der Gegenstand muss von dem Podest auf eine eingezeichnete Fläche auf dem Parcours befördert werden und darf dabei nicht umfallen.

Für euren Parcours braucht ihr:

- 4 Dachlatten, Länge je nach Größe des Parcours
- glatte, weiße Grundfläche (z. B. PVC oder Linoleum) je nach Größe des Parcours
- 2 mm breites Klebeband (z. B. Gewebeband) für die Linie
- Schrauben für den Zusammenbau der äußeren Begrenzung

2 Wer bekommt die meisten Punkte?

3 Möglicher Aufbau des Roboters

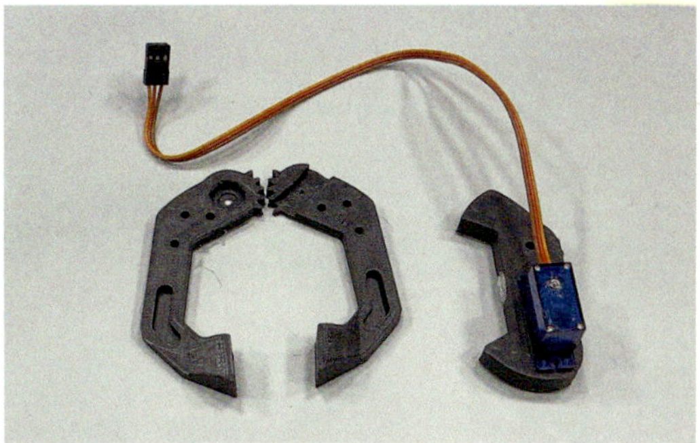

5 Greifarm für ein Roboterfahrzeug

Euer Roboter

Ihr benötigt:

- 3 Servomotoren
- 2 Räder für die Servomotoren
- 1 freilaufendes Rad
- Holz oder Kunststoffplatten für die Karosserie des Fahrzeugs
- Mikrocontroller mit Batterie
- Reflexionssensor
- Ultraschallsensor
- weitere Sensoren je nach Wunsch

4 Grove-Anschlüsse und passende Kabel

So geht ihr vor:

- Konstruiere aus dem Holz oder Kunststoff ein Fahrzeug. Du musst den Mikrocontroller mit Batterie, die Sensoren und die Servomotoren daran befestigen können (→ **Abb. 3**).
- Schließe die Sensoren und Aktoren an den Mikrocontroller. Für den Anschluss der Sensoren und Aktoren benötigst du spezielle Kabel und Schnittstellen. Das ist abhängig vom verwendeten Mikrocontroller (→ **Abb. 4**).
- Für den Greifer kannst du den dritten Servomotor verwenden und mithilfe eines Getriebes oder eines Gestänges einen Greifarm konstruieren, um einen Gegenstand festzuhalten (→ **Abb. 5**).
- Erstelle das Programm. Teste, ob es funktioniert.

Merke

- **Bei Roboter-Wettbewerben müssen verschiedene Parcours bewältigt werden.**
- **Du kannst Roboter konstruieren, die Linien folgen können.**

Aufgaben

1 Nenne mögliche Aufgaben bei einem Roboter-Wettbewerb.

2 a) Recherchiert im Internet nach passenden Sensoren für euren Roboter.

b) Stellt den Belegungsplan für euren Roboter in einer Skizze dar.

3 a) Konstruiert und baut einen Roboter, der die Aufgaben aus dem Wettbewerb lösen kann.

b) Entwickelt ein Programm für euren Roboter und optimiert es solange, bis es einwandfrei funktioniert.

4 Organisiert einen Wettbewerb.

○1 ◐2 ●3, 4

4

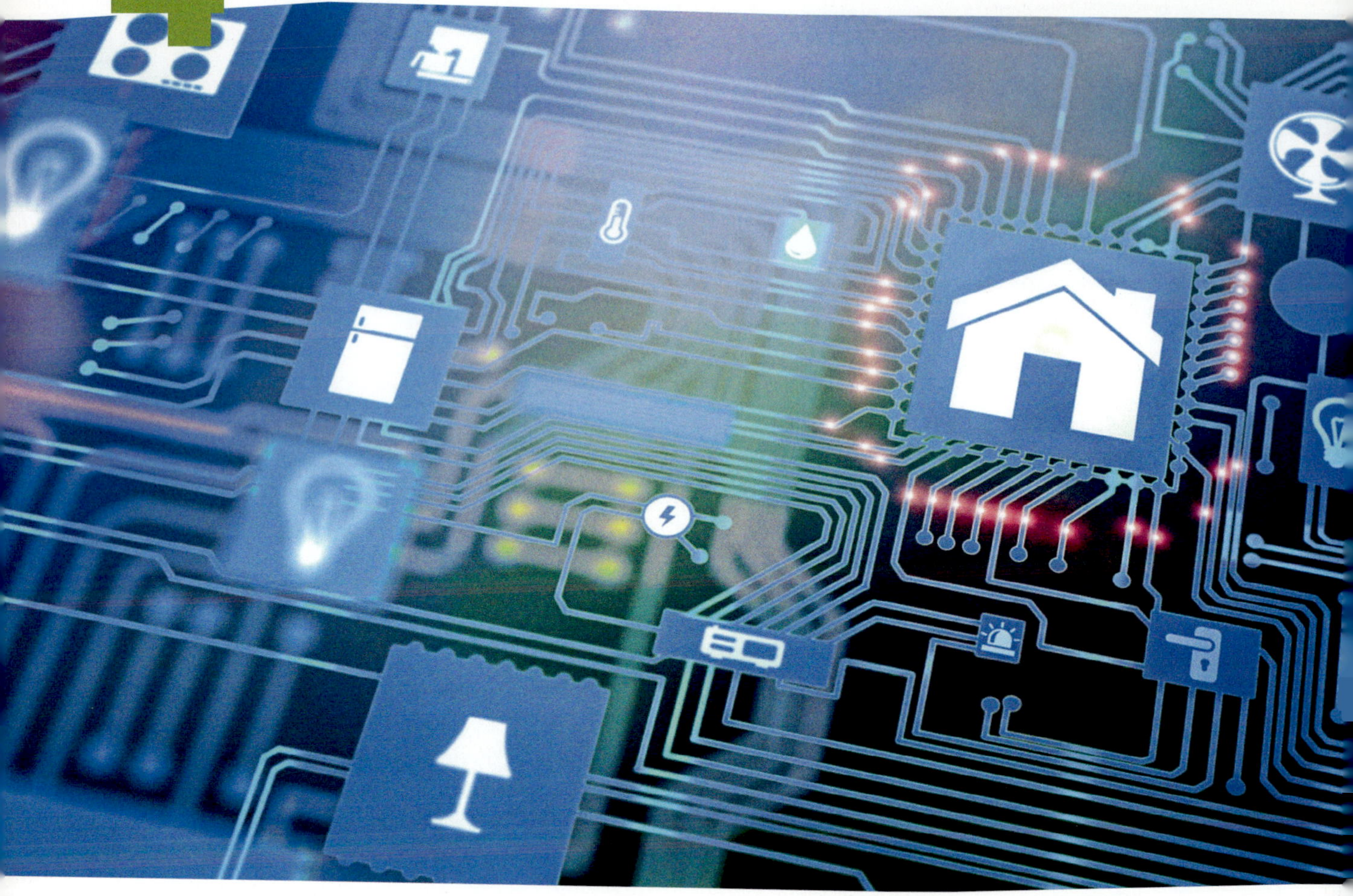

Gebäude effektiv betreiben

Du hast jederzeit Strom, warmes Wasser und eine Heizung zur Verfügung? Klar! Doch hast du dich schon einmal gefragt, mit welcher Art Energie bei dir Zuhause Strom, Warmwasser und Wärme erzeugt werden? Energie kann zum Beispiel auch zentral bei dir zu Hause in Wärme und Strom umgewandelt werden. Mit einer Fotovoltaikanlage beispielsweise wirst du dein eigener Stromlieferant. Doch moderne neue Techniken können noch mehr. Baumaterialien können Teil der zirkulären Wertschöpfung und Gebäude immer smarter werden. Alles im Zeichen der Nachhaltigkeit?

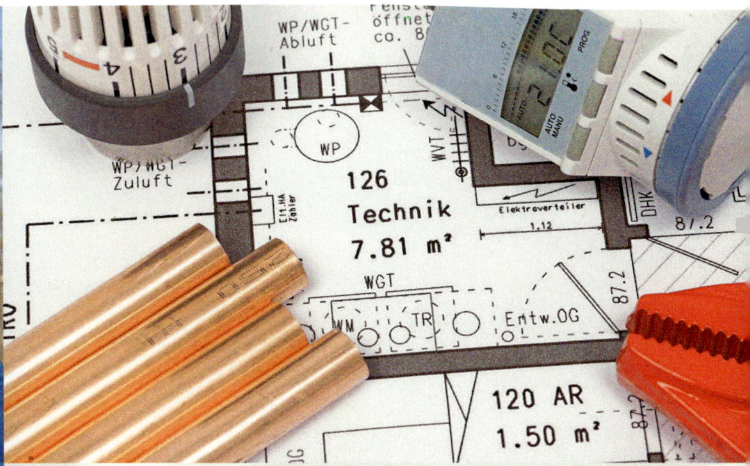

Ich werde ...

- verstehen, wie erneuerbare Energien genutzt werden können.
- lernen, wie Primärenergie in Sekundärenergie umgewandelt wird.
- kennenlernen, wie ein Passivhaus funktioniert.
- technische Systeme zur Hausautomatisierung beschreiben können.
- Berufe rund um das Gewerk „Gebäudetechnik“ kennenlernen.

Wusstest du, dass ...

- ein Smarthome gegen Einbruch schützen kann?
- Solaranlagen und Fotovoltaikanlagen nicht das Gleiche sind?
- Bauabfälle 60 % des weltweiten Abfallaufkommens ausmachen?
- ca. 50 % des Energieverbrauchs in privaten Haushalten durchs Heizen entstehen?
- der FI-Schalter dich vor tödlichen elektrischen Schlägen schützt?

NE Regenerative Energieträger

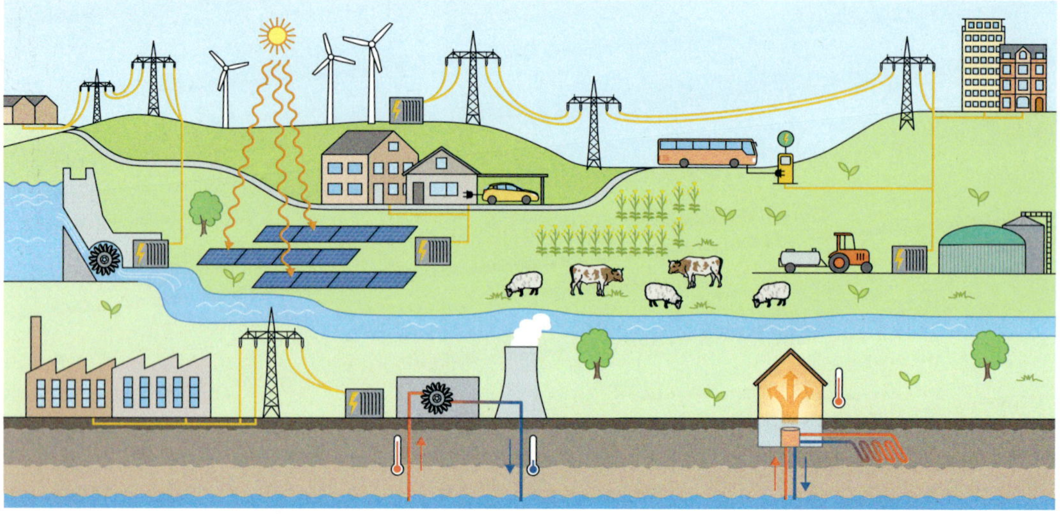

1 Erneuerbare Energien – Energieversorgung der Zukunft

Regenerative Energieträger sind zeitlich unbegrenzte oder immer wieder zur Verfügung stehende Energievorkommen. Zu ihnen zählen Wasserkraft, Solar- und Windenergie, Biomasse sowie Geothermie (Erdwärme). Sie sind **Primärenergien**, die durch technische Verfahren in **Sekundärenergien** (z. B. Strom) umgewandelt werden müssen. Da sie nicht ununterbrochen und überall zur Verfügung stehen, müssen sie meist kosten- und arbeitsintensiv transportiert werden. Allerdings fehlt es noch an Möglichkeiten der Speicherung und einem ausgebauten Netz an Übertragungsleitungen.

onshore
an Land

offshore
auf dem Wasser

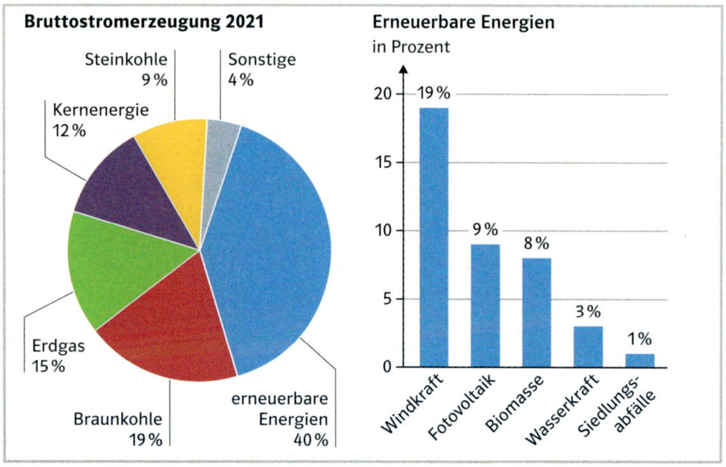

2 Stromerzeugung in Deutschland

Solarenergie

Solarenergie kann durch zwei Verfahren gewonnen werden:

- **Solarthermie:** Bei der Wärmeerzeugung wird mit Solarkollektoren, in denen Flüssigkeit zirkuliert, Wärme zum Heizen und zur Warmwasserbereitung gewonnen.
- **Fotovoltaik:** Fotovoltaikmodule (z. B. auf dem Hausdach) wandeln die Strahlungsenergie des Sonnenlichts in elektrische Energie um.

Solarthermische Kraftwerke arbeiten mit Parabolspiegeln. Sie bündeln die Hitze der Sonnenstrahlen. Diese Hitze treibt einen Generator an, mit dem letztlich der Strom erzeugt wird. Noch ist diese Stromerzeugung tages-, jahres- und witterungsabhängig. Auch ist die Herstellung der Solarmodule teuer und nicht gerade umweltschonend.

Windenergie

Windenergie kann onshore und offshore gewonnen werden. Dazu fängt ein Rotor den Wind ein und beginnt sich zu drehen. Durch die Drehbewegung wandelt der Generator die mechanische Energie in elektrische Energie (Strom) um. Eine Spargel-Windkraftanlage kommt ganz ohne Rotorblätter aus. Die Kosten für die Errichtung eines Offshore-Windparks sind nur bis zu einer Wassertiefe von 50 m wirtschaftlich. Um mehr Standorte erschließen zu können, beschäftigen sich Ingenieurinnen und Ingenieure mit der Entwicklung schwimmender Windkrafträder. Umweltverbände warnen davor, dass Offshore-Windparks das maritime Ökosystem gefährden. Der Bau von Windkrafträdern ist auch sehr kostspielig. Zudem ist Windenergie abhängig von der Windstärke und bisher nicht speicherbar.

Wasserkraft

Bei der Nutzung von Wasserkraft wird Bewegungsenergie (Wasserströmung) durch Turbinenräder in nutzbare Energie umgewandelt. **Laufwasserkraftwerke** werden an Flüssen aufgebaut, um Energie aus langsam fließendem Wasser aufzunehmen. **Wellenkraftwerke** hingegen nutzen die Kraft der Wellen, um Strom zu erzeugen. Kraftwerke, die durch Ebbe und Flut betrieben werden, heißen **Gezeitenkraftwerke**. Auch das Wasser in Stauseen kann genutzt werden. Bei Bedarf wir das Wasser in sogenannten **Speicherkraftwerken** über Rohre in das Maschinenhaus gepumpt und treibt so Turbinen an, die über den Generator Strom erzeugen.

Erdwärme

Erdwärme ist unabhängig von Tages- und Jahreszeiten. Allerdings lässt sich natürliche Erdwärme nur an wenigen Orten gewinnen. Erdwärme kann zur Kühlung, für Strom und zum Heizen genutzt werden.
Die Industrie gewinnt Wärme und Strom mithilfe von geothermische Kraftwerken. Diese fördern heißes Wasser aus einem kilometertiefen Wasserreservoir an die Oberfläche. Privathaushalte nutzen Wärmepumpen ähnlich. Allerdings wird hier ein Kühlmittel durch Rohre im Erdreich gepumpt. Das Kühlmittel nimmt die Umweltwärme (Wärme der Erde) auf und gibt sie an das Heizsystem ab.

das Reservoir
großes Becken oder großer Behälter zum Speichern von Wasser und anderen Flüssigkeiten

Biomasse

Biomasse kann aus pflanzlichen Rohstoffen (z. B. Holz, Raps) bestehen. Auch organische Abfälle (z. B. Mist, Laub) zählen zur Biomasse. In einer Biogasanlage wird die Biomasse vergärt und bildet unter Wärmezufuhr Biogas. Aus dem Biogas werden in einem Heizkraftwerk Strom und Wärme erzeugt. Zur Produktion von Raps oder Holz wird jedoch wertvoller Ackerboden genutzt.

Merke

- **Regenerative Energien sind Wasserkraft, Solar- und Windenergie, Biomasse, Geothermie.**
- **Regenerative Energie wird zur Kühlung und zur Erzeugung von Wärme und Strom genutzt.**
- **Das Nutzen von regenerativen Energien ist nicht kritikfrei.**

Aufgaben

1 Nenne verschiedene regenerative Energieträger.

2 Erläutert die Begriffe Primär- und Sekundärenergie.

3 Beschreibt zwei Arten der Energiegewinnung durch regenerative Energieträger (→ **Abb. 1**).

4 Analysiert die Grafik (→ **Abb. 2**).

5 MK a) Entwickelt zu einer der erneuerbaren Energien eine digitale Präsentation.
MK b) Stellt eure Präsentationen vor.

6 „Erneuerbare Energien sind nicht nachhaltig." Diskutiert die Aussage.

Wortspeicher
- *die Biomasse*
- *die Geothermie*
- *die Solarenergie*
- *die Wasserkraft*
- *die Windenergie*

NE Zirkuläre Wertschöpfung

Viele Ressourcen sind nicht unbegrenzt verfügbar, werden immer teurer und es muss auch noch der europäische ↗ Green Deal umgesetzt werden. Das erfordert ein Umdenken der Wirtschaft und der Gesellschaft. Es geht also um die ganzheitliche Betrachtung eines Produktlebenszyklus.
Die zirkuläre Wertschöpfung ist so ein wirtschaftliches System. Sie ersetzt das bisherige Konzept durch geschlossene Kreisläufe und vermeidet oder verwertet Abfälle, indem sie Materialien, Produktdesign, Produktion und die Rückführung der Materialien in den Kreislauf berücksichtigt.

Aus Alt mach Neu

Im Forschungsprojekt „Pyrolysekoks für Elastomerprodukte" der Technischen Universität Köln sollen alte Fahrradreifen so verwertet werden, dass aus einem Teil der Ausgangsmaterialien funktionsfähige neue Produkte hergestellt werden können. Mithilfe der Pyrolyse werden die Fahrradreifen in drei Bestandteile zerlegt. Daraus ergibt sich Pyrolysegas, Pyrolyseöl und Pyrolysekoks. Das Pyrolysekoks wird wieder für neue Fahrradreifenmischungen verwendet.

die Pyrolyse
Zersetzung chemischer Verbindungen durch sehr große Wärmeeinwirkung

Auch die Autoreifenindustrie arbeitet inzwischen mit dem Pyrolyse-Verfahren (→ **Abb. 1**). Um CO_2-Emissionen zu reduzieren, läuft zum Beispiel im Saarland seit Mai 2020 ein Pyrolyse-Werk, in dem bis zu 3 000 Altreifen täglich verarbeitet werden.

Bauen aus Altmaterial

Die Herstellung von Baumaterial verbraucht sehr viele Ressourcen. Nur wenig davon wird recycelt, sodass Bauabfälle 60 % des weltweiten Abfallaufkommens ausmachen. Zurzeit wird nur ein Prozent der verbauten Materialien wiederverwendet. Ein Stuttgarter Unternehmen möchte dagegen etwas tun. Mit einem Lasermessgerät gehen Mitarbeiterinnen und Mitarbeiter durch Abbruchhäuser (→ **Abb. 2**), messen Fenster aus, beurteilen den Zustand der Heizkörper, zählen die Deckenleuchten … Diese Daten und Fotos geben sie in eine dafür entwickelte App ein. Das gebrauchte Material bieten sie dann mit einer entsprechenden Garantie auf dem Markt an.

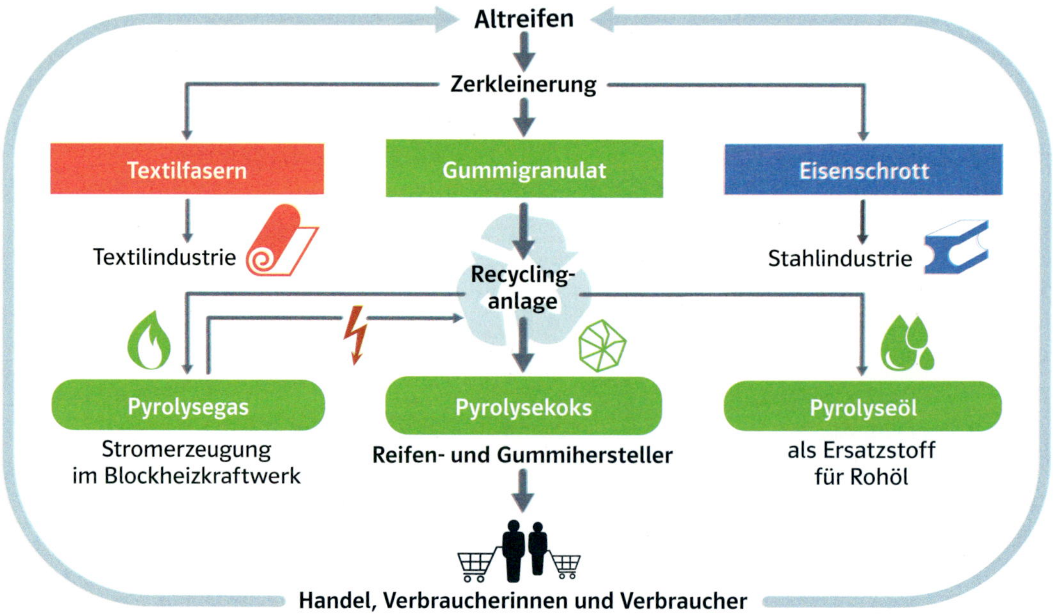

1 Pyrolyse-Verfahren mit Altreifen

2 Abreißen und recyceln

3 Alte Fischernetze werden zu Einkaufsbeuteln

Der CO_2-Fresser

Im Hunsrück läuft eine Maschine, die P500 heißt. Sie ist so groß wie ein Haus. Für den Klimaschutz ist sie ein Traum, denn diese Maschine mindert CO_2 in der Atmosphäre und macht Kohlenstoff nutzbar. Mithilfe des Pyrolyse-Verfahrens wird das in der Biomasse enthaltene CO_2, das normalerweise bei der Verrottung oder Verbrennung wieder in die Luft gelangt, entzogen und in Form von Pflanzenkohle gebunden. Diese Pflanzenkohle wird in verschiedenen Branchen als Ressource genutzt (z. B. als Halbzeug in Beton und Kunststoff).

Eine Initiative von Schülerinnen und Schülern

Eine Schülerfirma stellt Taschen aus ausgedienten Fischernetzen (→ **Abb. 3**) her, um Plastiktüten zu vermeiden. Im Rahmen des bundesweiten Junior-Programms entwickelten die Schülerinnen und Schüler ihre Idee. Inzwischen wird der Fischernetzbeutel zusammen mit Werkstätten von Menschen mit seelischen und körperlichen Handicaps produziert. Beim JUNIOR Bundeswettbewerb des Bundesministeriums für Wirtschaft und Energie (BMWi) wurde das Start-up als beste deutsche Schülerfirma ausgezeichnet. Im Europafinale gewann die Firma den Sonderpreis für Social Entrepreneurship.

Social Entrepreneurship
Sozialunternehmertum, also eine unternehmerische Tätigkeit, die sich für einen positiven Wandel der Gesellschaft einsetzt. Die Unternehmen sind häufig gemeinnützig organisiert, sodass keine Gewinnerzielungsabsicht besteht.

das Halbzeug
vorgefertigtes Rohmaterial

Merke

- **Zirkuläre Wertschöpfung ist die effektive Nutzung von Produkten und die komplette stoffliche Verwertung.**
- **Die Pyrolyse-Technik hilft, CO_2-Emissionen zu reduzieren.**

Aufgaben

1 Beschreibt die Grafik (→ **Abb. 1**).

2 Beschreibe die Phasen des Produktlebenszyklus von Autoreifen, wenn sie nicht durch Pyrolyse verarbeitet werden.

3 MK Recherchiert im Internet Informationen zu Pyrolyse-Anlagen und entwickelt eine geeignete Präsentation.

4 Erläutert den Unterschied von zirkulärer Wertschöpfung und Recycling.

5 Oliver Krischer, Minister für Umwelt, Naturschutz und Verkehr des Landes NRW: „Um unsere Ressourcen zu schützen, müssen Produkte, Produktionsprozesse, Dienstleistungen und Geschäftsmodelle zirkulär ausgerichtet werden. Hier liegt viel ungenutztes Potenzial […].“ Diskutiert, was damit gemeint ist, und erörtert das Prinzip und das Potenzial der zirkulären Wertschöpfung.

Wortspeicher
- *die Pyrolyse*
- *die zirkuläre Wertschöpfung*

NE Energiespeicherung

Eine der größten technischen Herausforderungen unserer Zeit ist, regenerative Energie wirtschaftlich und sicher zu speichern.

Grundfragen und -probleme

Weltweit beschäftigt sich die Forschung mit dem Thema der zuverlässigen und kostengünstigen Energiespeicherung mit sehr hohem Wirkungsgrad. Dabei spielen folgende Fragen eine zentrale Rolle:

- Wie kann es gelingen, überschüssige Energie aus Wind- und Solarkraftwerken zu speichern?
- Wie kann regenerative Energie transportiert werden, um auch weit entfernte Regionen zu versorgen?
- Welche Möglichkeiten der Umwandlung der Energieformen gibt es?
- Gibt es technische Lösungen, die wenig seltene Rohstoffe benötigen?

In Deutschland wäre eine Energieversorgung möglich, die auf 100 % regenerativer Energien basiert. Technisch müssten allerdings viele neue Bedingungen geschaffen werden (→ **Abb. 1**).

die Second-Life-Batterie
Stromspeicher aus gebrauchten Akkus

das bidirektionale Laden
ein Akku dient als Stromspeicher für den Haushalt und als Antriebsenergie für ein E-Fahrzeug

- Ausbau von Windkraftanlagen
- Flächen für Fotovoltaikanlagen
- Speichermöglichkeiten für überschüssige regenerative Energie
- ↗ Smart Meter und smarte Technologien
- Ausbau der Stromtrassen von Norden nach Süden
- Umbau des Stromnetzes auf dezentralere Lösungen
- Erweiterung der Produktion von Biogas und grünem Wasserstoff

1 Notwendige Bedingungen

2 Offshore-Windpark in Norddeutschland

Speichermöglichkeiten

Die Speicherung von Energie kann auf viele verschiedene Arten stattfinden. Alle haben Vor- und Nachteile, die man abwägen muss.

Speicherung mit Batterien

Batteriespeicher sind aktuell am weitesten verbreitet, um Strom aus Solarenergie zu speichern. Private Haushalte und Industrieanlagen mit einer Fotovoltaikanlage speichern zum Beispiel den erzeugten Strom in Batterien. Second-Life-Batterien und neue Batterien werden dabei als Stromspeicher verwendet. Mit smarten Technologien können auch E-Fahrzeuge in ein Speichernetz eingebunden werden. Bidirektionale Lademöglichkeiten bei E-Fahrzeugen spielen dabei eine wichtige Rolle. Problematisch bei Batteriespeichern ist, dass zu ihrer Herstellung seltene Rohstoffe (Lithium, Seltene Erden) benötigt werden. Deren Abbau verursacht große Umweltschäden.

Pumpspeicher

Künstlich angelegte Stauseen werden zur Speicherung von überschüssigem Strom genutzt. Dazu wird mithilfe von großen Pumpen Wasser von einem tiefer gelegenen in einen höher gelegenen See gepumpt. Wird Strom benötigt, wird das Wasser durch große Rohre abgelassen. Die entstehende Kraft treibt Turbinen und damit Generatoren an, die Strom erzeugen. In Deutschland ist der Bau neuer Pumpspeicher (→ **Abb. 3**) allerdings nur begrenzt möglich, da der richtige Platz hauptsächlich in Gebirgsregionen vorhanden ist.

Power to x

Der Begriff „power to x“ hat sich für Verfahren durchgesetzt, bei denen regenerative Energien in Gas, Flüssigkeiten oder Wärme umgewandelt werden (→ **Abb. 4**). Die einzelnen Verfahren werden als „power to gas“, „power to liquid“ und „power to heat“ bezeichnet. Alle drei Technologien befinden sich noch in einem Versuchsstadium und werden nicht großflächig angewandt.

Druckluftspeicher

Bei Druckluftspeichern wird überschüssige Energie mithilfe von Kompressoren in Druckluft umgewandelt und gespeichert. Wird die Energie wieder benötigt, treibt die Druckluft Turbinen mit Generatoren an. Diese erzeugen die elektrische Energie. Bisher gibt es nur wenige Druckluftspeicher, denn sie verlieren Energie, sodass der Wirkungsgrad sehr gering ist: Wenn Luft verdichtet wird, wird Wärme frei. Lässt man Druckluft ab, wird Kälte frei.

3 Pumpspeicherwerk in Herdecke (NRW)

power to x
Energie wird in eine andere Energieform (x) umgewandelt

Bei **power to gas** werden aus elektrischer Energie grüner Wasserstoff oder synthetisches Methangas gewonnen. Das Verfahren wird als Elektrolyse bezeichnet. Das synthetische Methan kann über die vorhandenen Erdgasleitungen verteilt und verbrannt werden. Es entsteht dabei nur soviel CO_2, wie bei der Herstellung eingesetzt wird. Der Wasserstoff ist speicherbar und wird zum Beispiel in einer Brennstoffzelle wieder in elektrische Energie umgewandelt.
Bei **power to liquid** werden aus synthetischen Kraftstoffen zum Beispiel Benzin oder Diesel hergestellt.
power to heat ist die Umwandlung elektrischer Energie in Wärme. Dieses Verfahren wird bei Wärmepumpen genutzt. Wärmepumpen sind in Deutschland mittlerweile als Heizanlage in Häusern weit verbreitet.

4 power to x

Merke

- **Die Speicherung von Energie ist eine der größten Herausforderungen der Zukunft.**
- **Batteriespeicher speichern elektrische Energie, ohne sie umzuwandeln.**
- **Beim „Power to x“-Verfahren werden aus regenerativen Energien Gas, flüssige Kraftstoffe oder Wärme erzeugt.**

Aufgaben

1 Beschreibe verschiedene Energiespeicher.

2 Erläutere notwendige Bedingungen, damit sich Deutschland vollständig mit regenerativer Energie versorgen könnte (→ **Abb. 1**).

3 Erläutere, warum man in Deutschland neue Stromtrassen braucht (→ **Abb. 2**).

4 Vergleiche die verschiedenen Möglichkeiten der Energiespeicherung.

Wortspeicher
- *der Batteriespeicher*
- *die Energiespeicherung*
- *das „Power to x“-Verfahren*

NE Heizsysteme für erneuerbare Energien

Rund 50 % des Energieverbrauchs in privaten Haushalten entstehen durch das Heizen. Ziel ist, auch in diesem Bereich vermehrt erneuerbare Energien zu nutzen. Bis 2045 will Deutschland für alle Gebäude ↗ Klimaneutralität erreichen. Unterstützen soll das die Bundesförderung für effiziente Gebäude (BEG). Baut man ein Haus neu oder saniert ein altes, liegt die Überlegung also nahe, dass man sich für ein moderneres Heizsystem entscheidet. Damit wird das Klima geschützt und man ist weitgehend unabhängig von Preisen und Energielieferungen.

einspeisen
speichern, zuführen

die Effizienz
Ziel mit möglichst wenig Aufwand erreichen

der Pufferspeicher
Warmwasserspeicher der überschüssige Sonnenwärme für mehrere Tage aufbewahren kann

Versorgungskonzepte

Zu den **zentralen Versorgungskonzepten** zählt die Fernwärme. Fernwärme entsteht in einem Kraft- oder Heizwerk. Als Brennstoffe dienen fossile und erneuerbare Energien. Wer Fernwärme nutzt, benötigt keine eigene Heizanlage. **Dezentrale Energieversorgung** erzeugt Wärme vor Ort. Zu ihnen zählen auch **regenerative Heizsysteme** (z. B. Wärmepumpen).

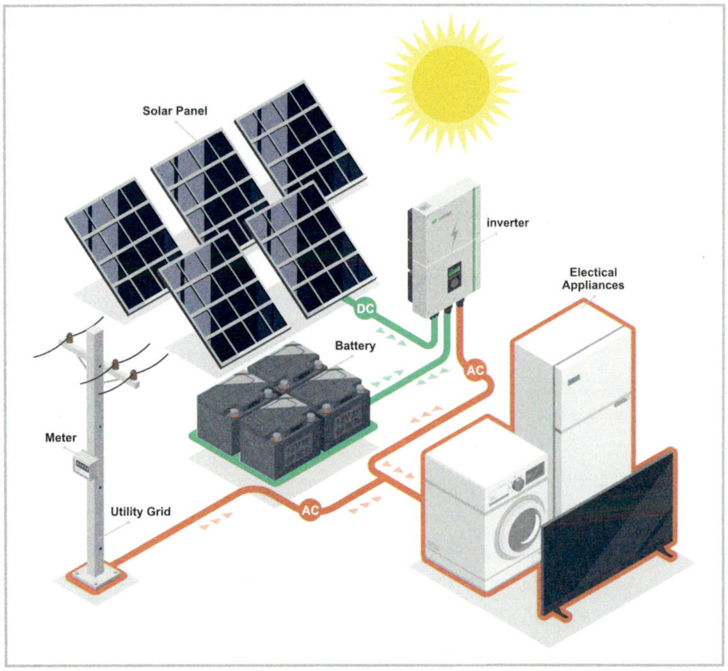

1 Funktionsweise einer Fotovoltaikanlage

Fotovoltaikanlage

Eine Fotovoltaikanlage erzeugt zu 100 % erneuerbaren Strom. Damit dieser auch im Winter genutzt werden kann, wird überschüssiger Strom in einen Speicher eingespeist. Eine Fotovoltaikanlage mit Speicher ist teuer. Langfristig lohnt sich die Investition jedoch.

Wärmepumpe

Wärmepumpen können sehr effizient sein. Sie nutzen die Wärme des Erdreichs, des Grundwassers oder der Luft und leiten sie an das Heizsystem weiter. Am besten ist sie in Kombination mit einer Fotovoltaikanlage, sodass der dafür benötigten Strom selber gewonnen werden kann. Eine weitere Voraussetzung für die Effizienz von Wärmepumpen (→ **Abb. 2**) ist ein gut gedämmtes Gebäude. Die Wartungskosten sind gering.

Solarthermie

Auch mit Solarthermie kann man sein Haus heizen. Kollektoren, die mit Flüssigkeit gefüllt sind, fangen Sonnenstrahlen auf und wandeln sie in Wärme um. Ein Pufferspeicher nimmt überschüssige Wärme auf und speichert sie. Mit Anschaffungskosten von 4.000 bis 10.000 Euro ist sie das günstigste Heizsystem für erneuerbare Energien. Bei nicht nach Süden ausgerichteten Dächern oder als alleiniges Heizsystem kommt sie jedoch nicht in Frage, da sie abhängig von der Sonneneinstrahlung ist. Das bedeutet: viel Wärme im Sommer, wenig Wärme im Winter. Trotzdem spart sie im Winter immer noch bis zu 20 % Heizkosten ein.

Holzpelletheizung

Eine Pelletheizung ist sehr effizient und schafft eine angenehme Wärme im Haus. Allerdings benötigt das Lagern von Pellets viel Platz und der Ofen muss regelmäßig von Asche befreit werden. Weitere Nachteile sind die hohen Anschaffungskosten, die Entwicklung von Feinstaub, der erhöhte Wartungsbedarf sowie die Frage nach der Verfügbarkeit des Rohstoffes Holz auch in der Zukunft.

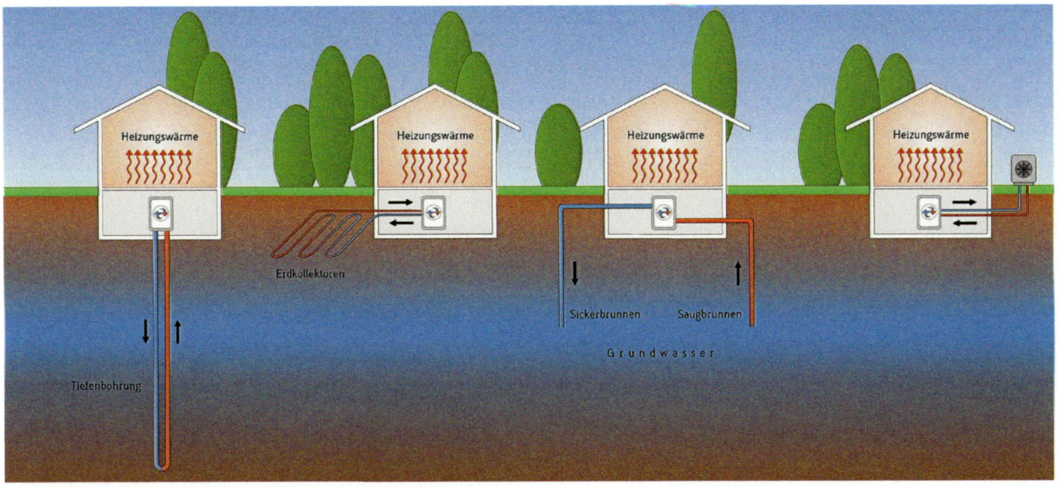

2 Funktionsweise einer Wärmepumpe

Hybridheizung

Mit einer Hybridheizung ist man unabhängig von Wetter und Stromkosten, denn sie vereint die Vorteile unterschiedlicher Heizsysteme. Im Zentrum steht ein Pufferspeicher, der überschüssige Wärme aufnehmen und speichern kann. Sie benötigt allerdings viel Platz und ist teuer in der Anschaffung.

- wirtschaftliche und ökologische Verbesserung
- Wärme- und Kälteerzeugungstechnologien weiterentwickeln
- Verteilnetze und Übergabestationen ausbauen
- Konzepte zur ↗ Abwärmenutzung entwickeln
- weitere Speichermöglichkeiten schaffen

3 Ziele dezentraler Energieversorgung

Brennstoffzellenheizung

Die Brennstoffzellenheizung könnte die Heizung der Zukunft werden. Sie nutzt das bekannte Prinzip der ↗ Kraft-Wärme-Kopplung, das sehr effizient Wärme, Warmwasser und Strom erzeugt. Dafür wird die Energie genutzt, die bei der Reaktion von Wasserstoff und Sauerstoff entsteht Der Wasserstoff wird aus Erdgas gewonnen und dann zur Brennstoffzelle geleitet. Allerdings ist der Bau dieser Anlagen sehr anspruchsvoll, aufwändig und mit 25.000 bis 55.000 Euro das teuerste Heizsystem.

Merke

- **Solarthermie nutzt die Sonnenenergie, um Wärme zu erzeugen.**
- **Fotovoltaikanlagen nutzen Sonneneinstrahlung, um Strom zu erzeugen.**

Aufgaben

1 a) Zähle Systeme zur Energieumwandung auf.
b) Erkläre jeweils an einem Beispiel (→ **Abb. 1** oder **Abb. 2**) den Unterschied zwischen zugeführten und abgeführten Energieformen.

2 Für welche Art der Heizung würdest du dich entscheiden? Begründe.

3 Erläutere, warum die Nutzung regenerativer Energien immer mehr an Bedeutung gewinnt.

4 Erläutert den Begriff der „effizienten Energieumwandlung" am Beispiel von Energiesparlampe und Glühbirne.

Wortspeicher
- *die Fotovoltaikanlage*
- *die Solarthermie*

Sicherheit durch Sicherung

Strom wird über eine Leitung ins Haus zum Hauptverteilerkasten geliefert. Den findest du meistens im Keller eines Gebäudes. In Einfamilienhäusern sind Stromkreisverteiler und Energiezähler (→ **Abb. 2**) oft in einem gemeinsamen Schrank (Verteilerkasten) zusammengefasst. In Mehrfamilienhäusern versorgt der Verteilerkasten in der Wohnung die einzelnen Räume mit Strom. Jeder Stromkreis muss mit einer Sicherung abgesichert werden.

1 Achtung Überlastung!

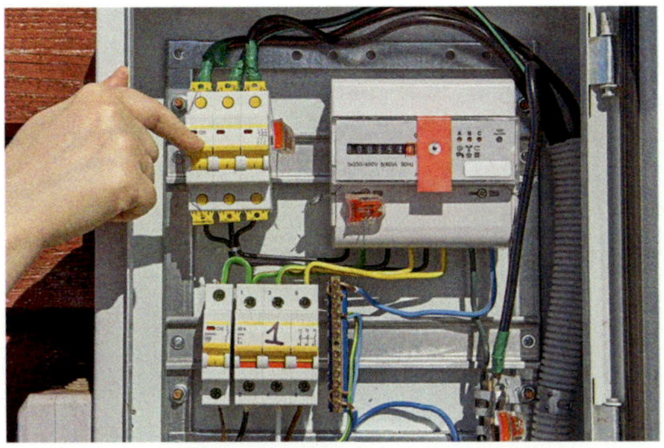

2 Verteilerkasten und Energiezähler

FI ist Pflicht

Kommt es im Haus zum Beispiel durch defekte Geräte zu Fehlströmen (Kurzschluss), verhindert ein FI-Schutzschalter lebensgefährliche Stromschläge. Der FI-Schutzschalter schaltet den Stromkreis in 30 Millisekunden ab, wenn Leitungen überlastet werden. Den FI-Schutzschalter findest du in der Regel im Verteilerkasten. Seit 2008 wird ein FI-Schutzschalter auch als RCD (**R**esidual **C**urrent **D**evice) bezeichnet.

Brandgefahr durch Überlastung

Die Angaben über die Leistung einer Steckdosenleiste stehen in der Regel auf ihrer Rückseite. Mehrfachsteckdosen sind auf eine Leistung von rund 3 000 bis 3 500 Watt ausgelegt. Allerdings benötigt ein Heizlüfter schon alleine 1 500 bis 2 000 Watt.
Bei Überlastung kann sich eine Steckdosenleiste nach wenigen Minuten enorm erhitzen und einen ↗ Schwelbrand entfachen. Staub oder andere entzündliche Materialien können dann dazu führen, dass ein Flammbrand entsteht und sich rasend schnell weiter verbreitet.

- der Verteilerkasten: Verteilung des Stroms im Haushalt und Ort aller notwendigen Sicherheitseinrichtungen
- der FI-Schutzschalter: Schutz des Menschen vor tödlichen elektrischen Schlägen
- die Sicherung: Schutz der Elektroinstallation bei Kurzschlüssen und Überlastung

3 Das Wichtigste in Kürze

FI
Abkürzung: „F“ steht für Fehler, das „I“ für das Formelzeichen der elektrischen Stromstärke (Ampere)

Merke

- **Der Verteilerkasten enthält alle notwendigen Sicherheitseinrichtungen.**
- **Sicherungen schützen die Elektroinstallation bei Kurzschlüssen und Überlastungen.**
- **Der FI-Schutzschalter schützt Menschen vor tödlichen elektrischen Schlägen.**

Aufgaben

1 Beschreibe, was du auf dem Foto (→ **Abb. 2**) siehst.

2 „Der FI-Schutzschalter schützt Elektroinstallationen vor Kurzschluss und Überlastung.“ Nehmt Stellung zu der Aussage.

3 a) Recherchiere, wo sich bei dir zu Hause der Verteilerkasten befindet und welche Stromkreise einzeln mit Sicherungen abgesichert sind.
MK b) Präsentiert eure Verteilerkästen mithilfe eines Fotos.

4 Erläutert das Problem (→ **Abb. 1**).

5 Beurteilt die Notwendigkeit elektrischer Schutzeinrichtungen in Wohnhäusern.

Wortspeicher
- *der FI-Schutzschalter*
- *der Kurzschluss*
- *die Sicherung*
- *die Überlastung*
- *der Verteilerkasten*

Ein Lapbook erstellen

1 Ein Lapbook zur Sonnenenergie von außen und innen

Du möchtest zu einem bestimmten Thema etwas erarbeiten und deiner Klasse präsentieren? Schon wieder ein Lernplakat zu erstellen, findest du langweilig? Inhaltlich passt gar nicht alles auf ein einziges Lernplakat? Dann ist ein Lapbook (→ **Abb. 1**) für dich genau das Richtige! Der Begriff „Lapbook" kommt aus dem Amerikanischen und bedeutet so viel wie „Schoßbuch". Ein Lapbook soll deshalb auch höchstens so groß sein, dass es bequem auf dem Schoß angeschaut werden kann.

TIPP
Ein Lapbook ist die Erweiterung eines Lernplakats, bei dem du Unterthemen auf verschiedenen Elementen darstellst (z. B. Einstecktaschen, Klappkarten, Leporellos, Kärtchen, Klappbilder). Im Internet findest du viele kostenlose Vorlagen für Grundformen und für die einzelnen Elemente.

1. Schritt: Thema wählen

Überlege dir, welches Thema (z. B. Energiearten, Sonnenenergie) du in deinem Lapbook darstellen möchtest. Erstelle eine Mindmap zu dem Thema. Gestalte auf den Außenklappen die Titelseite mit Namen, Klasse, Thema und Unterrichtsfach.

2. Schritt: Unterthemen festlegen

Mithilfe deiner Mindmap legst du jetzt fest, welche Unterthemen im Inneren deines Lapbooks vorkommen sollen (z. B. Solarzellen, Sonnenkollektoren). Du gliederst also ein größeres Thema in Teilthemen auf und strukturierst die Inhalte.

TIPP
Grundlage für ein Lapbook ist zum Beispiel ein Plakatkarton. Du kannst aber auch eine Sammelmappe aus Pappe verwenden. Wichtig ist, dass eine aufklappbare Grundform entsteht.

3. Schritt: Informationen sammeln

In Büchern, Zeitschriften oder im Internet, durch Expertenbefragungen oder eine Erkundung sammelst du deine Informationen.

TIPP
Auch Hörbeispiele oder interaktive Lernspiele kannst du einbauen. Sie können dann mithilfe eines QR-Codes abgerufen werden.

4. Schritt: Das Lapbook strukturieren und Bewertungskriterien festlegen

Überlege dir, wie dein Lapbook im Inneren aussehen soll. Nicht alle Elemente bieten sich immer gleich gut an.
Durch die Verwendung unterschiedlicher Elemente erreichst du automatisch eine Strukturierung der Inhalte. Durch Umklappen, Aufklappen, Drehen oder Herausnehmen sollte vieles für die Betrachterin oder den Betrachter zu entdecken sein.
Beachte: Dein Lapbook soll logisch aufgebaut sein und dein Thema gut gliedern. Legt gemeinsam Bewertungskriterien fest und erstellt einen Bewertungsbogen.

5. Schritt: Die Gestaltung

Achte darauf, dass du sauber und gut lesbar schreibst. Auch beim Aufkleben der Elemente musst du ordentlich und sorgfältig arbeiten.

6. Schritt: Lapbook präsentieren und bewerten

Du kannst dein Lapbook im Rahmen eines Kurzvortrags der Klasse vorstellen. Möglich ist auch ein Museumsrundgang. Fragen wie „Was haben wir gelernt?“, „Was ist gut gelungen?“ oder „Was können wir noch verbessern?“ helfen bei der Reflexion und Bewertung.

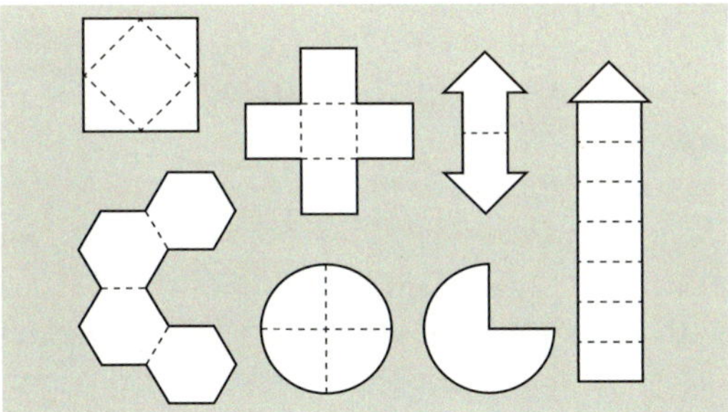

2 Vorlagen für das Lapbook

1. Schritt: Thema wählen
- Oberthema festlegen
- Mindmap erstellen
- Titelseite gestalten

↓

2. Schritt: Unterthemen festlegen
- Wichtigkeit der Unterthemen festlegen
- Inhalt strukturieren

↓

3. Schritt: Informationen sammeln
- Material sichten, zusammenfassen und prüfen

↓

4. Schritt: Das Lapbook strukturieren und Bewertungskriterien festlegen
- Vorlagen auswählen
- Anordnung bestimmen
- Bewertungsbogen erstellen

↓

5. Schritt: Die Gestaltung
- Vorlagen mit Texten versehen, ausschneiden und aufkleben

↓

6. Schritt: Lapbook präsentieren und bewerten

3 Die wichtigsten Schritte bei der Entwicklung eines Lapbooks

Aufgaben

1 a) Erläutert, was ein Lapbook ist.
MK b) Recherchiert im Internet nach weiteren geeigneten Vorlagen (→ **Abb. 2**) für ein Lapbook.
c) Entwickelt eigene Vorlagen oder nutzt vorhandene Vorlagen.

2 Entwickelt einen Bewertungsbogen für ein Lapbook.

3 a) Stellt eine Anleitung zur Erstellung eines Lapbooks in einem Erklärvideo dar. MK
MK b) Präsentiert euer Erklärvideo.

So viel Technik steckt in Gebäuden

1 Haustechnik

Alle festen Installationen, Apparaturen, Rohre und Leitungen werden unter dem Begriff „Haustechnik“ zusammengefasst. Die Haustechnik sorgt dafür, dass du es zu Hause warm hast, deine Wäsche waschen und mit deinem Freundeskreis kommunizieren kannst. Deshalb müssen Gebäude beheizt und mit Wasser und Strom versorgt werden. Man spricht auch von **Stoffströmen** (Wasserversorgung und Abwasserentsorgung) und **Energieströmen** (Energie, die z. B. zum Heizen oder Kühlen benötigt wird).
Haustechnik umfasst die vier Bereiche Sanitär, Heizung, Elektro und Lüftung.

Die Sanitärtechnik

Damit du dir morgens die Zähne mit sauberem Wasser putzen kannst, werden in Häusern Zuleitungsrohre für **Frischwasser** verlegt. Das Frischwasser wird über weitere Rohre im Haus verteilt. Das **Abwasser** (Schmutzwasser) wird über die Kanalisation in eine Kläranlage geleitet und dort gereinigt. Auch Regenwasser gelangt über Regenrinnen oder Bodenabläufe in die Kläranlage. Wenn in deinem Haus Filteranlagen und das entsprechende Rohrsystem eingebaut sind, kannst du Regenwasser zum Beispiel auch für die Waschmaschine oder die Toilettenspülung nutzen. Solarthermie ist eine umweltfreundliche Energietechnik. Sie nutzt die Wärme der Sonnenstrahlen für die Zubereitung von Warmwasser und unterstützt auch die Heizung.

Die Heiztechnik
Damit es auch im Winter in deiner Wohnung warm ist, gibt es verschiedene Möglichkeiten zu heizen. Öl- und Gasheizungen sind immer noch weit verbreitet. Da hier aber fossile Rohstoffe verbrannt werden, sollen sie zukünftig verboten werden. Ab 2026 dürfen neue Öl- und Gasheizungen nur noch eingebaut werden, wenn sie mit erneuerbaren Energien gekoppelt werden (z. B. Hybridheizung).

Die Elektrik
Kalte Getränke aus dem Kühlschrank, gemütliche Beleuchtung durch ein LED-Lichtband und eine leckere Pizza im Ofen. Steckdosen, Schalter, Lampen und viele andere Elektrogeräte brauchen Strom. In modernen Häusern benötigen zum Beispiel auch die Frischluftversorgung und die Rollläden elektrische Energie. Der Strom kommt entweder über das öffentliche Versorgungsnetz oder mithilfe von installierten Fotovoltaikanlagen ins Haus. Dafür werden im Haus hunderte Meter Kabel verlegt, die dafür sorgen, dass der Strom überall dort ankommt, wo er nötig ist.

Die Lüftung
Gute Luft braucht ein ausgewogenes Verhältnis von Sauerstoff, Feuchtigkeit und Temperatur. Zudem muss Luft sauber sein und zirkulieren können. In besonders gut gedämmten Gebäuden (z. B. Energieeffizienzhäusern, Passivhäusern, Nullenergiehäusern) reicht das normale Lüften über die Fenster nicht mehr aus. Für ein gesundes und angenehmes Wohnraumklima werden Lüftungssysteme deshalb immer wichtiger. Lüftungssysteme ersetzen zum Beispiel die verbrauchte Luft im Wohnbereich durch Frischluft von außen. Die in der Abluft enthaltene Wärme wird dabei in einem Wärmetauscher gespeichert und auf die ↗ Zuluft übertragen. So können bis zu 98 % der Wärmeenergie zurückgewonnen werden.

zirkulieren
umwälzen, sich verbreiten

Automatisierte Haustechnik
Beim Smarthome wird das Haus scheinbar unsichtbar verkabelt. Alle Leitungen und Daten laufen in einem Hausprozessor zusammen. Damit soll möglichst viel Haustechnik automatisiert werden (z. B. Sensoren an Türen, Fenstern und Rollläden, eine automatisierte Lüftungsanlage, Temperatursteuerung, Sicherheitstechnik, individuell programmierbare Unterhaltungsmedien und Haushaltsgeräte). Das ist gut für die Energieeffizienz und den Wohnkomfort.

Merke
- **Haustechnik umfasst die Bereiche Heizung, Sanitär, Elektro und Lüftung.**
- **Zuleitungsrohre sorgen für Frischwasser, Abwasser wird in die Kanalisation und dann in die Kläranlage geleitet.**
- **Das öffentliche Versorgungsnetz oder installierte Fotovoltaikanlagen liefern Strom ins Haus.**

Aufgaben

1 Nenne die verschiedenen Bereiche der Haustechnik (→ **Abb. 1**).

2 Wie möchtet ihr in der Zukunft wohnen? Welche Geräte begleiten euch zu Hause oder in der Schule und wie werden sie gesteuert? Beschreibt eure Ideen.

3 a) Entwickelt einen Erkundungsbogen für die Haustechnik in eurer Schule.
b) Entwickelt zu einem der vier Bereiche eine geeignete Präsentation.

4 Erläutert die Stoff- und Energieströme in einem Gebäude.

Wortspeicher
- *die Haustechnik*
- *die Kanalisation*
- *die Kläranlage*
- *das Versorgungsnetz*

MK NE Wir wohnen smart

Dilsah war mit ihrer Familie im Winterurlaub. Sie sind auf dem Heimweg. Noch eine halbe Stunde, dann sind sie zu Hause. „Dilsah, kannst du über unsere Smarthome-App schon mal die Heizung anstellen? Dann haben wir es warm, wenn wir nach Hause kommen“, sagt Dilsahs Mutter. „Und wenn du schon dabei bist, programmiere doch die Kaffeemaschine, damit ich gleich etwas Warmes trinken kann.“
Dass du deine Lampe mit einer Fernbedienung anschalten und deine Heizung aus der Ferne bedienen kannst, ist ja nicht mehr so neu. Aber die Technologien auf dem Smarthome-Markt entwickeln sich immer weiter.

Smarthomes lernen

In Zukunft lernen Smarthomes, indem sie auf unsere Vorlieben und Verhaltensmuster reagieren. Durch den Einsatz von künstlicher Intelligenz (KI) wird dann in deinem Zuhause die Heizung automatisch höher oder niedriger gedreht. Im Kühlschrank ist die Milch leer. Kein Problem! Dein Kühlschrank hat das schon gemerkt und direkt eine Bestellung im Supermarkt aufgegeben. Und wenn du nicht weißt, was du abends essen willst, schlägt dir das Smarthome Rezepte vor und macht Vorschläge für einen gesunden Lebensstil.

die Wallbox
Steuergerät für das Aufladen von E-Fahrzeugen

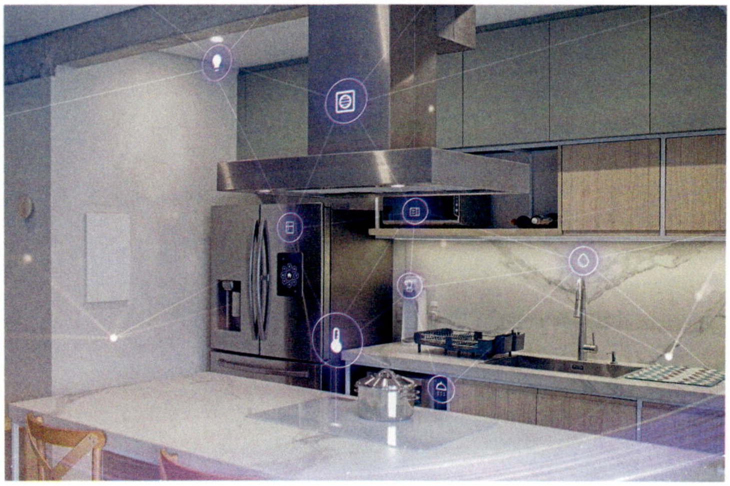

1 Smarte Küche

Klimafreundlich bin ich auch

Eine Fotovoltaikanlage auf dem Dach deines Zuhauses in Verbindung mit deinem Smarthome hilft, den Eigenverbrauch deines erzeugten Stroms zu steigern. Damit kannst du die Stromkosten senken, weil du keinen Strom dazukaufen musst. So steigert dein Smarthome nicht nur deinen Wohnkomfort, sondern hilft auch dem Klima, weil Häuser und Wohnungen energieeffizienter betrieben werden. Solarstrom wird immer dann produziert, wenn die Sonneneinstrahlung besonders stark ist (z. B. tagsüber, im Sommer). Dann sind jedoch meistens alle in der Schule oder bei der Arbeit und er wird nicht gebraucht. Mithilfe der Automatisierungsfunktionen kann man das Smarthome aber so programmieren, dass Wäschetrockner, Waschmaschine und Spülmaschine zum Beispiel um 12.00 Uhr angeschaltet werden. Wenn eine Wallbox ins System integriert ist, kann ein E-Fahrzeug direkt per Solarstrom geladen werden.

Smarte Detektive

Auch Sicherheitskameras, mit denen du auch aus der Ferne dein Haus überwachen kannst, sind nicht mehr neu. Aber Drohnen, die dein Haus bewachen? Was noch eher nach Sciencefiction klingt, ist bereits die Innovation in der Sicherheitstechnik. Drohnenkameras stecken in ↗ Dockingstation und fliegen durch deine Wohnung, wenn sie über Sensoren wahrnehmen, dass zu Hause etwas passiert. Die Bilder übertragen sie als Video auf dein smartes Endgerät.

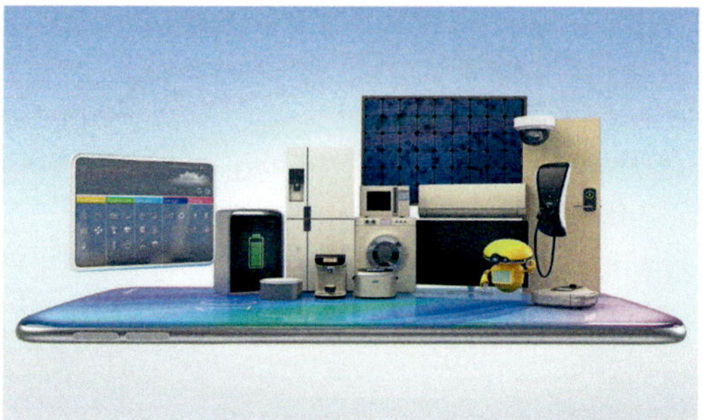

2 Eine smarte Verbindung

3 Drohnenkamera im Einsatz

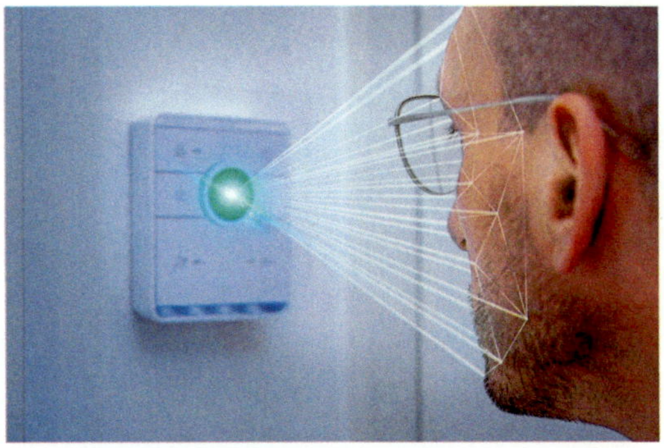
4 Hausschlüssel werden überflüssig

Kameras dienen aber nicht nur dem Einbruchschutz. Auch bei der Kranken- und Altenpflege und zur Haustierüber wachung (→ **Abb. 3**) können sie genutzt werden.

„Zukunftsmusik"

In einigen Jahren wirst du keinen Hausschlüssel mehr brauchen, denn vielleicht erkennt dich dein Zuhause an deiner Stimme, deinem Gang oder Gesicht (→ **Abb. 4**). Wahrscheinlich musst du noch nicht einmal Sprachbefehle geben, weil dein Zuhause Wünsche erkennt, bevor du sie geäußert hast. Schließlich kennt dein Zuhause dich schon seit Jahren! Auch Staubsaugerroboter sind längst durch Schwärme winziger Drohnen ersetzt worden, die putzen. Im Badezimmer analysiert der smarte Spiegel dein Hautbild und schlägt dir die passende Gesichtscreme vor. Andere Sensoren melden zum Beispiel Gasgeruch, es öffnen sich automatisch alle Fenster und ein Notruf wird abgesetzt. Auch defekte Leitungen oder Wasser, das aus der Waschmaschine läuft, erkennen Sensoren und Kameras, warnen dich und setzen sich automatisch mit Handwerksbetrieben in Verbindung.

TIPP
- *Ändere voreingestellte Standard-Passwörter.*
- *Verwende ausreichend sicherere Passwörter.*
- *Aktualisiere Passwörter regelmäßig.*
- *Nutze eine Zwei-Faktor-Authentifizierung.*
- *Installiere Sicherheitssoftware und update diese regelmäßig.*

die Zwei-Faktor-Authentifizierung
ein Passwort wird z. B. mit biometrischen Daten wie einem Fingerabdruck kombiniert

Merke
- **Durch den Einsatz von künstlicher Intelligenz lernen Smarthomes vom Nutzerverhalten.**
- **Smarthomes und Fotovoltaikanlagen helfen, Energie zu sparen.**
- **Bei einen Smarthome muss man auf Datensicherheit achten.**

Aufgaben

1 Beschreibt jeweils zwei smarte Wohnsituationen.

2 Was bedeutet künstliche Intelligenz bei Smarthomes? Erkläre.

3 Bechreibt die Zusammenhänge (→ **Abb. 2**).

4 Beschreibt die Abbildung (→ **Abb. 1**) und vermutet, was diese Geräte können.

5 Erörtert den Einsatz von Überwachungskameras im Haus.

6 Beurteilt die wirtschaftlichen und ökologischen Aspekte von Automatisierung im Haus.

Wortspeicher
- *die Datensicherheit*
- *das Nutzerverhalten*
- *das Smarthome*

○1 ◐2–5 ●6

NE Das Passivenergiehaus

die Wärmebrücke
wärmedurchlässiger Bereich in Gebäudeteilen

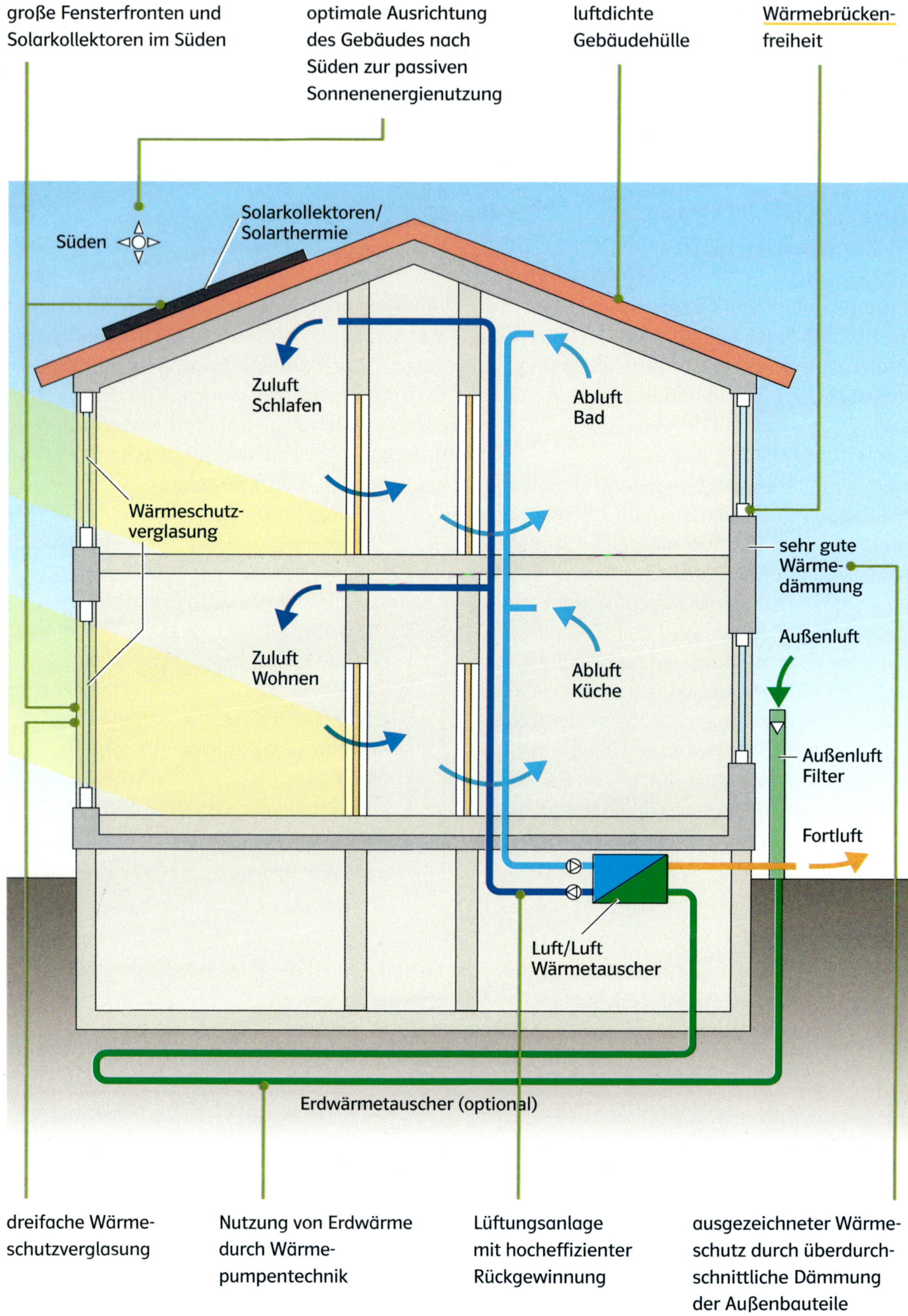

1 So funktioniert ein Passivenergiehaus

Ein Passivenergiehaus ist ein Energiesparhaus. Es schafft zu jeder Jahreszeit ein behagliches Innenklima – und das ganz ohne konventionelle Heizung und Klimaanlage. Stattdessen wird Wärme aus „passiven" Quellen gewonnen. Zu ihnen zählen Erdwärme, Körperwärme, aber auch Solarthermie und Abwärme. Gegenüber einem durchschnittlichen Neubau spart das Passivenergiehaus so bis zu 75 % Heizenergie ein. In Anbetracht der steigenden Kosten für Strom, Gas und Heizöl ist dies nicht nur für die Umwelt eine lohnende Alternative.
Damit Energie eingespart werden kann, müssen Passivenergiehäuser eine besonders gute Isolierung haben, damit das Haus möglichst wenig Wärme verliert. Eine Lüftungsanlage versorgt das Haus mit frischer Außenluft. Erwärmt wird diese mithilfe eines Wärmetauschers mit der Wärme der Abluft.

- geringer Energieverbrauch durch Nutzung von Sonnenenergie (z. B. für Heizung und ↗ Brauchwasser)
- geringe Energie- und Betriebskosten
- umweltfreundlich durch geringeren CO_2-Ausstoß
- gesunder Wohnkomfort durch viel Lichteinfall, hochwertige Baumaterialien und Frischluftfilter
- attraktive Fördermöglichkeiten
- aktives Handeln für Klimaschutz

2 Vorteile von Passivenergiehäusern

- hohe Bau- und Reparaturkosten
- keine variablen Temperaturen im Haus
- trockene Raumluft
- schnelles Aufheizen im Sommer oder durch viele Personen
- Stillstand der Lüftungsanlage bei Stromausfall

3 Nachteile von Passivenergiehäusern

konventionell
althergebracht, gängig

die Abwärme
unbeabsichtigtes Nebenprodukt (z. B. von technischen Geräten oder Anlagen)

Merke

- **Passivenergiehäuser leisten einen Beitrag zum Umwelt- und Klimaschutz.**
- **Passivenergiehäuser sind gut isoliert und luftdicht.**
- **Passivenergiehäuser gewinnen die Wärme aus passiven Quellen.**

Aufgaben

1 Nenne bautechnische Besonderheiten eines Passivenergiehauses.

2 Beschreibt die Vorteile, die ein Passivenergiehaus gegenüber einem durchschnittlichen Neubau hat.

3 Stellt Vermutungen darüber an, wie das Passivenergiehaus zu seinem Namen gekommen ist.

4 Beschreibe, wie der Wärme-Luft-Austausch (→ **Abb. 1**) funktioniert.

5 a) Erörtert das Konzept eines Passivenergiehauses.
b) Würdert ihr gerne in einem Passivenergiehaus wohnen? Nehmt Stellung.

6 a) Recherchiert im Internet verschiedene Arten von Energiesparhäusern.
MK b) Entwickelt eine digitale Präsentation.

Wortspeicher
- *die Isolierung*
- *das Passivenergiehaus*
- *die passiven Quellen*

MK NE Elektrische Versorgung neu gedacht

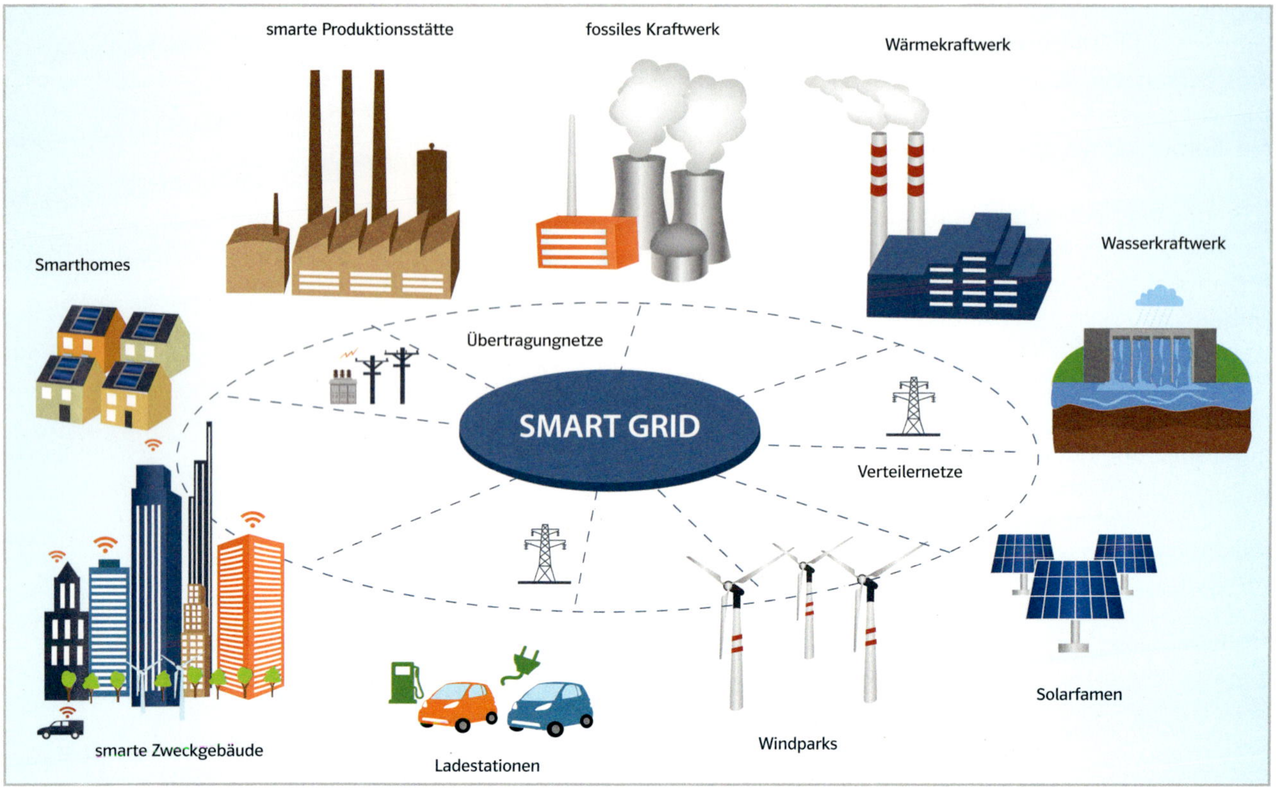

1 Smart Grid – das intelligente Stromnetz

Unsere alten Stromnetze sind nur auf einen gleichmäßigen Stromfluss ausgelegt. Doch wenn du Strom mit erneuerbaren Energien gewinnst, kann es zu Schwankungen durch Wetter und Jahreszeiten kommen. Auch als privater Stromerzeuger kannst du nicht immer die Einspeisung der gleichen Menge Strom ins Netz garantieren. Doch wie kann der Umstieg auf dezentrale Stromerzeugung mit erneuerbaren Energien gelingen? Intelligente Vernetzung machts möglich. Und nicht nur das.

Smart Grid – intelligente Steuerung

Das intelligente Stromnetz verteilt Strom optimal. Es ist in der Lage, Leistungsschwankungen auszugleichen und Verbrauch und Speicherung zu steuern. Bislang hatten Netzbetreiber weder Kontrolle noch Kenntnis darüber, wann, wo und wie viel Strom eine dezentrale Erzeugungsanlage ins Netz einspeist.

Smart Meter – intelligente Stromzähler

Neue intelligente Stromzähler (Smart Meter) analysieren den Stromverbrauch und geben die verschlüsselten Daten an den Energieversorger und Netzbetreiber weiter. So kann der Energieüberschuss besser verteilt werden. Auch du bist mit einem Smart Meter jederzeit darüber informiert, wie viel Energie du verbrauchst, und kennst sogar die Uhrzeit deines Spitzenverbrauchs (→ **Abb. 2**). Dadurch kannst du das Stromnetz besser nutzen und Strom sparen.

E-Fahrzeuge mit Speicheroption

Kommt es zu einer Überproduktion von Strom, besteht die Möglichkeit, diesen zu speichern. Dazu kannst du ihn im hauseigenen Speicher einspeisen oder auch in deinem E-Fahrzeug „zwischenparken“, wenn es ↗ Wechselstrom in ↗ Gleichstrom umwandeln kann.

Die Umwandlung ist möglich, wenn dein E-Fahrzeug eine bidirektionale ladefähige Batterie besitzt. Diese sorgt dafür, dass der Strom in beide Richtungen fließen kann: von der Ladequelle in die Batterie und von der Batterie zurück ins Haus.

Starker Job

Elektroniker/-in für Gebäudesystemintegration

„Ich plane und installiere Systeme der vernetzten Gebäudetechnik. Heute habe ich Kabel bei einem Kunden verlegt und notwendige Komponenten installiert. Zu meinen Aufgaben gehört auch, die Kundschaft über Datenschutz und Sicherheit zu beraten. Ich repariere auch defekte Technik und behebe Softwarefehler. Mein technisches Verständnis kommt mir dabei zugute.“

2 Gar nicht so schwer, auf „smart“ umzurüsten

Smarte Bauteile

Smarte Leuchtmittel lassen sich mithilfe der Sprachsteuerung oder einer App kontaktlos bedienen. Du kannst die Leuchtmittel auch stufenlos dimmen oder in den verschiedensten Farbnuancen leuchten lassen. Es lässt sich auch der Stromverbrauch der Leuchtmittel kontrollieren.

Mithilfe von smarten Schaltern und Steckdosen (→ **Abb. 2**) lassen sich wiederum nicht nur die Beleuchtung, sondern alle angeschlossenen Geräte individuell steuern, auch wenn du dich nicht in deiner Wohnung aufhältst.

dimmen
regulieren

die Farbnuance
kaum merkliche Abstufung eines Farbtons

Merke

- **Durch Smart Grid kann Strom kontrolliert abgegeben und verteilt werden.**
- **Mit einem Smart Meter kannst du das Stromnetz besser nutzen und Strom sparen.**
- **Smarte Schalter, Leuchtmittel und Steckdosen lassen sich kontaktlos über eine App bedienen.**

Aufgaben

1 Erkläre den Unterschied zwischen einem herkömmlichen Stromzähler und einem Smart Meter.

2 Unter welcher Voraussetzung kann ein E-Fahrzeug der Speicherung von Strom dienen? Begründet.

3 Beschreibt, wie das Smart Grid (→ **Abb. 1**) funktioniert.

4 „Smart Grid hin oder her. Erst wenn wir bewusster mit Energie umgehen und unser Verhalten ändern, kann Smart Grid zum Umwelt- und Ressourcenschutz beitragen.“
Diskutiert die Aussage.

Wortspeicher
- *das Smart Grid*
- *das Smart Meter*

NE Kontrolle – Ihren Ausweis bitte!

Vermieterinnen und Vermieter müssen **den Energieverbrauch eines Gebäudes** bekannt geben und spätestens bei einer Besichtigung den Mietinteressenten einen **Energieausweis** vorlegen. Wer dies nicht tut, riskiert ein Bußgeld. Energieausweise dürfen nur von Fachleuten ausgestellt werden. Architekten oder Bauingenieurinnen, Handwerkerinnen, Heizungsbauer oder Schornsteinfegerinnen mit entsprechender Zusatzqualifikation als Energieberater gehören dazu. Auch bei Elektrogeräten gibt es seit 2021 ein neues **Energielabel**.

Wofür ist das gut?

Ein Drittel des Primärenergieverbrauchs entfällt auf den ↗ Gebäudesektor. Um den Energiebedarf und die CO_2-Emissionen der EU deutlich zu reduzieren, wurde 2003 die EU-Gebäuderichtlinie veröffentlicht. Sie verpflichtete alle EU-Mitgliedsstaaten dazu, Energieausweise für Gebäude einzuführen. In Deutschland ist der Energieausweis für alle Gebäude seit 2009 Pflicht. Dieses Dokument soll Daten zur Energieeffizienz eines Gebäudes und zu den anfallenden Energiekosten liefern (→ **Abb. 2**). So soll der Vergleich zwischen Immobilien ermöglicht werden, den Menschen in ihre Miet- und Kaufentscheidung einfließen lassen können.

Energieeffizienzklassen in Energieausweisen für Wohngebäude ab Mai 2014

Energieeffizienzklasse	Energiebedarf oder -verbrauch (Kilowattstunde pro Quadratmeter im Jahr)
A+	unter **30**
A	**30** bis unter **50**
B	**50** bis unter **75**
C	**75** bis unter **100**
D	**100** bis unter **130**
E	**130** bis unter **160**
F	**160** bis unter **200**
G	**200** bis unter **250**
H	über **250**

1 Die Energieeffizienzklassen von Gebäuden

Welche Daten enthält der Energieausweis?

Preis, Lage, Größe, Ausstattung und Baujahr, aber auch der Energieverbrauch entscheidet über den Wert eines Gebäudes. Ähnlich wie bei Haushaltsgeräten werden Gebäude auf einer Skala von A+ (grün = energetisch sehr gut) bis H (rot = energetisch sehr schlecht) in verschiedene Effizienzklassen eingeteilt (→ **Abb. 1**). Der Energieausweis bewertet die Energieeffizienz eines Gebäudes durch verschiedene Kennwerte. Dazu gehören allgemeine Angaben zum Haus (Adresse, Baujahr), Heizungsanlage (z. B. Gas, Öl, Holzpellets, Strom) und die Energiekennwerte (Energiebedarf, Energieverbrauch) des Gebäudes.

> *TIPP*
> *Seit November 2020 ist für Neubauten ein bestimmter Anteil an erneuerbaren Energien zur Energieversorgung vorgeschrieben.*

Label für Elektrogeräte

Seit 2021 gibt es für Elektrogeräte und andere Energieverbraucher neue Energielabel (Energieverbrauchskennzeichnung). Die Energieeffizienz wird jetzt auf einer Skala von A bis G angezeigt. So kannst du Effizienzunterschiede leichter erkennen als früher.

> *TIPP*
> *Zusätzlich zum Energielabel gibt es neue Ökodesign-Anforderungen, die zum Beispiel eine bessere Reparierbarkeit von Produkten ermöglichen sollen.*

2 Dieses Haus bekommt eine schlechte Energieeffizienzklasse

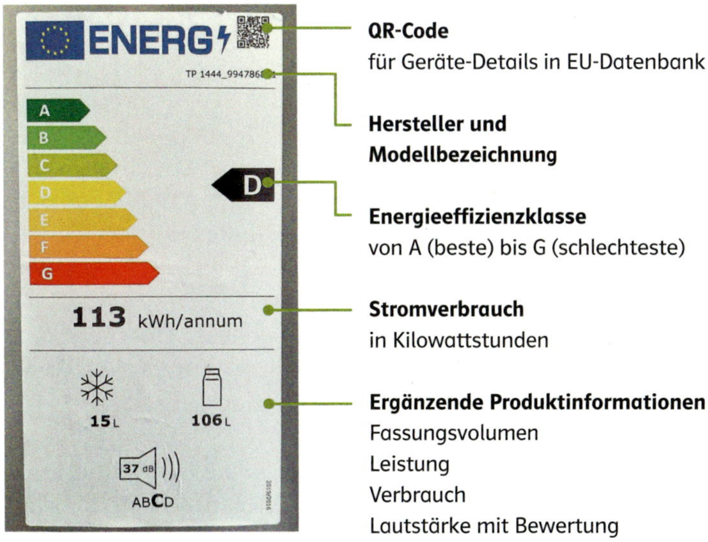

3 Das Energielabel

Wofür ist das gut?

Die neuen Energieeffizienzklassen auf dem Energielabel (→ **Abb. 3**) erlauben dir eine schnelle Einschätzung, welche Produkte nicht nur umweltverträglicher und nachhaltiger sind, sondern auch deinen Geldbeutel schonen. Als umweltbewusster Mensch achtest du nämlich nicht nur auf den Preis, das Design oder die Marke, sondern auch auf den Energieverbrauch deiner Elektrogeräte: Auf dem Energielabel findest du eine Angabe der Kilowattstunden (kWh), die das Gerät bei durchschnittlicher Nutzung pro Jahr verbraucht. Diesen Wert kannst du dann mit dem aktuellen Strompreis multiplizieren. So erfährst du deine jährlichen Kosten für die Nutzung des Gerätes. Zusätzlich wird auf jedem Energielabel ein QR-Code abgebildet. Durch diesen kannst du weitere Informationen über den Energieverbrauch des jeweiligen Produktes erhalten.

Die CO_2-Abgabe

2021 hat die Bundesregierung eine CO_2-Abgabe für die Bereiche Wärme und Verkehr eingeführt. Dadurch wurde ein Anreiz geschaffen, weniger CO_2-Emissionen zu produzieren. Die Einnahmen werden in Klimaschutzmaßnahmen oder als Entlastungen für Bürgerinnen und Bürger genutzt.

Merke

- **Seit 2009 ist der Energieausweis für Gebäude in Deutschland Pflicht.**
- **Der Energieausweis bewertet die Energieeffizienz eines Gebäudes.**
- **Seit 2021 gibt es für Elektrogeräte und andere Energieverbraucher ein neues Energielabel.**

Aufgaben

1 Erkläre, warum ein Energieausweis für Gebäude eingeführt wurde.

2 Der Energieausweis von Gebäuden umfasst mehrere Seiten.
a) Recherchiert, was das Dokument auflisten muss und wie man die Daten richtig liest.
b) Fasst die Informationen in einem Infoflyer zusammen.

3 Der Energieausweis eurer Schule hängt im Gebäude aus. Analysiert ihn.

4 a) Frau Frost tauscht den drei Jahre alten, funktionierenden Kühlschrank gegen einen neuen mit besserem Energielabel aus. Nehmt Stellung zu ihrem Vorgehen.
b) Erörtert ähnliche Beispiele zur Ressourceneinsparung und -schonung bei technischen Geräten.

Wortspeicher
- *der Energieausweis*
- *die Energieeffizienz*
- *das Energielabel*

NE Energiesparmeister gesucht!

In Deutschland verbrauchen 41 Millionen Privathaushalte jährlich rund 670 Terawattstunden Energie für Wärme und Strom. Dazu kommen weitere 1000 Terawattstunden aus Industrie, Gewerbe, Handel und dem Dienstleistungsbereich.
Der Energiebedarf wird zu etwa 60 % aus Erdgas, Öl und Kohle gedeckt. Über zwei Drittel der Energie werden für das Heizen von Räumen und für Warmwasser verwendet. Der Rest wird zum Betrieb von Haushaltsgeräten genutzt. Insbesondere Geräte im Standby-Betrieb verursachen Mehrkosten und schädigen das Klima.
Wie sieht es bei dir aus? Bist du eine Energiesparmeisterin oder ein Energiesparmeister? Trägst du mit Energiesparmaßnahmen auch schon dazu bei, den Energieverbrauch in Deutschland zu senken?

kWh
Abkürzung für Kilowattstunde

TIPP
Formel zur Berechnung des Stromverbrauchs pro Jahr:
Stromverbrauch = Anzahl der Personen x 200 kWh + Anzahl der Großelektrogeräte x 200 kWh + Wohnfläche x 9 kWh

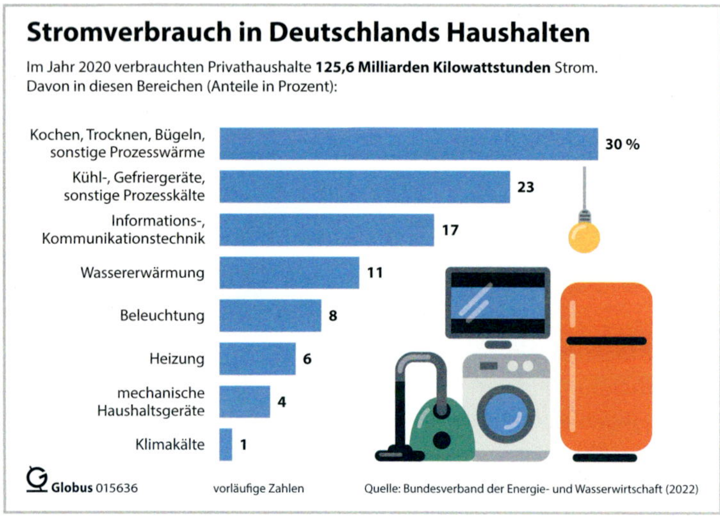

1 Stromverbrauch in Haushalten

„Statt zu baden duschen wir nur noch. Wir haben auch einen Energiesparduschkopf in der Dusche eingebaut. Wäsche waschen wir oft nur noch bei 30–40 °C statt bei 60 oder 90 °C. Die Fenster machen wir zum Lüften nur kurz ganz auf, anstatt sie den ganzen Tag zu kippen. Beim Lüften stellen wir die Heizung natürlich aus. Außerdem haben wir die Raumtemperatur um ein Grad gesenkt. Das spart bis zu 6 % Energie. Damit die warme Luft perfekt zirkulieren kann, haben wir alle Möbel von den Heizkörpern weggerückt. Auch unsere Vorhänge verdecken die Heizkörper nicht mehr. Außerdem habe ich alle Fenster und Rollladenkästen abgedichtet."

2 Energiespartipps von Jonna

„Durch meine Ausbildung als Koch habe ich eine ganze Menge Energiespartipps für die Küche kennengelernt: Ich koche immer mit Deckel. Ich schalte zu Hause meinen Elektroherd früher aus und nutze die Restwärme. Beim Backen mit Umluft spare ich bis zu 15 % Energie. Weil ich auf das Vorheizen des Backofens verzichte, spare ich noch einmal bis zu 8 % Strom. Statt mit der Hand zu spülen, nutze ich die Geschirrspülmaschine. Damit kann ich mit dem Ökoprogramm sogar bis zu 50 % Energie und 30 % Wasser einsparen. Den Kühlschrank stelle ich auf 7 °C. Das reicht aus, um Lebensmittel und Getränke zu kühlen. Mein Kühlschrank steht natürlich nicht direkt neben dem Backofen oder einer anderen Wärmequelle."

3 Energiespartipps von Santiago

4 Da geht mir ein Licht auf

5 Geld sparen durch Energie sparen

Energiesparmeister-Wettbewerb

Im Rahmen eines Wettbewerbs werden jährlich die kreativsten und effizientesten Klimaschutzprojekte an Schulen bundesweit ausgezeichnet. Schulen aller Schultypen können sich mit ihren Klimaschutzprojekten einzeln oder im Team bewerben. Eine Jury wählt das beste Energiesparmeister-Projekt in jedem Bundesland aus.

Der Energiesparmeister-Wettbewerb für Schulen findet seit 2009 jährlich statt. Über 170 Schulen wurden seitdem für ihr Klimaschutz-Engagement ausgezeichnet.

2022 hat eine Grundschule aus Mecklenburg-Vorpommern den 1. Preis gewonnen. Ihr Motto war: „Klima retten durch Aufklärung". Die Kinder haben Briefe an Unternehmen geschrieben, waren mit einem Stand beim Klimatag der Stadt vertreten, haben den Bürgermeister zu einer Podiumsdiskussion eingeladen und einen Ideen-Wettbewerb für mehr Klimaschutz veranstaltet. Außerdem wollen sie einen Klimalehrpfad im Ort installieren.

Merke

- **Mehr als zwei Drittel der Energie im Haushalt werden für das Heizen von Räumen und für Warmwasser verwendet.**
- **Geräte im Standby-Betrieb verursachen Mehrkosten und schädigen das Klima.**

Aufgaben

1 Beschreibe die Grafik (→ **Abb. 1**).

2 a) Recherchiere im Internet eine MK kostenlose Energiespar-App.
MK b) Präsentiert eure Apps.

3 a) Ergänzt Jonnas (→ **Abb. 2**) und Santiagos (→ **Abb. 3**) Energiespartipps.
MK b) Entwickelt einen Flyer mit Energiesparmaßnahmen am PC.

4 a) Beschreibt die Abbildungen (→ **Abb. 4** und **Abb. 5**).
b) Was sagen die Bilder (→ **Abb. 4** und **Abb. 5**) aus? Stellt Vermutungen an.
c) Entwickelt eigene Bilder zum Energiesparen.

5 a) Beschreibt Maßnahmen zur Ressourceneinsparung und -schonung bei technischen Geräten.
b) Erörtert die Maßnahmen.

6 Berechne den Stromverbrauch bei dir zu Hause.

7 Entwickelt ein Projekt, um am nächstjährigen Energiesparmeister-Wettbewerb teilzunehmen.

Wortspeicher
– der Standby-Betrieb

Gewerke in der Gebäudetechnik

Bei der Errichtung eines Hauses fallen viele unterschiedliche Arbeiten an. Dazu gehören zum Beispiel Erd- und Betonarbeiten oder Tischlertätigkeiten. Die Elektro- und Sanitärinstallation zählt zur Gebäudetechnik. Sie versorgt ein Haus mit Wärme, Wasser, Strom und frischer Luft. Die einzelnen Tätigkeiten, bezogen auf ein bestimmtes Fachgebiet (z. B. Heizungstechnik), nennt man Gewerk. Zu den einzelnen Gewerken der Gebäudetechnik (→ **Abb. 2**) findest du viele interessante Berufe.

Starker Job

Elektroniker/-in der Fachrichtung Energie- und Gebäudetechnik

„Ich plane elektro-technische Anlagen von Gebäuden sowie deren Energieversorgung und Infrastruktur. Dazu gehört auch das Installieren von Starkstromanlagen oder Funksystemen zur Gebäudeautomatisierung. Nachdem ich sie in Betrieb genommen habe, muss ich natürlich immer kontrollieren, ob sie auch funktionieren. Besonderen Spaß macht mir das Beraten und Betreuen von Kundinnen und Kunden."

Starker Job

Solarmonteur/-in

„Gestern erst haben meine Kollegen und ich Solarmodule einer Solaranlage genau nach Montageplan auf einem Hausdach installiert. Meine Firma bietet sowohl die Installation von Solarthermie- als auch Fotovoltaikanlagen auf Dächern oder anderen Freiflächen an. Von der Unterkonstruktion, dem Verlegen von Leitungen bis über das Verkabeln der Bauelemente reichen die Aufgaben. Auch das Errichten der Baugerüste übernehmen wir. Natürlich muss ich die Service-, Reparatur- und Wartungsdienstleistungen unserer Einsätze dokumentieren."

Starker Job

Mechatroniker/-in für Kältetechnik

„Heute stellen wir die Komponenten für eine Kälte- und Klimaanlage zusammen. Einzelne Anlagenteile montieren wir dann schon in der Werkstatt vor. Dazu gehören zum Beispiel mechanische, elektronische und elektrotechnische Bauteile. Gestern waren wir bei einem Kunden, um noch Rohre zu verlegen und sie mit dämmenden Materialien zu ummanteln. Für unsere Firmenwagen reicht ein Führerschein der Klasse B. Mit meinem Fachwissen in Elektronik, Mechanik und Steuerungstechnik kann ich sowohl elektrische Anschlüsse installieren als auch Steuerungs- und Regelungseinrichtungen programmieren."

Starker Job

Anlagenmechaniker/-in

„Als Anlagenmechaniker montiere und repariere ich heizungstechnische Anlagen. Die können mit oder auch ohne Warmwasserbereitung sein. Manchmal warte ich auch Heizungsanlagen. Viele unserer Kundinnen und Kunden möchten ihre alte Öl- oder Gasheizung gegen eine neue Anlage tauschen. Dann kümmere ich mich um die Demontage des alten Heizungssystems und den Einbau und Anschluss einer neuen Anlage inklusive Elektroanschluss. Meine Schweißkenntnisse benötige ich bei unserer Arbeit mit Großanlagen häufig. Gut, dass ich mich auf dem Gebiet weiterqualifiziert habe!"

Berufsfeld Bau, Architektur und Vermessung

Das Baugewerbe ist Deutschlands größter Wirtschaftszweig. Schaue dir mal eine Baustelle über längere Zeit an. Dann erkennst du, wie viele Gewerke beteiligt sind, bis ein Gebäude steht und bezugsfertig ist. Für diese vielen verschiedenen Tätigkeiten bietet das Baugewerbe interessante und vielfältige Arbeitsplätze.

1 Coco und Ben diskutieren in der Pause

Bereich Hochbau: Dachdecker/-in, Beton und Stahlbetonbauer/-in, Gerüstbauer/-in ...
Bereich Tiefbau: Baugeräteführer/-in, Kanalbauer/-in, Rohrleitungsbauer/-in, Baumaschinenmeister/-in ...
Bereich Ausbau: Estrichleger/-in, Fliesen-, Platten- und Mosaikleger/-in, Ausbaufacharbeiter/-in ...
Bereich Architektur und Bautechnik: Bauzeichner/-in, Assistent/-in Innenarchitektur, Fachkraft Wasserwirtschaft ...
Bereich Gebäudetechnik: Elektroniker/-in der Fachrichtung Energie- und Gebäudetechnik, Mechatroniker/-in für Kältetechnik ...
Bereich Landschafts- und Raumplanung: Techniker/-in Gartenbau ...
Bereich Vermessung und Geoinformation: Vermessungstechniker/-in, Geomatiker/-in, Beamter/Beamtin Vermessungswesen ...

2 Berufsfeld Bau, Architektur und Vermessung

Merke

- **Die Gebäudetechnik versorgt ein Haus mit Wärme, Wasser, Strom und frischer Luft.**
- **Einzelne Tätigkeiten, bezogen auf ein bestimmtes Fachgebiet, nennt man Gewerk.**

Aufgaben

1 Erkläre den Begriff „Gewerk“ an einem Beispiel.

2 Beschreibt euch gegenseitig, welche Aufgaben, die Berufe der Gebäudetechnik haben.

3 Begründet, welcher der vorgestellten Berufe euch am ehesten gefallen würde.

4 Recherchiert Arbeitgeber in eurer Umgebung, die zur Gebäudetechnik gehören.

5 „Ich arbeite lieber im Team und habe gerne Kundenkontakt“, sagt Ben. „Mir ist die Arbeit an der frischen Luft am wichtigsten“, entgegnet Coco.
a) Welche der vorgestellten Berufe würdest du Coco und Ben empfehlen (→ **Abb. 1**)? Begründe.
b) Vergleicht eure Ergebnisse miteinander.

6 MK Das Berufsfeld Bau, Architektur und Vermessung bietet viele verschiedene Berufe (→ **Abb. 2**). Recherchiert im Internet zu einem Bereich verschiedene Berufe und stellt sie in einer digitalen Präsentation vor.

7 Die Gebäudetechnik wird auch Versorgungstechnik genannt. Stelle Vermutungen dazu an.

8 MK a) Recherchiert im Internet ...
a) Gewerke, die noch am Bau eines Gebäudes beteiligt sind.
b) je einen Beruf zu diesen Gewerken.
MK b) Entwickelt eine digitale Ausstellung mithilfe von QR-Codes.

Wortspeicher
– *die Gebäudetechnik*
– *das Gewerk*

NE Angepasste Ausbildung

Ob beim Neubau oder auch beim Modernisieren und Renovieren, die Anforderungen an Berufe im Baugewerbe haben sich verändert. Auslöser dafür sind zum einen der technische Fortschritt und zum anderen die gestiegenen Forderungen des Klimaschutzes und Ziele der Nachhaltigkeit. Viele der 19 anerkannten Ausbildungsberufe der Bauwirtschaft müssen immer wieder inhaltlich und strukturell angepasst werden.

Digitalisierung

Nicht nur für das Einsparen von Energie und für eine Verringerung des CO_2-Ausstoßes wird unsere Welt immer smarter. Auch für unseren Wohnkomfort sind technische Anlagen und Maschinen in Gebäuden immer mehr miteinander vernetzt. Somit ist die Digitalisierung aus vielen Berufen nicht mehr wegzudenken.

der Plotter
computer-gesteuerte Zeichenanlage

Esra ist in die Fußstapfen ihres Vaters getreten und macht eine Ausbildung zur Schornsteinfegerin. Auf dem Smartphone zeigt sie ihrem Vater, was sie alles lernt. „Wahnsinn, wie sehr sich das Berufsbild des Schornsteinfegers durch die ganze Digitalisierung verändert hat!“, staunt Esras Vater.

1 Esras Vater staunt über die neue Technik

- 3D-Druck-Software
- 3D-Laserscanning
- 3D-Simulation
- Building Information Modeling (BIM)
- Connected Buildings
- Embedded Systems
- Virtual Prototyping

2 Digitales Werkzeug für Ausbildungsberufe in der Gebäudetechnik

Starker Job

Technische/-r Systemplaner/-in für Versorgungs- und Ausrüstungstechnik

„Ich bin jetzt schon im zweiten Ausbildungsjahr zum Technischen Systemplaner für Versorgungs- und Ausrüstungstechnik, kurz VAT. Wird zum Beispiel ein Haus neu gebaut, übernimmt meine Firma die Planung für Herstellung und Montage von Anlagen der Versorgungs- und Ausrüstungstechnik. Darunter fallen vor allem die Heizungs-, Klima- und Sanitärtechnik. Meine Ausbildungsfirma sorgt aber auch dafür, dass zum Beispiel Sanitärräume oder auch Brandschutzanlagen mit Wasser versorgt sind. Momentan arbeite ich an einem Lüftungssystem in einem großen Gebäudekomplex.
Das meiste wird heute digital gemacht. Mit einem CAD-Programm zeichne ich einen Installationsplan und drucke ihn später an einem Plotter aus. Selbst das Falten des Planes übernimmt eine Maschine. Natürlich kommt aus dem Plotter nur raus, was ich auch eingebe. Da muss man schon die richtigen Maße beachten und sorgfältig arbeiten.“

Empfohlener Schulabschluss: mittlerer Bildungsabschluss
Ausbildungsdauer: 3,5 Jahre
Ausbildungsart: duale Ausbildung
Durchschnittlicher Verdienst in der Ausbildung: in der Industrie bis zu 1.050 €

3 Technische/-r Systemplaner/-in für Versorgungs- und Ausrüstungstechnik

Starker Job

Schornsteinfeger/-in

„Als Schornsteinfegerin lerne ich in der Ausbildung digitales Dokumentenmanagement, um zum Beispiel Prüfprotokolle zu schreiben oder Mess- und Mängelberichte digital zu verwalten. Das ist heute in meinem Beruf selbstverständlich! Spannend finde ich vor allem den Umgang mit der Drohnen- und Robotertechnik. Die Drohnen nutze ich für die Inspektion von Industrieschornsteinen. Anschließend reinige ich sie mit Robotern. In Feuerungs- und Lüftungsanlagen helfen mir Sensoren, Abgase und Feinstaub zu messen.
Um meine Touren für Kundentermine optimal und zeitsparend zu planen, hilft mir eine vernetzte Tourenplanung und Leistungserfassung."

Empfohlener Schulabschluss:
mittlerer Bildungsabschluss
Ausbildungsdauer: 3 Jahre
Ausbildungsart: duale Ausbildung
Durchschnittlicher Verdienst in der Ausbildung:
ca. 850 €

4 Schornsteinfeger/-in

Starker Job

Ofen- und Luftheizungsbauer/-in

„Mein Betrieb baut vom Kachelofen bis zum Gasbrenner alles. In unserer Werkstatt stellen wir die Anlagenteile her, die wir dann im Anschluss zur Kundschaft transportieren und vor Ort installieren. Manchmal ist das eine körperliche Herausforderung, denn die Öfen sind schwer. Außerdem muss man handwerkliches Geschick und technisches Verständnis mitbringen. Wenn ich nicht von meinem Ausbildungsbetrieb übernommen werden kann, möchte ich auf jeden Fall in einem handwerklichen Betrieb des Kachelofen-, Ofen- und Kaminbaus arbeiten. Mir gefallen neben der kreativen Arbeit besonders die vielseitigen Aufgaben und Einsatzorte. Mit meiner Ausbildung könnte ich aber auch zu einem Installations- und Heizungsbaubetrieb gehen."

Empfohlener Schulabschluss:
mittlerer Bildungsabschluss
Ausbildungsdauer: 3 Jahre
Ausbildungsart: duale Ausbildung
Durchschnittlicher Verdienst in der Ausbildung:
bis zu 900 €

5 Ofen- und Luftheizungsbauer/-in

die Leistungserfassung
Dokumentation der Arbeitsleistung, die ein Arbeitnehmender in einem bestimmten Zeitraum erbringt

Merke

- **Technischer Fortschritt und Ziele des Klimaschutzes verändern Berufe.**
- **Viele Ausbildungsberufe der Bauwirtschaft müssen immer wieder angepasst werden.**

Aufgaben

1 Beschreibe Tätigkeiten eines Technischen Systemplaners für Versorgungs- und Ausrüstungstechnik.

2 Erkläre am Beispiel der Schornsteinfegerin, wie die Digitalisierung Berufe verändern kann (→ **Abb. 1**).

3 a) Recherchiere die Begriffe im Internet (→ **Abb. 2**). MK

b) Erklärt euch die Begriffe gegenseitig.

4 a) Recherchiert im Internet einen „anerkannten Beruf" der Bauwirtschaft. MK

MK b) Stellt den Beruf in einem digitalen Steckbrief dar.

MK c) Recherchiert, zu welchem Gewerk der Beruf Ofen- und Lüftungsbauer/-in gehört.

5 „Technische Berufe sind nichts für Frauen. Da können Betriebe noch so sehr dafür Werbung machen."
Nehmt Stellung zu dieser Aussage.

Wortspeicher
- *der Ausbildungsberuf*
- *die Bauwirtschaft*
- *der Klimaschutz*

Auf einen Blick

Gebäude effektiv betreiben

Erneuerbare Energien
- Wasserkraft
- Solarkraft
- Windenergie
- Biomasse
- Geothermie

Systeme zur Energieumwandlung
- Solarthermie
- Fotovoltaikanlage
- Wärmepumpe

Elektrische Versorgung
- Sicherung
- Kurzschluss
- FI-Schutzschalter
- Versorgungsnetz

Nachhaltigkeit
- zirkuläre Wertschöpfung
- Pyrolyse-Technik
- Passivenergiehaus
- Energiespar-App

Gebäudetechnik
- Smart Grid
- Smart Meter
- Energiespeicherung
- Versorgungskonzepte
- Smarthome
- Datensicherheit

1 Diese Begriffe solltest du kennen

Wiederholen

2 Wasserkraftwerk

1 S. 96/97

a) Nenne verschiedene Arten von **Wasserkraftwerken**.

b) Erläutere, um welches Wasserkraftwerk es sich handelt (→ **Abb. 2**).

3 Zirkuläre Wertschöpfung

2 S. 98/99

Nenne drei Vorteile der **zirkulären Wertschöpfung** (→ **Abb. 3**).

3 S. 100/101

Erläutere drei Möglichkeiten der **Energiespeicherung**.

4 S. 102/103

a) Erläutert verschiedene Konzepte zur **Energieversorgung** eines Gebäudes.

b) Erörtere die Holzpelletheizung.

5 S. 102/103

Erkläre den Begriff **Hybridheizung**.

6 S. 104/105

Ergänze die Sätze zur **Sicherheit mit Sicherungen** mit den richtigen Begriffen.

a) Der ______ ist die Schaltzentrale für die Elektroinstallation.

b) Sicherungen schützen die Elektroinstallation bei ______ und Überlastungen.

c) Der ______ schützt Menschen vor tödlichen elektrischen Schlägen.

d) An eine Steckdosenleiste kann man mehrere Geräte bis zu einer bestimmten ______ anschließen.

7 S. 108/109
Erkläre, was du benötigst, um **Regenwasser** zum Beispiel auch für die Waschmaschine oder die Toilettenspülung zu nutzen.

8 S. 110/111
Auch bei einem **Smarthome** musst du deine Daten sichern. Nenne drei Punkte, auf die du achten solltest.

9 S. 112/113
Welche Aussagen über das **Passivenergiehaus** sind wahr, welche falsch? Stelle die falschen Aussagen richtig dar.
a) Das Lüften in einem Passivenergiehaus ist möglich.
b) Passivenergiehäuser haben ein gutes Raumklima.
c) Passivenergiehäuser sind aufgrund der Höhe des CO_2-Ausstoßes nicht umweltfreundlich.
d) Passivenergiehäuser haben einen guten Wohnkomfort durch sonnendurchflutete Räume und hochwertige Baumaterialien.
e) Der Bau von Passivenergiehäusern wird nicht staatlich gefördert.
f) Passivenergiehäuser haben niedrige Bau- und Reparaturkosten.
g) Bei Passivenergiehäusern sind die Temperaturen im Haus variabel einstellbar.
h) Passivenergiehäuser haben durch Nutzung von Sonnenenergie einen geringen Energieverbrauch.

10 S. 114/115
Erläutere die Vorteile eines **Smart Meter** im Gegensatz zu einem herkömmlichen Stromzähler.

11 S. 116/117
Erläutere den Aufbau des **Energielabels** (→ **Abb. 4**).

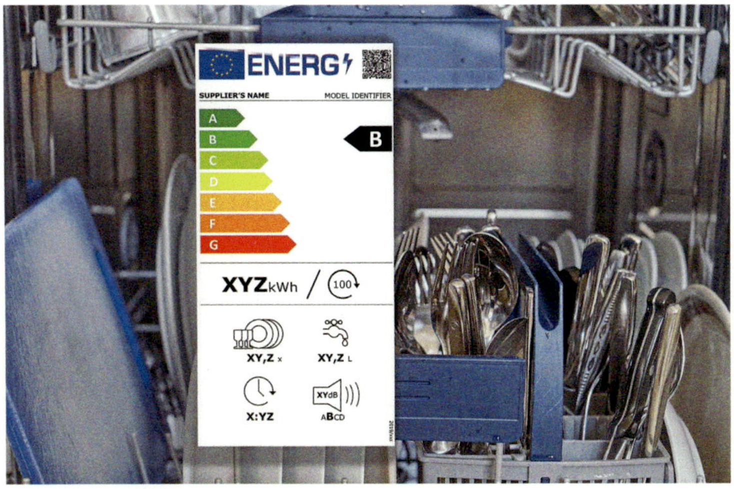

4 Energielabel einer Spülmaschine

12 S. 118/119
a) Nenne drei Möglichkeiten der **Energieeinsparung**, die du einfach bei dir zu Hause umsetzen kannst.
b) Erläutere, worauf du beim Heizen achten musst, wenn du Energie sparen willst.

13 S. 120/121
a) Nenne **Berufe, die zur Gebäudetechnik** zählen.
b) Beschreibe einen davon genauer.

14 S. 122/123
Erkläre, warum sich **Ausbildungsberufe** verändert haben (→ **Abb. 5**).

5 Berufe verändern sich

NE Nachhaltige Dämmstoffe

Bei nichtgedämmten Häusern entweichen zwei Drittel der Wärme ungenutzt über den Keller, die Außenwände, das Dach oder über Fenster und Türen. Damit der Energiebedarf von Gebäuden sinkt, ist eine gute Dämmung wichtig. Bei steigenden Energiekosten kann man durch eine gute Dämmung auch viel Geld sparen.

Energiebilanz von Dämmstoffen

Welche Dämmstoffe ökologisch sinnvoll sind, hängt unter anderem vom Energieeinsatz für ihre Herstellung und von den Inhaltsstoffen ab. Nachwachsende Rohstoffe haben eine besonders gute Energiebilanz. Vor allem pflanzliche (→ **Abb. 1**) und tierische Dämmstoffe (z. B. Schafwolle) überzeugen zum Beispiel durch die geringen Transportkosten aufgrund regionaler Verfügbarkeit und durch eine einfachere Entsorgung.
Alle Dämmmaterialien müssen jedoch den Ansprüchen an Brandverhalten und Wasseraufnahmevermögen gerecht werden. Nachhaltige und umweltfreundliche Wärmedämmstoffe erkennst du an dem Umweltzeichen „Blauer Engel".

1 Dämmen mit Hanf

Überall einsetzbar?

Es gibt Bereiche, in denen man nicht mit Naturmaterialien dämmen kann. Für eine Außendämmung unter der Erde (Perimeterdämmung) sind Dämmstoffe aus Naturfasern nicht widerstandsfähig genug gegen Feuchtigkeit und Druck. Auch für Flachdächer sind viele ökologische Dämmstoffe nicht zugelassen. Sehr häufig werden Dämmstoffe aus Naturmaterialien für die Innendämmung oder die oberste Geschossdecke genutzt. Auch bei der Dachdämmung kommen sie infrage. Selbst Außenfassaden können mit Dämmstoffen aus nachwachsenden Rohstoffen gedämmt werden.

Dämmstoffarten und Preise

Es gibt ökologische Dämmstoffe in Form von **Matten** (z. B. Jute, Hanf, Holzfasern wie Sägemehl oder Sägespäne), als **Einblasstoffe** (z. B. Holzfaser, Hanf, Zellulose) oder aus **Stopfwolle** (z. B. Hanf, Schafwolle). Sie alle haben unterschiedliche Preise (→ **Abb. 2**).

Material	Materialpreise (1 m²)
Zellulose	12 bis 37 €
Hanf	17 bis 50 €
Schilf	19 bis 58 €
Seegras	35 bis 62 €
Schafwolle	34 bis 70 €
Holzweichfasern	28 bis 83 €
Herkömmlicher Dämmstoff zum Vergleich:	
Polystyrol (EPS, „Styropor")	9 bis 16 €

2 Preisvergleich für Dämmstoffe (2022)

Die Eisblockwette

Im Rahmen der Initiative „Zukunft Zuhause – nachhaltig sanieren“ der Deutschen Bundesstiftung Umwelt (DBU) und der Kampagne „Sanierung im Fokus“ haben Städte und Gemeinden an einer Eisblockwette teilgenommen. In zwei Modellhäusern wurden 180 Liter gefrorenes Wasser verschlossen. Ein Modellhaus war gedämmt, das andere nicht. „Wir wollen wissen, wie viel Liter Schmelzwasser in jedem der beiden Häuser nach Ablauf der Frist entstanden sind […]. Mit der Eisblockwette wollen wir […] deutlich machen, wie wichtig es ist, seine Immobilie gut zu isolieren […] Das schont die Umwelt, den Geldbeutel und hilft beim Ausstieg aus fossiler Energieversorgung.“

Eure Eisblockwette

Ihr wollt wissen, was bei der Eisblockwette herausgekommen ist? Dann baut sie nach!

Mögliches Material für die Häuser:
- Pappe, Pappkartons, Sperrholz
- Styroporabfälle (z.B. Platten, Schüttmaterial)
- Zeitungen (Altpapier)
- Wolle, Kork
- Kleber, evtl. Draht, Schrauben
- Schere, Säge, Bohrer, Schraubendreher

Das braucht ihr:
- gleich große Eisblöcke für jede Gruppe in Tetrapacks
- Messbecher
- Tabelle für die Messergebnisse

TIPP
Wenn der Tetrapack zu voll ist, kann er beim Einfrieren platzen. Füllt deshalb in einen 1 l-Tetrapack (z.B. Milchtüte) nur 900 ml Wasser ein.

So geht ihr vor:
- Jede Gruppe baut ein Haus, in das ein Tetrapack passt.
- Entscheidet euch in der Gruppe:
  Welche Materialien wollt ihr nutzen?
  Wie dick soll die Dämmschicht sein? Wie soll der Dämmstoff befestigt werden? …
- Erstellt eine Skizze mit Maßen. Fertigt einen Arbeitsplan an und baut euer Haus.
- Wenn alle Häuser fertig sind, legt ihr die Eisblöcke in eure Häuser.
- Verschließt die Häuser und stellt sie an einen Ort, an dem die Häuser nicht bewegt werden.
- Kontrolliert die Eisblöcke regelmäßig: Tetrapack aufschrauben, Schmelzwasser in einen Messbecher schütten, Menge ablesen und protokollieren.
- Gewonnen hat die Gruppe, die am wenigsten Schmelzwasser hat.

Merke
- **Damit der Energiebedarf von Gebäuden sinkt, ist eine gute Dämmung wichtig.**
- **Bei nichtgedämmten Häusern entweichen zwei Drittel der Wärme ungenutzt.**
- **Nachhaltige und umweltfreundliche Dämmstoffe erkennst du am Siegel „Blauer Engel“.**

Aufgaben

1 Vergleiche die Preise herkömmlicher und alternativer Dämmstoffe (→ **Abb. 2**).

2 Emanuel: „Ökologische Dämmstoffe kommen nur für die Innendämmung in Frage.“
Dana: „Das stimmt doch gar nicht!“
Nehmt Stellung zu den Aussagen.

3 Führt die Eisblockwette durch.
a) Baut euer Haus.
b) Entwickelt eine Tabelle für Messergebnisse.
c) Stellt Vermutungen an, in welchem Haus der Eisblock am längsten hält.
MK d) Haltet alle Schritte eurer Eisblockchallenge mit Fotos fest.

4 Stellt eure Eisblockwette in einem Blog-Eintrag dar.

○1 ◒2, 3 ●4

NE Alternativen gesucht

Zu den wichtigsten Aufgaben der Umweltpolitik gehören, technische Alternativen zu finden und Anreize zu schaffen. Wir brauchen dringend neue Technologien, die grüner, intelligenter und nachhaltiger sind. In allen Bereichen wird geforscht und entwickelt, nicht nur beim Bau von Gebäuden.

Möglichkeiten vorantreiben

Smarthomes, Fotovoltaikanlagen und Wärmepumpen sollen den Energieverbrauch reduzieren. Dank des technischen Fortschritts lassen sich Fotovoltaikanlagen mittlerweile auch in ganze Gebäudeflächen (z. B. Fassaden) integrieren. Wusstest du, dass der Ausbau solarer Dachanlagen generell den jährlichen Strombedarf der ganzen Welt decken könnte? Vor allem in Asien gibt es schon jetzt sowohl genügend Sonnenstunden als auch ausreichend Dachflächen.

diffusionsoffen
atmungsaktiv, dampf- und feuchtigkeitsdurchlässig

das Schadholz
Bruchholz, Käferholz, Sturmholz

Kunststoffersatz

Als **„Bioplastik"** gelten Kunststoffe, die ganz oder teilweise auf Basis nachwachsender Rohstoffe produziert werden. Sie sind aber oft nur bedingt biologisch abbaubar (z. B. Tüten aus Mais- und Kartoffelstärke) und verbrauchen landwirtschaftliche Flächen, die für Nahrung genutzt werden könnten. **Flüssigholz** hingegen wird aus einem Restprodukt der Papierproduktion hergestellt. Es ist sehr vielfältig einsetzbar. Flüssigholz kann erdölhaltige Kunststoffe ganz oder teilweise ersetzen und lässt sich gut kompostieren. Ein großer Fahrzeughersteller forscht bereits seit über zehn Jahren am Einsatz von Flüssigholz in der Innenausstattung seiner Fahrzeuge. Wäre das vielleicht auch für den Hausbau interessant?

Baustoffe aus der Natur

Neue Baustoffe mit einer schlechten Ökobilanz (z. B. Stahl, Beton) könnten zum Beispiel durch **Bambus** und dem **Wurzelwerk von Pilzen** (Myzelien) (→ **Abb. 1**) ersetzt werden. Pilze könnten auch eine Alternative für Kunststoff, Styropor oder Sperrholz sein. Aus dicht gepressten **Strohballen** lassen sich preiswert und nachhaltig Wände errichten, die anschließend nur noch verputzt werden müssen. Ihre hohe ↗ Wärmekapazität erfüllt sogar den Standard eines Passivenergiehauses. Für ein gesundes Raumklima ist **Lehm** im Innenbereich unschlagbar. Er speichert Wärme, kann mit wenig Energieaufwand hergestellt und dazu noch leicht verarbeitet werden. **Hanf** ist diffusionsoffen und schwer entzündbar. In Verbindung mit Lehm bietet Hanf eine sehr gute Dämmung und Isolierung. Auch als Dämmputz findet das Hanf-Lehm-Gemisch Anwendung. Schadhölzer können zum größten Teil noch zum Bau eines umweltfreundlichen Holzhauses genutzt werden. Da **Holz** und Holzprodukte CO_2 speichern, könnten Holzhäuser langfristig auch zu CO_2-Speichern werden.

Starker Job

Forschungs- und Entwicklungstechniker/-in

„Ich gestalte Lösungen zu konkreten Aufgabenstellungen. Ich baue Prototypen und nehme verschiedene Funktions- und Leistungstests vor. Im Moment führe ich unter physikalischen und chemischen Einflüssen einen Materialtest durch. Dabei dokumentiere ich die technische und wirtschaftliche Bewertung. Mein Bachelor in Maschinenbau hilft mir da sehr, aber ich habe auch Kolleginnen und Kollegen, die eine technische Ausbildung, zum Beispiel im Bereich Elektrotechnik, gemacht haben. Gemeinsam sind wir ein gutes Team."

1 Gehört den Pilzen die Zukunft?

2 Papphäuser auf Helogoland

Am besten gar kein neuer „Müll"

Die Idee, aus Abfall Ressourcen zu machen, ist nicht neu, allerdings auch noch nicht ausgeschöpft. Die Natur macht es uns vor: Sie kennt keine Abfälle, sondern nur wiederverwertbare Produkte. Alles ist Teil eines funktionierenden Ökosystems.
Muss es überhaupt Abfall geben? Kompostierbare Textilien, essbare Verpackungen, reine Kunststoffe oder Metalle, die immer wieder für denselben Zweck verwendet werden können, wären eine gute Alternative.
Ein Technologieunternehmen hat zum Beispiel einen ungebrannten Ziegelstein entwickelt, der zu 90 % aus recycelten Abbruch- und Bauabfällen besteht. Kann sich eine abfallfreie Wirtschaft mit kontinuierlichen Materialkreisläufen und positiv definierten Materialien umsetzen lassen? Ein Anfang ist gemacht: ↗ Urban Mining betrachtet die Stadt als Rohstofflager. Bauschutt zu recyceln oder sogar ganze Bauteile wiederzuverwenden, ist eine lohnenswerte Alternative.

Schon gehört?

Auf einer Düne Helgolands steht ein „Wikkelhouse" (→ **Abb. 2**). Der Name stammt aus dem Niederländischen und weist auf die Fertigung hin: Der Kern besteht ausschließlich aus 24 Schichten Pappe. Diese Schichten sind so miteinander verbunden bzw. „verwickelt", dass sie stabil sind und in Form bleiben. Diese mehrlagigen Pappschichten sind an Innen- und Außenwänden mit Holz verkleidet. Eine wasserabweisende, atmungsaktive ↗ Membran macht das Haus wetterbeständig.

das positiv definierte Material
Material, das frei von Schadstoffen ist und ohne Bedenken in den jeweiligen Kreisläufen verwendet werden kann

Merke

- **Der Ausbau solarer Dachanlagen könnte den jährlichen globalen Strombedarf decken.**
- **Mit immer neuen Technologien und innovativen Ideen kann das Prinzip der Nachhaltigkeit umgesetzt werden.**

Aufgaben

1 Nenne die Einsatzbereiche von drei natürlichen Baustoffen.

2 MK **a)** Recherchiert im Internet, wodurch sich das Wurzelwerk von Pilzen zum Baustoff eignet.

MK **b)** Recherchiert im Internet weitere nachhaltige Erfindungen, die Klima und Umwelt schützen.

MK **c)** Entwickelt zu einer Erfindung eine digitale Präsentation.

3 Nehmt Stellung zu folgenden Aussagen:
„Eine abfallfreie Wirtschaft mit kontinuierlichen Materialkreisläufen ist nicht umsetzbar."
„Zero Waste, das schränkt mich zu sehr ein."
„Der Kreislaufwirtschaft gehört die Zukunft."

Wohnen auf einer künstlichen Insel

1 Venetian Island, Miami Beach

Beim Gedanken an eine Insel denkt man schnell an ein Paradies: blauer Himmel, weiße Strände, Meeresrauschen … Aber wie wäre es mit einer Insel, auf der du wohnen, arbeiten, Lebensmittel herstellen oder sogar Energie erzeugen könntest? Neuer Raum, ganz nach unseren Wünschen und Bedürfnissen geschaffen. Klingt das nicht auch paradiesisch?

Neuer Raum – dem Wasser „abgeluchst"

Die Weltbevölkerung wächst, der Meeresspiegel steigt und vielerorts herrscht Wohnungsnot. Das Leben auf dem Wasser könnte eine Alternative sein. Unser Nachbarland macht es vor. Ein Drittel der Niederlande ist durch Poldern entstanden. Aber es geht auch anders. In der heutigen Zeit entstehen künstliche Inseln in der Regel durch Landgewinnung oder Isolierung von bestehendem Land durch einen Wasserweg. Manche Inseln sind komplett künstlich geschaffen (→ **Abb. 1**), bei anderen hat man nur etwas nachgeholfen. Doch wie genau funktioniert die Erschaffung einer künstlichen Insel?

das Poldern
Eindeichung zur Landgewinnung und zum Hochwasserschutz

Auf Sand gebaut?

Einfach nur Sand aufzuschütten, würde nicht halten. Ein paar starke Wellen, ein bisschen Strömung und schon wäre die Insel verschwunden. „Jebel Ali" in Katar wurde zum Beispiel erst mit Felsbrocken und anschließend mit Sand aufgeschüttet, der durch Rütteln verdichtet wurde. Manchmal müssen Lehmschichten am Meeresgrund erst mit gewaltigen Saugbaggern abgesaugt werden. Andere künstliche Inseln werden zusätzlich mit tausenden von Stahlrohren im Meeresboden stabilisiert. Mit einer ähnlichen Pfahlbauweise entstanden schon früher ganze Siedlungen (→ **Abb. 2**).

2 Pfahlbauten am Bodensee

Giganten für unterschiedliche Zwecke

Künstliche Inseln werden für unterschiedliche Zwecke geschaffen. Neben Wohnraumbeschaffung, Freizeiteinrichtungen, Landwirtschaft und Unterkünften werden sogar Flughäfen und Viehzucht auf künstliche Inseln ausgelagert. Der internationale Flughafen von Hongkong ist mit der Fläche von 9,8 km² der bisher größte, auf einer künstlichen Insel geschaffene Flughafen. Für die Erschaffung der Insel wurden zwei kleine natürliche Inseln genutzt und durch Aufschüttung des Untergrunds miteinander verbunden. Die größte von Menschenhand geschaffene Wohn- und Landwirtschaftsinsel ist „Flevopolder“ in den Niederlanden mit ganzen 970 km².

Wohnen auf einer Blüte

Drei künstliche Inselparadiese in Form von Blütenblättern plant Malaysia vor der Insel Penang. Eine Insel wird einen Technologie- und Forschungspark beherbergen. Die zweite Insel wird die Geschäfts- und Veranstaltungszentren der Stadt tragen, während auf der dritten Insel die Wohnbebauung rund um einen zentralen Hafen entstehen soll. Auch die Niederlande planen eine weitere künstliche Insel im Meer, diesmal in Form einer Tulpe, die vom Weltall aus erkennbar sein soll.

Kritik an künstlichen Inseln

Auf den ersten Blick scheint es, als seien die künstlichen Inseln die optimale Lösung für fehlenden Wohnraum. Aber kritische Stimmen mehren sich und tausende Menschen beteiligen sich an Protesten. Denn der Bau der Inseln ist sehr teuer und ein erheblicher Eingriff in die Natur. Es wird kritisiert, dass die Inseln oft unnatürlich aussehen. Auch befürchten viele, dass die Wohnungen unbezahlbar werden und wieder nur die Reichen oder der Tourismus davon profitieren.

Ein Haus lernt schwimmen

Während woanders noch versucht wird, Häuser mit höheren Deichen gegen die steigenden Fluten zu schützen, baut man in den Niederlanden längst „schwimmende Häuser“. Die Häuser steigen mit dem Wasserspiegel, sodass sie nicht überflutet werden können.

Merke

- **Künstliche Inseln entstehen durch Landgewinnung oder Isolierung von bestehendem Land.**
- **Landgewinnung ist durch Poldern möglich.**
- **Künstliche Inseln werden für unterschiedliche Zwecke geschaffen.**

Aufgaben

1 Nenne drei Zwecke, wozu künstliche Inseln gebaut werden.

2 Beschreibt Möglichkeiten, eine künstliche Insel bzw. Wohnraum auf dem Wasser zu schaffen.

3 Erörtert den Bau einer künstlichen Insel.

4 Stelle in einer Skizze dar, wie ein „schwimmendes Haus“ konstruiert sein müsste.

5 „Wir werden Städte auf dem Ozean haben, lange bevor wir Häuser auf dem Mars haben.“ Nehmt Stellung zu der Aussage.

○1 ◒2, 3 ●4, 5

die **Abluft**
Luft, die aus einem Raum oder Gebäude entweicht oder abgesaugt wird.

das **Abschmieren**
Abschmieren nennt man das regelmäßiges Fetten oder Ölen von Lagern und Gelenken bei Maschinen.

die **Abwärme**
Abwärme ist ein unbeabsichtigtes Nebenprodukt (z. B. von technischen Geräten oder Anlagen).

der **Algorithmus**
In Computerprogrammen werden Lösungen berechnet und Daten gefiltert. Algorithmen helfen dabei, Schritt für Schritt nach einer vorher programmierten Lösung vorzugehen. Suchmaschinen im Internet sind die bekannteste Form. Sie sortieren ihre Suchergebnisse so, dass Nutzerinnen und Nutzer schneller zum Ergebnis kommen.

die **Automation**
↗ Automatisierung bezeichnet die Umrüstung auf technische Anlagen, die selbstständig und ohne menschliche Arbeitskraft funktionieren. Erreicht die Automatisierung ihre Vollendung, wird sie als Automation bezeichnet.

die **Automatisierung**
Automatisierung ist die Ausführung von Arbeitsprozessen durch Maschinen oder Softwarelösungen. Die Abfolge automatisierter Aufgaben gibt ein Programm vor, das festgelegten Regeln bzw. Logiken folgt. Der Mensch überwacht oder kontrolliert bei der Automatisierung lediglich die Ausführung.

das **Brauchwasser**
Brauchwasser kann aus Regen-, Grund- oder Flusswasser gewonnen werden. Es ist nicht zum Trinken geeignet, muss aber dennoch ein Mindestmaß an Hygiene erfüllen. In Privathaushalten wird für die Toilette, die Waschmaschinen oder im Garten immer noch Trinkwasser genutzt. Dabei ließe sich der kostbare Rohstoff durch Brauchwasser ersetzen.

die **Dockingstation**
Festes Netztteil, an dem mehrere mobile Geräte angeschlossen werden können.

die **Duroplaste**
Duroplaste sind Kunststoffe, die nur einmal geformt werden können. Danach lassen sie sich durch Erwärmung nicht mehr verformen. Duroplaste können jedoch durch Bohren, Sägen, Feilen bearbeitet werden. Steckdosen und Lichtschalter sind zum Beispiel aus Duroplasten.

die **Elastomere**
Elastomere sind formfeste, aber elastisch verformbare Kunststoffe. Sie lassen sich zusammendrücken und gehen von alleine wieder in ihre Ausgangsform zurück. Schaumstoffe, Autoreifen, Gummibänder sind zum Beispiel aus Elastomeren.

das **Endgerät**
Ein Endgerät ist ein digitales Gerät (z. B. Tablet, Smartphone), das mit einen Netzanschluss an ein Daten- oder Telekommunikationsnetzwerk angeschlossen ist.

das **Falzen**
Beim Falzen werden dünne Bleche durch Umkanten oder Falten der geraden Blechränder zusammengefügt.

der **Gebäudesektor**
Der Gebäudesektor umfasst den Gebäudebestand aller Gebäude, also Wohngebäude, gewerbliche und öffentliche Gebäude.

das **Gefüge**
Das Gefüge beschreibt den inneren Aufbau (Gefügestruktur) von Werkstoffen.

der **Gleichstrom**
Gleichstrom ist elektrischer Strom mit einer gleichbleibenden Fließrichtung und Stromstärke.

das **GPS**
GPS ist die Abkürzung für Global Positioning Signal. Das GPS ermittelt Positionen auf der Erde, die bis auf Zentimeter genau sein können. GPS-Signale werden bei Navigationssystemen genutzt.

der **Green Deal**
Der Green Deal umfasst Maßnahmen in den Bereichen Finanzmarkt, Energieversorgung, Verkehr, Handel, Industrie und Land- und Forstwirtschaft. Er soll uns und künftigen Generationen ein besseres und gesünderes Leben sichern.

die **Handmaschine**
Handmaschinen sind Maschinen, die mit der Hand bedient und geführt werden können. Typische Handmaschinen sind unter anderem Akkubohrschrauber, Stichsägen und Handkreissägen.

das **Hydrauliköl**
Hydrauliköl ist eine Flüssigkeit, die eine sehr gute Schmiereigenschaft hat und äußerst beständig ist. Eingesetzt wird Hydrauliköl bei sämtlichen Maschinen, die Hydraulikzylinder haben um Bewegungen auszuführen. Bagger und Holzspalter sind typische Maschinen, die hydraulisch gesteuert werden.

Industrial Big Data
Big Data beschreibt die Verarbeitung großer, komplexer und sich schnell ändernder Datenmengen. Industrial Big Data sind Datenmengen von Industrieanlagen.

der **Infrarotsensor**
Ein Infrarotsensor ist ein strahlungsempfindlicher Sensor. Sie sind zum Beispiel in Bewegungsmeldern, die in der Haustechnik zum Einschalten von Lampen oder in Alarmanlagen zur Erkennung unliebsamer Gäste verwendet werden.

die **Infrastruktur**
Unter Infrastruktur versteht man Verkehrsnetze (Straßen, Wasser- und Schienenwege) sowie die Ver- und Entsorgungseinrichtungen (Kommunikationsnetze, Energie und Wasser) einer Stadt oder Region.

die **internetbasierte Dienstleistung**
Internetbasierte Dienstleistungen sind digitale Dienstleistungen. Sie werden durch Sammeln von digitalen Daten auf Adressaten zugeschnittenen.

die **Karosserie**
Die Karosserie ist der Aufbau eines Fahrzeuges oberhalb des tragenden Fahrgestells.

die **Klimaneutralität**
Bei einer Klimaneutralität entstehen keine Kohlenstoffemissionen oder es herrscht ein Gleichgewicht zwischen Kohlenstoffemissionen und der Aufnahme von Kohlenstoff aus der Atmosphäre.

die **Kraft-Wärme-Kopplung**
Kraft-Wärme-Kopplung (KWK) ist ein Verfahren, bei dem gleichzeitig Strom und Heizwärme erzeugt werden.

das **Kunstharz**
Kunstharze sind künstlich hergestellte dickflüssige Stoffe. Sie werden mit einem Härter gemischt, um einen festen Zustand zu erreichen. Verwendet werden Kunstharze unter anderem für Karosseriearbeiten oder um Risse in Holz zu schließen.

die **Luftdichtheit**
Bei einer Luftdichtheit ist kein unkontrollierte Luftwechsel, weder von innen nach außen, noch von außen nach innen, möglich.

die **Membran**
Eine Membran ist eine Schicht mit trennender oder abgrenzender Funktion.

der **Mikroprozessor**
Ein Mikroprozessor ist ein sehr kleiner Schaltkreis, der aufgrund seiner geringen Größe in vielen Geräten eingebaut ist und die Steuerung übernimmt. In jedem Smartphone sind zum Beispiel Mikroprozessoren enthalten.

die **Nanobeschichtung**
Eine Nanobeschichtung ist eine Beschichtung. Sie ist eine aufgebrachte Schicht, die ein milliardstel dünn ist.

der **pH-Wert**
Der pH-Wert gibt an, wie sauer oder basisch eine wässrige Lösung ist. Die pH-Skala reicht von 1 bis 14. Der Wert 7 ist neutral. Alle Werte unter 7 sind sauer, alle über 7 sind basisch.

die **Pleuelstange**
Die Pleuelstange ist im Verbrennungsmotor ein Bauteil, das die Kraft des Kolbens, die bei der Verbrennung im Zylinder entsteht, auf die Kurbelwelle zu überzträgt.

der **Prototyp**
Ein Prototyp ist die erste Version, die im Konstruktionsprozess hergestellt wird. Ein Prototyp wird auch Arbeitsmodell genannt.

der **QR-Code**
Ein Q(uick) R(esponse)-Code ist eine Art Bildchen, das gescannt werden kann und Daten beinhaltet (z. B. einen Link auf eine Homepage).

das **Reibrad**
Das Reibrad ist ein Bauteil eines Getriebes. Es überträgt die Drehbewegung durch Kraft. Reibräder haben meistens eine gummiartige Oberfläche, um ein Durchrutschen zu verhindern.

die **Reibungskraft**
Die Reibungskraft ist eine Kraft, die zwischen den Oberflächen von zwei sich berührenden Körpern wirkt (z. B. Untergrund und Räder). Dabei ist sie immer entgegen der Bewegung des Körpers gerichtet.

das **Schneidmittel**
Das Scheidmittel ist ein Hilfsmittel zur Verbesserung zerspanender Prozesse. Das Schneidmittel verringert die Reibung und sorgt dafür, dass Werkzeug und Werkstück gekühlt werden.

das **Schnittbild**
Ein Schnittbild stellt eine Schicht oder einen Schnitt durch ein Objekt dar.

der **Schrittmotor**
Ein Schrittmotor ist ein Elektromotor. Dieser kann mit einer speziellen Steuerung winkelgenaue Drehungen und Bewegungen durchführen.

der **Schwelbrand**
Ein Schwelbrand ist ein sich langsam ausbreitender Brand bei geringer Verbrennungstemperatur. Aus einem Schwelbrand entwickelt sich innerhalb von wenigen Minuten giftiger Brandrauch. Schwelbrände können sich blitzartig in einen Flammenbrand verwandeln. Deshalb gilt in allen Bundesländern die Rauchmelderpflicht.

der **Servomotor**
Ein Servomotor ist ein Elektromotor. Er ist mit einem zusätzlich Sensor ausgestattet. Mithilfe dieses Sensors kann man die Position der Motorwelle ermitteln und winkelgenaue Bewegungen durchführen.

der **Smart Meter**
Smart Meter sind intelligente Stromzähler. Sie analysieren den Verbrauch und geben die Daten an den Energieversorger weiter. Dadurch kann der Überschuss im Netz besser verteilt werden.

die **Sollbruchstelle**
Die Sollbruchstelle ist eine vorherbestimmte Stelle, die bei Belastung brechen soll.

die **soziale Ungleichheit**
Die soziale Ungleichheit beschreibt die ungleiche und ungerechte Verteilung bestimmter Ressourcen oder Lebensbedingungen in einer Gesellschaft.

der **subtraktive Körper**
„Subtraktiver Körper“ ist ein Begriff aus derm technischen Zeichnen von dreidimensionalen Körpern. Mit den subtraktiven Körpern werden Bohrungen erzeugt oder Teile eines Körpers abgezogen.

das **Tech-Start-up**
Ein Tech-Start-up ist ein neu gegründetes Unternehmen mit hohem Wachstumspotenzial, das mit technischen Innovationen Probleme löst.

die **Thermoplaste**
Thermoplastische Kunststoffe sind Kunststoffe, die sich in einem bestimmten Temperaturbereich verformen lassen. Durch erneutes Erwärmen kann man sie wieder verformen.

der **Überstand**
Ein Überstand besteht, wenn die Anzahl der gelagerten Rohstoffe und Fertigprodukte die Nachfrage übersteigen.

die **Überwurfmutter**
Eine Überwurfmutter verbindet einzelne Teile mit Gewinden, die sich innen und außen befinden. Die einfachste Form ist die Verbindung einer Schraube (Außengewinde) mit einer Mutter (Innengewinde).

das **Urban Mining**
Der Begriff „Urban Mining“ kommt aus dem Englischen und bedeutet „Bergbau in der Stadt“. Rohstoffe sollen dort gesichert und geborgen werden, wo sie bisher vor allem im Müll landen. Durch Recycling werden die Rohstoffe dem Warenkreislauf wieder hinzugefügt und vor dem wertlosen Verfall auf einer Müllhalde gerettet.

der **Verschnitt**
Der Verschnitt ist der Abfall, der beim Zuschneiden oder Zurechtschneiden von Materialien entsteht.

die **virtuelle Abbildung**
Eine virtuelle Abbildung ist ein virtuelles (nicht wirklich vorhandenes, vom Computer simuliertes) Modell für ein reales Produkt oder Betriebsmittel (Maschine oder Anlage).

der **Wankelmotor**
Der Wankelmotor ist ein Verbrennungsmotor. Er wurde nach seinem Erfinder Felix Wankel benannt. Der Wankelmotor wird auch als Drehkolbenmotor bezeichnet. Im Vergleich zum Ottomotor wird durch die Verbrennung direkt eine Drehbewegung erzeugt. Eine Kurbelwelle ist daher nicht notwendig.

die **Wärmekapazität**
Die Wärmekapazität (auch Wärmespeicherfähigkeit) beschreibt, wie viel Wärme nötig ist, um die Temperatur um ein Grad Celsius anzuheben.

der **Wechselstrom**
Strom, der im Gegensatz zu ↗ Gleichstrom Stärke und Richtung ändern kann.

die **Wertschöpfungskette**
Die Wertschöpfungskette stellt die Stufen der Produktion in einer geordneten Reihe von Tätigkeiten dar.

der **Zertifikatshandel**
Will ein Unternehmen Kohlendioxid in die Atmosphäre abgeben, muss es das Recht dazu besitzen. Diese „Emissionsrechte" werden in Form von Zertifikaten verteilt. Für jede Tonne erlaubtes Kohlendioxid gibt es ein Zertifikat. Unternehmen dürfen ihre Zertifikate untereinander tauschen. Will ein Unternehmen mehr Kohlendioxid ausstoßen, als es Zertifikate hat, kann es die Emissionsrechte von anderen Firmen abkaufen.

die **Zuluft**
Luft, die einem Raum oder Gebäude zugeführt wird.

In allen Aufgaben findest du **Signalwörter**. Diese Signalwörter zeigen dir, was du tun musst. **Sprachtipps** sind hier grün hervorgehoben. Die Sprachtipps helfen dir beim Formulieren der Lösungen.

Signalwort	Was musst du tun?
 **analysiere**	Du arbeitest bestimmte Merkmale heraus und untersuchst sie nach verschiedenen Fragestellungen. Der Text / Die Werbung / Das Plakat zeigt folgende Merkmale … Betrachtet man …, dann … Besonders wichtig ist …
 **begründe**	Du führst Argumente, Ursachen oder Beweise für etwas an. Da … / weil … / denn … / deshalb … Aufgrund von … / Aus diesem Grund …
 **beschreibe**	Du gibst eine Sache in eigenen Worten und durch Fachbegriffe wieder. Ich sehe … Das Bild zeigt … Im Vordergrund befindet sich …
 **beurteile, bewerte**	Du beschreibst, wie weit etwas den Vorgaben oder deinen eigenen Vorstellungen entspricht. Den Fakten nach zu urteilen … Wenn ich berücksichtige, dass … komme ich zu dem Ergebnis, dass … Abschließend kann man sagen, dass …
 **diskutiere**	Du tauschst mit den anderen in deiner Gruppe Argumente aus und wägst sie ab. Ich teile deine Meinung (nicht). Allerdings … / Aber … Mein Argument ist …
 **erkläre**	Du beschreibst eine Sache nachvollziehbar und verständlich. Dies kann man erklären mit … Es bedeutet, dass … Das heißt, …
 **erläutere**	Du beschreibst eine Sache nachvollziehbar und verständlich und verdeutlichst sie zusätzlich mit Beispielen. Dies kann ich wie folgt erläutern: … Diese Beispiele können das verdeutlichen: …
 **erörtere**	Du stellst die Vor- und Nachteile zu einem Thema einander gegenüber, formulierst eine eigene Meinung und begründest sie. Ein Vorteil ist: … / Nachteilig ist … Wenn ich die Vorteile und Nachteile abwäge, komme ich zu der Meinung …
 **fasse zusammen**	Du schreibst das Wichtigste heraus oder gibst es wieder. … lässt sich wie folgt zusammenfassen: … Die wichtigsten Aspekte sind: …

Signalwort	Was musst du tun?
 **nimm Stellung**	Du bildest dir eine eigene Meinung zu dem Sachverhalt (gut oder schlecht, gerecht oder ungerecht …) und begründest sie. Meiner Meinung nach … Ich finde das (nicht) gut, weil … Eine Bewertung ist schwierig, da …
 **ordne (zu/ein)**	Du stellst dar, wie verschiedene Dinge zusammengehören. … passt zu … … gehört zu … … lässt sich einteilen in …
 **stelle dar**	Du gibst ein Ergebnis anschaulich wieder (z. B. als Tabelle, Schaubild, Mindmap, Zeichnung). Ich habe … in … zusammengestellt. Meine Gedanken kann ich in einer Mindmap festhalten.
 **untersuche**	Du findest heraus, welche Merkmale vorhanden sind (z. B. durch Versuche oder Fragen). Mit diesem Versuch will ich klären, ob … Ob das so ist, möchte ich mithilfe dieser Fragen untersuchen: … Wenn ich …, werde ich sehen, ob …
 **vergleiche**	Du setzt Dinge in Beziehung und erkennst, was gleich, ähnlich oder unterschiedlich ist. Im Vergleich zu … A und B unterscheiden sich stark/kaum. Im Gegensatz zu …
 **vermute/ stelle Vermutungen an**	Du gibst wieder, was du über eine Fragestellung oder ein Thema denkst. Dabei beziehst du dein bisheriges Wissen ein. Möglicherweise … Wahrscheinlich … Ich vermute, dass …
 **zähle auf, nenne**	Du trägst bestimmte Begriffe, Informationen oder Aussagen in Stichworten zusammen. Folgende Punkte kann ich nennen: … … heißt …

Handlungsorientierte Arbeitsaufträge	
entwickle	Du setzt deine Kenntnisse und deine eigenen Vorstellungen um, z. B. in einem Beurteilungsbogen, einem Infoblatt oder einer digitalen Präsentation.
konstruiere	Du entwirfst ein Produkt, sodass eine Fertigung möglich ist.
präsentiere	Du stellst ein Ergebnis den anderen vor, z. B. als Vortrag oder digitale Präsentation.
stelle her	Du stellst dein Produkt anhand von Skizzen, Konstruktionen … her.
recherchiere	Du findest Informationen zu einer Sache aus unterschiedlichen Quellen heraus, z. B. aus dem Internet oder durch eine Befragung.

- niemand soll in extremer Armut leben
- jeder Mensch soll sozial abgesichert sein
- alle haben das Recht auf ein eigenes Einkommen, Eigentum und gute Bildung

- alle Menschen haben genug zu essen und können sich ausgewogen und gesund ernähren
- die Landwirtschaft ist in der Lage leistungsfähiger zu arbeiten
- die Nahrungsmittelproduktion soll nachhaltiger werden

- die Zahl der Mütter und Kinder, die bei der Geburt sterben, soll verringert werden
- jeder Mensch hat Zugang zu einer Gesundheitsversorgung
- Suchtprävention soll verstärkt und das Vorkommen von Wohlstandskrankheiten wie z. B. Stress und Übergewicht reduziert werden

- weltweit erhalten Mädchen und Jungen gleichberechtigten Zugang zu guter Bildung
- der Großteil aller Menschen kann lesen und schreiben
- weltweit lernen Menschen, wie sie zukünftig nachhaltiger leben

- Mädchen und Frauen werden nicht diskriminiert und sexuell ausgebeutet
- kein Mädchen wird unter Zwang verheiratet
- Frauen können wie Männer Karriere machen und Führungsrollen übernehmen

- jeder Mensch erhält Zugang zu sauberem und bezahlbarem Trinkwasser
- die Verunreinigung von Wasser wird reduziert
- Ökosysteme wie z. B. Berge, Wälder, Flüsse, und Seen sollen besonders geschützt werden

- jeder Mensch kann auf eine sichere und nachhaltige Energieversorgung zugreifen
- der Anteil der erneuerbaren Energien wird deutlich erhöht
- es gibt eine starke internationale Zusammenarbeit zur Erforschung von sauberer Energie und zur Steigerung der Energieeffizienz

- die Zahl von sicheren und nachhaltigen Arbeitsplätzen soll gesteigert werden
- alle Menschen genießen menschenwürdige Arbeitsbedingungen
- die Produktivität wird durch Modernisierung und Innovation gesteigert

- Infrastrukturen wie z. B. Straßen oder Internet ermöglichen jedem Menschen Zugang zu Bildung, medizinischer Hilfe und gesellschaftlicher Teilhabe
- in wirtschaftlich schwächeren Ländern nimmt der Anteil der in der Industrie arbeitenden Menschen deutlich zu
- Wissenschaft und Forschung wird weltweit gestärkt, um Nachhaltigkeit zu fördern

1 Die 17 Entwicklungsziele der Agenda 2030 und ausgewählte Zielvorgaben

Die nachhaltigen Entwicklungsziele der Agenda 2030

Die Vereinten Nationen haben sich bis zum Jahr 2030 nachhaltige Entwicklungsziele (engl.: SDG = sustainable development goals oder auch global goals) gesetzt. Insgesamt gibt es 17 Ziele mit konkreten Ziel- und Zeitvorgaben. Jeder einzelne Mitgliedstaat der Vereinten Nationen, egal ob Industrienation oder Entwicklungsland, ist verpflichtet, in seinem jeweiligen Zuständigkeitsbereich diese Zielvorgaben umzusetzen.

- politische Maßnahmen werden ergriffen, damit alle Menschen unabhängig von Geschlecht, Alter, Behinderung, Herkunft selbstbestimmt leben können
- Wohlstand und Reichtum sollen weltweit gerechter verteilt werden
- Ungleichheiten zwischen armen und reichen Ländern sollen verringert werden

- alle Menschen erhalten Zugang zu angemessenem und bezahlbarem Wohnraum
- die Verkehrssysteme werden nachhaltiger und sicherer gestaltet und sollen für alle Menschen leichter zugänglich sein
- die Umweltbelastung in den Städten wird verringert

- die Ressourcenverschwendung soll deutlich reduziert werden
- es wird weniger Abfall produziert
- Unternehmen müssen nachhaltiger produzieren und das auch nachweisen

- jedes Land soll Maßnahmen zum Schutz vor klimabedingten Gefahren ergreifen
- Maßnahmen zum Schutz des Klimas werden in allen nationalen politischen Planungen und Strategien berücksichtigt
- alle Menschen tragen durch ihr Handeln zur Abschwächung des Klimawandels bei

- die Verschmutzung der Meere wird erheblich verringert
- Fischfang und andere Nutzungsarten der Ozeane und Meere sollen deutlich nachhaltiger werden
- neue Meeresschutzgebiete sollen ausgewiesen und bestehende erhalten und ausgebaut werden

- Landökosysteme wie z.B. Wälder und Sumpfgebiete werden wiederhergestellt und geschützt
- Wilderei und illegaler Handel mit Tieren und Pflanzen wird gestoppt
- die fortschreitende Wüstenbildung wird bekämpft

- gegen kein Kind soll Gewalt angewendet werden, kein Kind wird missbraucht
- weltweit haben alle Menschen das gleiche Recht auf faire Gerichtsverhandlungen
- Korruption und Bestechung werden deutlich reduziert

- wirtschaftlich schwächere Länder sollen von reicheren Ländern mit Geld und Wissen unterstützt werden, um ihre Nachhaltigkeitsziele zu erreichen
- wirtschaftlich schwächere Länder können gleichberechtigt am internationalen Warenhandel teilnehmen
- das internationale Mitspracherecht wirtschaftlich schwächerer Länder wird deutlich erhöht

Bildquellennachweis

Umschlag.1 stock.adobe.com, Dublin (Oksana Klymenko); **Umschlag.2** stock.adobe.com, Dublin (Andrey Popov); **Umschlag.3** stock.adobe.com, Dublin (engel.ac); **4.1** Getty Images Plus, München (E+ / sturti); **4.2** ShutterStock.com RF, New York (Dusan Petkovic); **5.3** stock.adobe.com, Dublin (AlesiaKan); **5.4** stock.adobe.com, Dublin (AA+W); **6** Getty Images Plus, München (E+ / sturti); **7.1** stock.adobe.com, Dublin (Rawpixel. com); **7.2** ShutterStock.com RF, New York (Chesky); **7.3** Ernst, Andreas, Gottenheim; **7.4** ShutterStock.com RF, New York (MONOPOLY919); **8.1** stock.adobe.com, Dublin (Itsanan); **8.2** stock.adobe.com, Dublin (nordroden); **9.3** Ernst, Andreas, Gottenheim; **9.4** Ernst, Andreas, Gottenheim; **10.1** stock.adobe.com, Dublin (Atlas); **10.3** stock.adobe.com, Dublin (industrieblick); **11.4** Ernst, Andreas, Gottenheim; **11.5** Ernst, Andreas, Gottenheim; **12.1** stock.adobe.com, Dublin (Thomas Söllner); **12.2** ShutterStock.com RF, New York (socrates471); **13.3** Meckbach, Martina, Köln (Martina Meckbach); **13.4** Meckbach, Martina, Köln (Martina Meckbach); **14.3** stock.adobe.com, Dublin (DRasa); **15.4** Karger, Anja-Christina, Köln; **15.5** Karger, Anja-Christina, Köln; **16.1** stock.adobe.com, Dublin (Harry Wedzinga); **16.2** stock.adobe.com, Dublin (momosama); **17.3** Karger, Anja-Christina, Köln; **17.4** stock.adobe.com, Dublin (bogdanvija); **18.1** stock.adobe.com, Dublin (Out There Somewhere); **18.2** stock. adobe.com, Dublin (alephnull); **19.3** Meckbach, Martina, Köln (Martina Meckbach); **19.4** Meckbach, Martina, Köln; **20.1** Wolff, Katrin, Wiesbaden; **21.3** Karger, Anja-Christina, Köln; **22.1.1** ShutterStock.com RF, New York (Alexey Savchuk); **22.1.2** stock.adobe.com, Dublin (Robert Przybysz); **22.1.3** stock.adobe.com, Dublin (panpote); **22.1.4** stock.adobe.com, Dublin (jufo); **22.2** Getty Images Plus, München (Lipowski); **22.3** Getty Images Plus, München (iStock / GODS_AND_KINGS); **22.4** stock.adobe.com, Dublin (vadish); **22.5** stock.adobe.com, Dublin (tendo23); **23.1** stock.adobe.com, Dublin (Ludmila); **23.2** stock.adobe.com, Dublin (I Viewfinder); **23.3** stock.adobe.com, Dublin (zapp2photo); **23.4** stock. adobe.com, Dublin (Denis); **24.1** stock.adobe.com, Dublin (DC Studio); **25.3** stock.adobe.com, Dublin (pavlodargmxnet); **25.4** Ernst, Andreas, Gottenheim; **26.1** Ernst, Andreas, Gottenheim; **26.2** Ernst, Andreas, Gottenheim; **27.3** Grafik: Krause, Jens, Leipzig; **28.2** stock.adobe.com, Dublin (sompong_tom); **29** stock.adobe.com, Dublin (industrieblick); **30** stock.adobe.com, Dublin (auremar); **31.1** stock.adobe.com, Dublin (contrastwerkstatt); **31.2** stock.adobe.com, Dublin (Natalia); **31.3** stock.adobe.com, Dublin (carballo); **31.4** stock.adobe.com, Dublin (AliceCam); **32.1** ShutterStock.com RF, New York (metamorworks); **33.2** Bundesanstalt für Materialforschung- und prüfung (BAM), Berlin; **33.3** stock.adobe.com, Dublin (SergeyBitos); **34** Liese, Annette, Dortmund; **36.2** Karger, Anja-Christina, Köln; **36.3** Karger, Anja-Christina, Köln; **37.4** stock.adobe.com, Dublin (Patrick Daxenbichler); **37.5** stock.adobe.com, Dublin (sitthiphong); **38.1** Ernst, Andreas, Gottenheim; **38.2** Ernst, Andreas, Gottenheim; **39.3** Ernst, Andreas, Gottenheim; **40.1** Ernst, Andreas, Gottenheim (Andreas Ernst); **41.2** Ernst, Andreas, Gottenheim (Andreas Ernst); **41.3** Ernst, Andreas, Gottenheim (Andreas Ernst); **41.4** Ernst, Andreas, Gottenheim; **41.5** Ernst, Andreas, Gottenheim (Andreas Ernst); **42.1** Wolff, Katrin, Wiesbaden; **42.2** Wolff, Katrin, Wiesbaden; **43.3** Meckbach, Martina, Köln; **43.4** Meckbach, Martina, Köln; **43.5** Meckbach, Martina, Köln; **44.1** Ernst, Andreas, Gottenheim; **44.2** Ernst, Andreas, Gottenheim; **45.3** Screenshot: https://www.onshape.com/de; Zeichnung: Andreas Ernst, Freiburg; **45.4** Ernst, Andreas, Gottenheim; **45.5** Ernst, Andreas, Gottenheim; **46.1** https://creativecommons.org/licenses/by-nd/4.0/, Mountain View ; CC-BY-ND-4.0 Lizenzbestimmungen: https://creativecommons.org/licenses/by-nd/4.0/legalcode; https://de.statista.com/infografik/27216/co2-emissionen-durch-informationstechnik-in-deutschland-pro-kopf/; www.statista.com; Quelle Öko-Institut e.V., siehe *2; **47.2** stock.adobe.com, Dublin (JackF); **47.3** stock.adobe.com, Dublin (nenetus); **48** ShutterStock.com RF, New York (Dusan Petkovic); **49.1** stock.adobe.com, Dublin (VILevi); **49.2** stock.adobe.com, Dublin (ferkelraggae); **49.3** stock.adobe.com, Dublin (industrieblick); **49.4** stock.adobe.com, Dublin (RioPatuca Images); **50** stock.adobe.com, Dublin (1st footage); **51.1** Ernst, Andreas, Gottenheim; **52.1** Diethart Block, Bad Oeynhausen; **52.2** Diethart Block, Bad Oeynhausen; **53.3** Diethart Block, Bad Oeynhausen; **53.4** Diethart Block, Bad Oeynhausen; **53.6** Diethart Block, Bad Oeynhausen; **53.7** Diethart Block, Bad Oeynhausen; **54.2** Mester, Gerhard, Wiesbaden; **55.4** Getty Images Plus, München (SolStock); **56.1** Ernst, Andreas, Gottenheim; **56.2** stock.adobe.com, Dublin (AnneGM); **57.3** stock.adobe.com, Dublin (Tomasz Zajda); **57.4** stock.adobe.com, Dublin (industrieblick); **58.1** stock.adobe.com, Dublin (Herr Loeffler); **59.2** Bundesumweltministerium/ maristeiner Grafik-Design, www.bmuv.de/WS5549; **60.1** Wolff, Katrin, Wiesbaden; **61.2** Ernst, Andreas, Gottenheim; **61.3** Ernst, Andreas, Gottenheim; **62.1** Ernst, Andreas, Gottenheim; **63.3** stock.adobe.com, Dublin (Yaroslav); **63.4** Ernst, Andreas, Gottenheim; **63.5** Ernst, Andreas, Gottenheim; **63.6** stock.adobe.com, Dublin (MartialMarie); **63.7** ShutterStock.com RF, New York (DisobeyArt); **64.1** stock.adobe.com, Dublin (melita); **65.4** stock.adobe.com, Dublin (Monkey Business); **66.2** stock.adobe.com, Dublin (Alexander); **66.3** stock.adobe.com, Dublin (Xaver Klaussner); **66.4** stock.adobe.com, Dublin (Andreas Gruhl); **67.5** Getty Images Plus/Microstock, München (iStock / Mykyta Dolmatov); **67.6** stock.adobe.com, Dublin (fottoo); **68.1** Karger, Anja-Christina, Köln; **68.2** Karger, Anja-Christina, Köln; **69.3** Karger, Anja-Christina, Köln; **69.4** Karger, Anja-Christina, Köln; **70.1** stock.adobe.com, Dublin (wowinside); **71.2** Karger, Anja-Christina, Köln; **71.3** Mauritius Images, Mittenwald (Caia Image); **71.4** stock.adobe.com, Dublin (DC Studio); **72** stock.adobe.com, Dublin (AlesiaKan); **73.1** stock.adobe.com, Dublin (Iryna Mylinska); **73.2** stock.adobe.com, Dublin (Deemerwha studio); **73.3** stock.adobe.com, Dublin (Vadim); **73.4** Ernst, Andreas, Gottenheim; **74.1** stock.adobe.com, Dublin (THINK b); **74.2** Ernst, Andreas, Gottenheim; **75.3** Ernst, Andreas, Gottenheim; **76.1** stock.adobe.com, Dublin (westermak15); **77.2** stock.adobe.com, Dublin (Mike Dot); **78.1** stock.adobe.com, Dublin (LukaszDesign); **78.2** stock.adobe.com, Dublin (xiaoliangge); **79.3** stock.adobe.com, Dublin (Angelov); **79.4** stock.adobe.com, Dublin (Jürgen Fälchle); **80.1** Karger, Anja-Christina, Köln; **81.4** Karger, Anja-Christina, Köln; **81.5** Karger, Anja-Christina, Köln; **82.1** stock.adobe.com, Dublin (ultramcu); **82.2** stock.adobe.com, Dublin (Chaay_tee); **83.3** Screenshot: NEPO / Open Roberta Lab / Fraunhofer Institut, Sankt Augustin; **84.1** https://creativecommons.org/licenses/by-sa/4.0/deed.de, Mountain View ; CC-BY-SA-4.0 Lizenzbestimmungen: https://creativecommons.org/licenses/by-sa/4.0/legalcode – https://calliope.cc, siehe *3; **85.2** Meckbach, Martina, Köln; **85.3** Screenshot: NEPO / Open Roberta Lab / Fraunhofer Institut, Sankt Augustin; **86.2** stock.adobe.com, Dublin (Denis Rozhnovsky); **86.3** https://de.statista.com/infografik/27778/geschaetzter-jahresumsatz-mit-robotik-nach-industriesektor/ – Quelle: Statista Technology Market Outlook – www.statista.com – https://creativecommons.org/licenses/by-nd/4.0/, Mountain View ; CC-BY-ND-4.0 Lizenzbestimmungen: https://creativecommons.org/licenses/by-nd/4.0/legalcode, siehe *2; **86.4.1** Picture-Alliance, Frankfurt/M. (dpa / Marcus Brandt); **86.4.2** ShutterStock.com RF, New York (Stefano Mazzola); **86.4.3** Getty Images Plus, München (E+ / baranozdemir); **87.1** Screenshot: NEPO / Open Roberta Lab / Fraunhofer Institut, Sankt Augustin; **87.2** Screenshot: NEPO / Open Roberta Lab / Fraunhofer Institut, Sankt Augustin; **87.3** Screenshot: NEPO / Open Roberta Lab / Fraunhofer Institut, Sankt Augustin; **88.1** Ernst, Andreas, Gottenheim; **88.2** Screenshot: NEPO / Open Roberta Lab / Fraunhofer Institut, Sankt Augustin; **89.3** Ernst, Andreas, Gottenheim; **89.4** Screenshot: NEPO / Open Roberta Lab / Fraunhofer Institut, Sankt Augustin; **89.5** Screenshot: NEPO / Open Roberta Lab / Fraunhofer Institut, Sankt Augustin; **90.1** Ernst, Andreas, Gottenheim; **91.2** Ernst, Andreas, Gottenheim; **91.5** Screenshot: NEPO / Open Roberta Lab / Fraunhofer Institut, Sankt Augustin; **92.1** stock.adobe.com, Dublin (besjunior); **92.2** stock.adobe.com, Dublin (tarikdiz); **93.3** Ernst, Andreas, Gottenheim; **93.4** Ernst, Andreas, Gottenheim; **93.5** Ernst, Andreas, Gottenheim; **94** stock.adobe.com, Dublin (AA+W); **95.1** stock.adobe.com,

Dublin (anatoliy_gleb); **95.2** stock.adobe.com, Dublin (REMINDFILMS); **95.3** stock.adobe.com, Dublin (Hoda Bogdan); **95.4** stock.adobe.com, Dublin (galaxy67); **96.1** Liese, Annette, Dortmund; **96.2** Grafik: Krause, Jens, Leipzig ; Quelle: Statisitsches Bundesamt (Destatis), 2023;; **98.1** Grafik: Krause, Jens, Leipzig; **99.2** stock.adobe.com, Dublin (madhourse); **99.3** stock.adobe.com, Dublin (miket); **100.2** stock.adobe.com, Dublin (twixter); **101.3** Picture-Alliance, Frankfurt/M. (blickwinkel/H. Blossey); **102.1** ShutterStock.com RF, New York (Allahfoto); **103.2** stock.adobe.com, Dublin (Dirk Schumann); **104.1.1** Meckbach, Martina, Köln; **104.1.2** Meckbach, Martina, Köln; **104.1.3** Meckbach, Martina, Köln; **104.1.4** Meckbach, Martina, Köln; **105.2** Getty Images Plus, München (iStock / Grigorev_Vladimir); **106.1** Meckbach, Martina, Köln; **106.2** Meckbach, Martina, Köln; **107.2** Fotosatz_Buck, Kumhausen/Hachelstuhl; **108.1** stock.adobe.com, Dublin (Mimi Potter); **110.1** Getty Images Plus, München (E+ / Capuski); **110.2** Getty Images Plus, München (iStock / Chesky_W); **111.3** Picture-Alliance, Frankfurt/M. (Westend61 / Jose Carlos Ichiro); **111.4** Getty Images Plus, München (E+ / IGphotography); **112.1** Mair, Jörg, München; **114.1** stock.adobe.com, Dublin (monicaodo); **115.2** stock.adobe.com, Dublin (StockPhotoPro); **115.3** Getty Images Plus, München (E + / serts); **117.2** stock.adobe.com, Dublin (Gina Sanders); **117.3** Skopp, Berrit, Witten; **118.1** Picture-Alliance, Frankfurt/M. (dpa-infografik); **118.2** Getty Images Plus, München (E+ / AvailableLight); **118.3** Getty Images Plus, München (DigitalVision / Maskot); **119.4** Getty Images Plus, München (E+ / mikkelwilliam); **119.5** Getty Images Plus/Microstock, München (The Image Bank / artpartner-images); **120.1** stock.adobe.com, Dublin (fotofabrika); **120.2** stock.adobe.com, Dublin (auremar); **120.3** stock.adobe.com, Dublin (Alexander Raths); **120.4** stock.adobe.com, Dublin (NFstock); **121.1** stock.adobe.com, Dublin (JackF); **122.1** ShutterStock.com RF, New York (VGstockstudio); **122.2** stock.adobe.com, Dublin (contrastwerkstatt); **123.4** Getty Images Plus, München (E+ / brittak); **123.5** stock.adobe.com, Dublin (Arpad Nagy-Bagoly); **124.2** stock.adobe.com, Dublin (Aufwind-Luftbilder); **124.3** stock.adobe.com, Dublin (Francesco Scatena); **125.4** stock.adobe.com, Dublin (Himmelswiese); **125.5** stock.adobe.com, Dublin (Jesse B/peopleimages.com); **126.1** Picture-Alliance, Frankfurt/M. (dpa Themendienst / Andrea Warnecke); **128** stock.adobe.com, Dublin (auremar); **129.1** stock.adobe.com, Dublin (Cannabis_Pic); **129.2** Picture-Alliance, Frankfurt/M. (dpa / Markus Scholz); **130.1** stock.adobe.com, Dublin (miami2you); **130.2** stock.adobe.com, Dublin (JM Soedher); **136.1** Oser, Liliane, Hamburg; **136.2** Oser, Liliane, Hamburg; **136.3** Oser, Liliane, Hamburg; **136.4** Oser, Liliane, Hamburg; **136.5** Oser, Liliane, Hamburg; **136.6** Oser, Liliane, Hamburg; **136.7** Oser, Liliane, Hamburg; **136.8** Oser, Liliane, Hamburg; **136.9** Oser, Liliane, Hamburg; **137.1** Oser, Liliane, Hamburg; **137.2** Oser, Liliane, Hamburg; **137.3** Oser, Liliane, Hamburg; **137.4** Oser, Liliane, Hamburg; **137.5** Oser, Liliane, Hamburg; **137.6** Oser, Liliane, Hamburg; **137.7** Oser, Liliane, Hamburg; **140.1** United Nations Publications, New York; **140.2** United Nations Publications, New York; **140.3** United Nations Publications, New York; **140.4** United Nations Publications, New York; **140.5** United Nations Publications, New York; **140.6** United Nations Publications, New York; **140.7** United Nations Publications, New York; **140.8** United Nations Publications, New York; **140.9** United Nations Publications, New York; **141.1** United Nations Publications, New York; **141.2** United Nations Publications, New York; **141.3** United Nations Publications, New York; **141.4** United Nations Publications, New York; **141.5** United Nations Publications, New York; **141.6** United Nations Publications, New York; **141.7** United Nations Publications, New York; **141.8** United Nations Publications, New York

Textquellennachweis

28.1 Zitat v. René Mägli, in: Inga Höltmann, Der Manager, der (fast) nur Frauen einstellt, auf: manager magazin v. 07.07.2014, unter: https://www.manager-magazin.de/unternehmen/artikel/der-manager-der-fast-nur-frauen-einstellt-a-979265.html (Zugriff: 17.01.2023); **54.1** „Teutonische Gemütlichkeit fürs Heim", auf: SZ.de v. 22.03.2010, unter: https://www.sueddeutsche.de/digital/kuriose-bedienungsanleitungen-teutonische-gemuetlichkeit-fuers-heim-1.11310 (zugriff: 07.02.2023); **67.4** „Teutonische Gemütlichkeit fürs Heim", auf: SZ.de v. 22.03.2010, unter: https://www.sueddeutsche.de/digital/kuriose-bedienungsanleitungen-teutonische-gemuetlichkeit-fuers-heim-1.11310 (Zugriff: 07.02.2023); **67.6** Baha Jamous: Verantwortungslos statt nachhaltig – die Nebenwirkungen der Sharing Economy, auf: manager-magazin.de v. 08.11.2019, unter: https://www.manager-magazin.de/unternehmen/artikel/sharing-economy-und-nebenwirkungen-verantwortungslos-statt-nachhaltig-a-1294726.html (Zugriff: 07.02.2023); **87.5** Der Aufstieg der Roboter: Wie sie die Arbeitswelt revolutionieren, auf: euronews.com v. 22.06.2022, unter: https://de.euronews.com/next/2022/06/22/der-aufstieg-der-roboter-wie-sie-die-arbeitswelt-revolutionieren (Zugriff: 07.02.2023); **99** Bergischer Abfallwirtschaftsverband: Über den Runden Tisch Zirkuläre Wertschöpfung NRW, unter: https://www.zirkulaere-wertschoepfung-nrw.de/ (Zugriff: 08.02.2023); **116.1** https://www.verbraucherzentrale.de/wissen/energie/energetische-sanierung/energieausweis-was-sagt-dieser-steckbrief-fuer-wohngebaeude-aus-24074; **126.2** https://www.verbraucherzentrale.de/wissen/energie/energetische-sanierung/oekologische-waermedaemmung-mit-alternativen-daemmstoffen-48066; **127** BYC-News.de: Die Eisblockwette in Groß-Gerau startet am 20. September vor dem Landratsamt, unter: https://byc-news.de/gross-gerau/die-eisblockwette-in-gross-gerau-startet-am-20-september-vor-dem-landratsamt/ (Zugriff: 09.02.2023); Zur besseren altersgemäßen Verständlichkeit wurde der Originaltext verändert, ohne den Inhalt und/oder Sinn zu verändern.